決定版

これがガバナンス経営だ！

ストーリーで学ぶ
企業統治の
リアル

経営共創基盤
冨山和彦
澤 陽男

東洋経済新報社

青木昌彦先生の遺された
偉大な足跡と思い出に
感謝を込めて

はじめに

あなたはガバナンスを「経営」できますか？

アベノミクス成長戦略「新（続）3本の矢」
──攻めのコーポレートガバナンス

2012年12月に第2次安倍内閣が成立して以来、金融庁を舞台にしてスチュワードシップ・コードの制定、法務省を舞台に会社法の改正、厚労省を舞台にGPIF改革があり、そして東証においてはJPX400がスタートし、経産省においては企業と投資家の建設的な対話のエンゲージメントに関する伊藤レポートがまとめられ、そして今回のコーポレートガバナンス・コード（企業統治指針）と続いている。この内、スチュワードシップ・コード、伊藤レポート、コーポレートガバナンス・コードの3つをアベノミクス成長戦略「新3本の矢」と呼ぶ声が出ている（その後、「新3本の矢」が発表されたので、こちらは「続3本の矢」と呼んだ方がいいかも知れない）が、まさに「我が意を得たり」である。

いわゆるアベノミクスのもとで、行き過ぎた円高の是正、法人税の引き下げなどが進み、いわゆる五重苦、六重苦問題（①円高、②重い法人税・社会保険料負担、③経済連携協定の遅れ、④製造業の派遣禁止や解雇規制などの柔軟性に欠ける労働市場、⑤行き過ぎた環境規制対応のコスト増、⑥電力供給不足・コスト増）も今、解消されつつある。「稼ぐ力」の持続的な再生に向けて、道具立てはほぼ出揃いつつあると言える。もう企業側にも投資家側にも言い訳はない。こういった道具立てをしたたかに使えるか否かというのは、まさに、これはもう経済人、産業人の側の問題である。もっと言えば、これからは政府頼りではなく、企業経営者、機関投資家の側が、自らを厳しい規律にさらし、真剣に持続的な業績の向上、企業価値の向上に取り組む番だ。

アベノミクス成長戦略「新（続）3本の矢」が、機関投資家の自己規律（スチュワードシップ・コード）、企業経営者の自己規律（コーポレートガバナンス・コード）、そして両者の建設的対話の促進（伊藤レポート）で構成されているのは、それが今後の成長戦略のど真ん中をついているという意味で、まったく正しいのである。

ガバナンスとは、本来、組織の根本的な権力メカニズムの健全性の問題であり、単なるコンプライアンスや内部統制の議論よりもはるかに高次で広範な射程を持っている。企業が、様々なステークホルダーにとっての経済的・社会的価値の持続的な向上を根本的な存在目的としている以上、コーポレートガバナンスの究極的な目的もそこにある。ガバナンスが守りだけでなく、攻めを射程としているのは当然だ。

私自身、産業再生機構時代、ＪＡＬのタスクフォースなどを通じ、経営不振に陥った多くの日本企業の再建に当事者として関わり、そのたびにコーポレートガバナンス、すなわち企業組織の根本的な権力作用（≒意思決定）メカニズムに不全が生じていることを目撃してきた。10年前、産業再生機構入りを契機に発覚し、7人の逮捕者を出した挙句に大手監査法人を解散に追い込んだカネボウの巨額粉飾事件も、その問題の根っこは事業の選択と捨象を先送りし続けた歴代経営陣の不作為の暴走による本業の競争力喪失であり、さらにはそんな経営陣を選び続けたガバナンスの不全である。粉飾決算はそこから生じた長期にわたる業績不振と財務体質の悪化を隠蔽し、会社の破綻を回避するため、集団的な同調圧力の中でそれぞれの現場で行われた小さな違法行為の積み重ねにすぎない。

私が長年にわたり日本企業のコーポレートガバナンス改革の必要性を訴え、社外取締役をつとめるオムロンなどで実践に努めてきたのは、このような実体験に照らし、多くの日本企業にとって、それが長期持続的な成長性と収益力を高める重要な鍵となると確信しているからである。ガバナンス改革は個別企業にとっても重要な「成長戦略」なのである。コーポレートガバナンス・コード策定に関する有識者会議に参画し、本書の共著者である澤陽男氏のサポートも得ながら、様々なリスクを承知で積極的に議論をリードし、「攻めのコーポレートガバナンス」というコンセプトを前面に据える努力をしたのも、同じ理由からだ。

20年間にわたる旧来型「日本的経営」敗戦の総括

この20年間の長期にわたり、日本の上場大企業は世界の中での売上シェアを失ってきた。また、1970年代までは米国企業よりも高かったROE（株主資本利益率）をはじめ利益創出力も失い、時価総額も失ってきた。とどめは国内における雇用シェアも失ってきている。この間、不振の大企業に代わって日本の雇用を真に支えてきたのは、中小企業であり、非正規雇用形態だった。これは統計的な厳然たる事実。

「日本的経営」を礼賛する多くの経営者が口にしてきた「日本企業は長期的な視点から売上

成長と雇用を重視するために短期的な利益は犠牲にしてきた」という言い分は、結果論として、上場企業の太宗の事実としては嘘なのである。

詳しくは本文で述べるが、これが、新興国にやられたかというと、フォーチュン・グローバル500で日本の企業は3分の1ぐらいに減ったが、欧米企業はその中で1、2割程度しか減っていない。先進国の中では、日本企業の一人負けなのだ。それがもっぱら五重苦、六重苦のせいかと言えば、この20年の間には円高期も円安期もあったし、いわゆる外需型の日本企業の中にも、コマツ、ブリヂストン、ダイキン、ファナックや信越化学などのように、この間に持続的な成長を実現してきた企業もある。

それから、ROEの不調は、伊藤レポートで明らかのように、レバレッジ（負債比率）の問題ではなく、主に日本企業のROS（売上高利益率）が下がっていることに起因している。要するに、本業において企業の事業競争力がなくなってきたのである。その一方で、これまた伊藤レポートで指摘されているが、日本企業の技術力、現場力は、世界から非常に高く評価されている。これは私自身、多くの企業再生に関わった実感でもある。日本企業の現場力は、以前より差を詰められているものの、いまだ世界一である。

それにもかかわらず、「長期持続的」にこれだけ多くのものを失ったのは、やはり企業経営の問題であり、企業経営者とそれを規律づけるコーポレートガバナンスに機能不全、さらにはそれと表裏一体をなす旧来型の「日本的経営モデル」に機能不全があると言わざるを得ない。外部環境要因に主因を求め、「自分たちは何も悪くない」と言い張るのは、どう考えても無理があるのだ。経営者自身が、この20年間の世界的な構造変化に対して根本的な手を打てなかった問題を率直に認めて反省し、出直すべきだと思う。もちろん私自身も含めて。

2年前に私たちが『稼ぐ力を取り戻せ』を書いた理由

売上を成長させ、利益を増やし、質の高い雇用と労働所得を増やし、税金を払って、そして、持続的に株価を上げてインベストメント・チェーンを通じ家計の資産取得を増やすことは、かの松下幸之助翁も強調していた企業のコアな社会的存在意義である。繰り返すが、いろいろな逆風はあったにせよ、日本の上場大企業の太宗が、結果的にそれを十分に果たし得なかったことは事実なのだ。

一方で、終戦直後、最近の五重苦、六重苦どころじゃないシビアな状況から、私たちの大先輩たちは日本の産業復興を見事に成し遂げた。そのときにどうやっていたかというと、大先輩たちは、日本企業の組織、人材、文化の本質的な利点を理解しつつも、海外から優れた経営モデルや経営技術を大いに取り入れた。それを日本的に吸収、消化して、和魂洋才の精神で、後に「日本的経営」「日本的品質管理」と世界に賞賛される新しいモデルを見事につくり上げた。1955年に設立された日本生産性本部が、当時、労使が手を携えて米国企業の研究と現地視察に大変なエネルギーを投じたことは、戦後の日本的経営の創造過程を象徴している。

しかるに、1980年代の終わりごろ、ジャパン・アズ・ナンバーワンとおだてられたあたりから、おかしくなってくる。当時、少なからずの経済人が「もはや欧米から学ぶことはない」などと言い出したが、結局、この頃から日本の経営者の多くは、聖域なき自己改革力、痛みを伴う自己変革を持続する力、進化する力を弱めたと私は思う。大体、傲慢な心というのは、真摯なる向上精神を失わせて、変化の圧力に対しては被害者意識を持つものだ。ガバナンスにかかわる議論も、長い間やはり傲慢と被害者意識の振り子の間を振れた印象を私は持っている。

もう2年以上前になる２０１３年の夏、私は会社の仲間と一緒に『稼ぐ力を取り戻せ』（日本経済新聞出版社）という本を上梓した。翌２０１４年の安倍内閣による日本再興戦略改訂版のキャッチフレーズが「日本の稼ぐ力を取り戻す」となったために、今や「稼ぐ力」は時代の一つのキーワードになった感があるが、そこに通底する問題意識は、本来、日本企業、日本経済の実力はこんなもんじゃない、という歯がゆさである。元々持っている「稼ぐ力」を発揮できない本当の理由、根源的な病理はどこにあるのか。

私の認識としては、潜在的な「稼ぐ力」と実績の間のギャップが最も広がってきたのが、エレクトロニクス産業に代表される「モノづくり産業」だった。そこで拙著『稼ぐ力を取り戻せ』では、日頃の経営現場における私たちの格闘経験をベースに、日本製造業の復活の処方箋を提示した。さまざまな克服すべき課題はあるが、究極的な課題は、結局、経営のあり方、経営者のあり方、ガバナンスを含む会社のかたちの根本をどう進化させるかに帰着する。

経済「敗戦モード」から大転換を果たしたドイツ、シュレーダー改革の衝撃

1990年代以降、かつての経済的繁栄から大停滞に陥ったもう一つの経済大国はドイツであった。ドイツも、間接金融中心、長期雇用重視、製造業中心のいわゆるライン型資本主義国として、日本と同類の経済社会システムの成功モデルとされ、資本市場中心、株主利益重視を軸とするアングロサクソン型資本主義と一線を画する「もう一つの道」たるべきものと認識されていた。しかし、ドイツ経済も、旧来型の成功モデルが耐用期限切れになりつつある中で、東西統合のための社会的なストレスも加わって、90年代において「ヨーロッパの病人」と呼ばれる長期停滞に陥った。ある意味、経済的な「敗戦モード」と「失われた10年間」に陥った点で、当時は日本のお仲間だったのである。

しかるに2000年代にいわゆる「シュレーダー改革」と呼ばれる一連の構造改革を断行し、この10年間は、ドイツは、その経済も企業も、欧州はもとより、世界の最強国の一つへと返り咲いている。労働市場改革や年金改革などと並んで、その改革のコアの一つとなっているのが、企業統治に関わる大ガバナンス改革である。元々、会社法上の最高統治機関である監査役会（日本の会社法で言えば、指名委員会等設置会社におけるモニタリング型の取締役会に近い存在）に従業員代表が入っていることから明らかなように、ドイツの企業統治はステークホルダー主義を基礎にしている。

しかし、そのベースを守りつつ、独立社外取締役の義務化や株式持ち合い解消を進め、「ライン型」が陥りがちな、ムラ社会的な馴れ合いの罠を排する仕組みを導入していった。

２０００年代以降、シーメンスなどのドイツを代表する企業の「選択と捨象」が急激に進み、国際的な競争力を取り戻していったことと、シュレーダー改革は無関係ではない。ある意味、日本と同じく敗戦モードになっていたドイツの経済と企業は、ガバナンス改革を契機に、いわば新しい「ドイツ型モデル」を創造し、復活を果たしていったのである。

そして１９９９年に約2倍の格差があった日本とドイツのＧＤＰ（日本４・４兆ドル、ドイツ２・２兆ドル）は、２０１４年にはわずか2割程度（日本４・６兆ドル、ドイツ３・９兆ドル）の差しかないところまで縮まっている。ドイツの人口は日本の3分の2しかなく、高齢化比率はほぼ同じである。要は生産性の伸びに関して、この15年間、日本はドイツに大きな差をつけられたのだ。生産性は労働生産性と資本生産性に規定される。シュレーダー改革で断行された、労働市場改革とコーポレートガバナンス改革が効いているのである。

今回、コーポレートガバナンス・コードの策定に際し、その下敷きの一つとなったＯＥＣＤコーポレートガバナンス原則は、英国で発達したコーポレートガバナンス・コードというソフトロー・アプローチと、ドイツで進んできたステークホルダー主義を基盤にしたガバナンス改革の方向性との交差点に存在している。欧州においては、ライン型だのアングロサクソン型だのという、講学的なモデル対立論は、既に弁証法的に超克されているのである。日本の守旧派の多くが、反ガバナンス強化論の味方、ラインモデルのお仲間だと思っていたドイツが、こうしてガバナンス改革の代表選手となり、かつ実績を上げてきたことの衝撃は小さくない。

ちなみに最近、大きな話題となっているフォルクスワーゲン社のディーゼル環境規制に関わる巨大不正事件。この背景としても、同社のガバナンスの問題が指摘されている。懸命にコーポレートガバナンス改革に取り組んできたドイツだが、最大クラスの上場企業の一つであるフォルクスワーゲン社の持ち株構造、ガバナンス体制はかなり独特で、議決権付株式を持ち株会社や州政府など一部の大株主が集中して保有し、ポルシェ一族系やニューザクセン州など主要株主4者で議決権の約88%を支配しているようである。公開企業でありながら、非常に閉鎖的な株主構成だったようなのだ。ドイツでは最高のガバナンス機関である「監査役会」の立場にいる会長が、長年、経営上の実質的な最高権力者として君臨し、最近は執行側トップである社長との権力闘争も起きる（結局、会長が辞任）など、ガバナンス不全の兆候も出ていたようだ。もともと国策会社だったことやポルシェ社との関係など、沿革的な要因が影響しているようだが、やはりこれだけの巨大上場企業で、閉じたガバナンスシステムには問題があるのだ。コーポレートガバナンス改革で10年以上、先行するドイツでもこういう事件が起きる。私たちは相当な覚悟を決めて粘り強く改革に取り組んでいく必要がありそうだ。

新和魂洋才経営、新たなる日本型コーポレートガバナンス、The Japan Way を創造せよ！

日本においても、もはや「終身年功制の正社員サラリーマンの、サラリーマンによる、サラリーマンのためのニッポンのカイシャ」という経営モデル、会社のかたち、閉じたガバナンスモデルに固執することに未来はない。会社という単位を永遠不変の存在として位置づけ、同質的・連続的な家族共同体のように擬人化することが、そこに関わる人々を幸福にする時代は終わったのである。会社は潰れるし、事業単位でのM＆Aは日常的に起きる、むしろそういう新陳代謝を促すことが、社会全体としては長期的に生産性を高め、良質で安定した雇用を可能にする。これが現代日本の実相なのである。

今日のデジタル革命による不連続な環境変化、新興国の勃興による世界的大競争化の時代においては、現場主導のすり合わせ、ボトムアップの強さを大事にしつつも、時に事業売却のような鮮烈な決断を、時機を逸することなく行うトップダウンの経営力も不可欠となる。多くの日本企業の弱点は、やはり後者、トップダウンの経営力に欠けることだ。新卒一括採用の終身年功型の正社員で構成され、同質性、連続性を何よりも大事にするサラリーマン型ムラ社会から選ばれてきた経営者の多くは、コンセンサス重視、社内調和を重視するあまり、事業と機能の選択と捨象を適時・適確に行えない。その結果、会社全体が傾き、より多くの従業員が犠牲になってきたのが、この20年間だった。

持ち前の「あれもこれも」をすり合わせる現場力に加え、「あれかこれか」を決断するトップの意思決定力。この二つが両立しない限り、日本企業の「稼ぐ力」は復活しない。現場力を大事にし、現場を守るためには、時に現場の論理や調和への情緒的傾倒に流されない冷徹で合理的な判断力、それを断行する強い意志を経営陣は求められる。実際、20年間において成長を持続した日本企業のほとんどは、このパラドクシカルでアンビバレントな経営に成功した企業である。やればできるのだ。

その意味で「ROE経営が日本企業の固有の文化を破壊する」などという議論は、進化への努力をしたくない連中の妄言にすぎない。もっとちゃんと現実を見よ。資本コストもクリアできないROEの企業は、当然ながら未来への再投資はできない。未来への再投資ができない企業に長期的成長などあろうはずがない。実際、「日本的経営」が世界を席巻し、マクロ経済的にも日本が高い経済成長を謳歌していた70年代から80年代にかけて、日本企業のROEは米国企業のそれを上回っていた。

事業単位で低い資本生産性が続く場合は、手遅れにならないうちに、その事業をより良く経営できる他の企業に譲渡・再編した方が、長期的には雇用も守れる。これは私が多くの再生事案で目撃してきた「現実」だ。

新和魂洋才経営、すなわち「現場主義」と「選択と捨象」を両立できる経営のあり方については、拙著『ビッグチャンス』（PHP研究所　2014年）と『選択と捨象』（朝日新聞出版　2015年）において、それぞれ異なるアプローチで詳論した。したがって、ここでこれ以上詳しくは述べないが、要は耐用期限切れとなった古い日本的経営に未来はなく、米国流経営の直輸入も日本企業の遺伝子を活かすには有効ではないということ。かつての大先輩たちがそうしたように、私たちも21世紀的な脈絡で経営環境を直視し、新たなる経営スタイル、新和魂洋才経営を創造することに挑戦しなくてはならない。そこで問われている会社のかたちのコアの問題こそ、コーポレートガバナンス、すなわち会社組織の根本的な権力作用メカニズムのあり方なのである。新和魂洋才経営の創造とは、新たなる日本型ガバナンスモデルの創造でもあるのだ。

今回のラグビーワールドカップで大活躍した日本代表チーム。体格で劣るアジアの弱小チームだった日本代表を、大男軍団である世界の最強豪チームと互角に戦えるレベルに引き上げた、オーストラリア出身のエディー・ジョーンズヘッドコーチが掲げたのは“The Japan Way”である。最新のトレーニング理論やハイテク施術、そして戦法を世界から取り入れ、様々な国籍、人種の混成チームを編成しつつも、ゲームをコントロールするコアメンバーには日本ラグビーで育った選手たちを据え、「敏捷性」「緻密性」「勤勉性」「組織性」といった日本チームの比較優位を最大限に引っ張り出すための練習を徹底したそうだ。この戦い方は、世界で活躍を続けるサッカーの「なでしこＪＡＰＡＮ」とも相通ずるものがある。経済人である私たちは、経営の世界において、新たなるThe Japan Wayを創造することを問われているのだ。

経営書としての本書の位置づけ
――法律論から経営論へ、形式論から実質論へ

幸い、今や多くの経済人、産業人は、もう一度、日本企業が新しい和魂洋才の精神を持って聖域なき進化を加速させて、新しい日本的経営を創造しようと思っている。これは本当に多くの人が思っている。かつ、それが待ったなしであるという意識を共有している。

もちろん、最近の東芝の会計不祥事から伺われるように、周りがうるさいので形だけ企業統治優等生の体裁を整えるが、その実は古臭い内向きの権力闘争、財界のポスト争いに血道を上

げ、そのために見かけの業績を立派にみせようとする時代遅れの連中がいるのも事実である。しかし、だからこそ、政策的に「新3本の矢」（スチュワードシップ・コード、伊藤レポート、コーポレートガバナンス・コード）を推進してきた意味がある。日本の経済社会は、真に改革意欲を持っている経済人、産業人を応援する姿勢を明確にしているのだ。

コーポレートガバナンス・コードはほぼ間違いなく、そうした改革意欲のある経営者の背中を押すものと確信するし、私の経験に照らしても、コードを含めて一連のガバナンス改革が、日本の共同体的なコア・コンピタンスや企業文化と矛盾するとは全く思わない。もっと言ってしまうと、このぐらいの話で揺らぐものだったら、そんなものはコア・コンピタンスでも何でもないし、ましてや文化などと呼べるはずがない。

言いかえれば、2015年はこれだけの道具立ての運用が始まる最初の年だったわけで、20年後30年後、私たちの後輩たちが、この2015年がコーポレートガバナンス新時代の元年だったと、あるいは日本企業の稼ぐ力が再生する元年だったと振り返ってもらえるかどうかは、まさに今、現役経営者である私たちの意欲と真摯な努力にかかっている。

こうした問題意識から、本書はあくまでも「経営書」としてガバナンスのあるべき姿、そこから生じる様々な論点について、長期持続的に企業価値を高めるための「実質論」として実務的なガイドラインを提示することを目的として書かれている。

知識的専門性という観点からは、本来、コーポレートガバナンス論は、法律学と経済学、そして両者の交錯領域としての経営学で構成されている。しかも現実経営において実践されるためには、アカデミックな観点以上に実務家的な観点が重要となる。そこで経営実務家であり、経済政策にも関わって来た私と、企業再生分野を専門とする法律家であり、現在は私たちの会社、経営共創基盤の新進気鋭の経営プロフェッショナルとして活躍している澤陽男ディレクターとで共著することとした。加えて、弊社の実務や弊社メンバーが社外取締役を務めてきた中で集積されてきたガバナンス上の問題事例も反映させるようにした。

そういう意味で、最近、多数出版されている法律系のコーポレートガバナンス関連本とは、本書は明確に一線を画している。

もちろんコーポレートガバナンス・コードは一つの規範なので、そこにどうミート、comply すればいいかという、ある意味、法形式論的な観点は実務的には重要である。しかし東芝の不正会計問題が明確に示唆するように、真に問われるのは、形式を整えた先の実質論としてのガバナンス改革の成否、ガバナンス経営の質である。もっと言えば、形式は本来、実質を整える手段にすぎず、個々の企業の多様性を反映して、様々な形式が採用される方がむしろ自然なことである。経営はつまるところ結果がすべて。結果につながる実態として、企業組織の根本的な権力メカニズムが健全に機能しているかどうか。すべての経営者、取締役会室やIR部門などガバナンスに関わる事務局関係者、機関投資家、そして社外取締役が真に厳しく問われるのは、形式的なアリバイではなく、実質的な仕事ぶりなのだ。

本書では、前半部で実質論、経営論としてのガバナンスのあり方について、Ｗｈｙ？　Ｗｈａｔ？　Ｈｏｗ？という視点から体系的に解説した。その上で後半部では、私たちの豊富な経験をベースに、ストーリー仕立てでガバナンス経営を実践するための論点について、できるだけ分かりやすく説明している。ストーリーに登場する人々が直面する問題状況は、いずれも何らかの事実をベースにしており、もちろん法的な論点はクリアした上で、さらに経営論としてのガバナンス上の正しい選択についてガイドラインを提示している。その意味で後半部分は、ガバナンス経営の担い手となる人々に関わるＷｈｏ?について、あるべき姿を提示している。

本書を通じて、読者の皆さんが関わっている企業のガバナンス改革が、形式整備から実質充実へ、法的な手続論から経営的な実体論へと、更なる進化を加速するヒントとなることを切に願っている。

冨山和彦

決定版　これがガバナンス経営だ！――ストーリーで学ぶ企業統治のリアル◉目次

はじめに

あなたはガバナンスを「経営」できますか？

第Ⅰ部

ガバナンス経営のＷｈｙ？Ｗｈａｔ？Ｈｏｗ？

第１章

Ｗｈｙ？――なぜガバナンス経営が叫ばれているのか？

稼ぐ力を取り戻す「攻めのガバナンス」

第2章

What?――日本の目指すコーポレートガバナンスとは何か？
「サラリーマン共同体至上主義」でも「株主至上主義」でもない、第三の道！

第3章

Ｈｏｗ？――どうやってガバナンス経営を実践するのか？
和魂洋才の精神を取り戻せ！

第II部

ストーリーで学ぶリアルガバナンス経営

第4章

社外取締役選任まで
導入編

第5章

内部ガバナンス
取締役会編

第6章

外部ガバナンス
株主とステークホルダー

第7章

グループ子会社のガバナンス
特に海外子会社の場合

最終章

終わりのない改革に向けて

コーポレートガバナンス・コードは始まりにすぎない

第I部

ガバナンス経営の Why? What? How?

第1章

Why？
――なぜガバナンス経営が叫ばれているのか？

稼ぐ力を取り戻す「攻めのガバナンス」

いわゆる「失われた20年」の間、我が国の企業は世界における存在感を失ってきた。その原因は五重苦、六重苦といったマクロ経済的な要因だけではなく、ミクロレベルで各企業が「稼ぐ力」を喪失してきたことにも起因している。そして、ミクロレベルの一番の問題は、ガバナンス不在の日本的経営、すなわち企業の上層構造にある。日本経済が再び活力を取り戻すため、ガバナンス経営を実践することが求められている。ガバナンスが変われば、日本経済全体も変わる。

コーポレートガバナンスの射程は「守りのガバナンス」、すなわちコンプライアンスだけではない。企業の持続的かつ長期的な成長を実現する「攻めのガバナンス」にこそコーポレートガバナンスの中心的な課題がある。

アベノミクスが集中的に改革を進めたガバナンス経営

2012年12月、第2次安倍政権が誕生し、アベノミクス3本の矢（第1の矢：金融政策、第2の矢：財政政策、第3の矢：成長戦略）が繰り出された。日本の経済成長を目指すものであり、狙いどおり日本経済は大きく上向いてきた。この中でのコーポレートガバナンス改革の位置づけを振り

図表1｜日本再興戦略　日本産業再興プラン「緊急構造改革プログラム」の項目

日本再興戦略 JAPAN is BACK	「日本再興戦略」改訂2014 －未来への挑戦－	「日本再興戦略」改訂2015 －未来への投資・生産性革命－
①民間投資の活性化	①コーポレートガバナンスの強化、リスクマネーの供給促進、インベストメント・チェーンの高度化（「コーポレートガバナンス・コード」の策定を含む）	①「攻めの経営」の促進（コーポレートガバナンスの強化を含む）
②萎縮せずフロンティアにチャレンジできる仕組みの構築	②ベンチャー支援	②サービス産業の活性化・生産性向上
③内外の資源を最大限に活用したベンチャー投資・再チャレンジ投資の促進	③サービス産業の生産性向上	③ベンチャー支援
④事業再編・事業組換の促進（コーポレートガバナンスの強化を含む）		④成長資金・リスクマネーの供給促進等
⑤グローバルトップ企業を目指した海外展開促進		⑤IoT・ビッグデータ・人工知能等による産業構造・就業構造の変革

出所：筆者作成

返ってみる。

2013年6月に公表された最初の日本再興戦略——JAPAN is BACK——では、コーポレートガバナンスの扱いは、無数の政策の一項目に過ぎなかった。産業の新陳代謝を促進するために、民間の活力を最大限引き出して、日本経済の成長を実現するという筋道は示されたものの、コーポレートガバナンス改革は、あくまでもメインの施策ではなく、順位で言うと上から4つ目くらいの政策に過ぎなかったのである（**図表1**）。

しかし、翌2014年に公表された「日本再興戦略」改訂2014——未来への挑戦——において、「企業統治（コーポレートガバナンス）の強化」は、一丁目一番地の重要施策へと躍り出る。

そして、翌2015年に公表された「日本再興戦略」改訂2015——未来への投資・生産性革命——においても、『攻め』のコーポレートガバナンスの更なる強化」が、引き続きアベノミクス第2ステージでの最優先課題として掲げられているのである。

このように、アベノミクスの第2ステージにおいては、コーポレートガバナンスの強化が第一の柱として掲げられ、安倍政権発足以降、コーポレートガバナンス改革が大幅に進展した。

筆者自身もかつては産業再生機構COOという政府部門の立場、最近は日本取締役協会副会長や経済同友会副代表幹事として、財界活動などを通じて、これを後押ししてきた中心メンバーの一人である。そして第2次安倍政権成立以降、ようやく企業経営者自身にも、自分たちがもっと頑張れば日本経済がもっと良くなるという意識が共有されるようになってきていたように感じている。また、アベノミクス効果によって極端な円高が是正される、法人税改革や労働法制の見直しも推し進められるなどの外部環境の好転によって、産業界にもいつまでも経済環境を言い訳にできないという空気が醸成され始めた。これがここに来てコーポレートガバナンス改革の推進に大きく影響していると思う。

以前から、良識ある経済人、学者、官僚、政治家たちが、コーポレートガバナンス改革の重要性を訴えてきたが、かつての産業界（実際には産業界は一枚岩ではなく、その一部にすぎないのではあるが）からの反対・抵抗を思い出すと、かくもスピーディに改革が実行されたことは非常に感慨深い。

ちなみに、蛇足ではあるが、やはり成長戦略上の重要課題として筆者が主張してきたサービス産業の生産性向上についても、2013年には圏外だったが、2014年に3つ目の施策として掲げられ、2015年には第2番目の重要施策に格上げされた。サービス産業の生産性向上については、拙著『なぜローカル経済から日本は甦るのか　GとLの経済成長戦略』（PHP新書）を参照されたい。

安倍政権成長戦略の「新（続）3本の矢」はガバナンス改革

一連のコーポレートガバナンス改革のスタートは、東証におけるJPX日経インデックス400の公表からだった。これは、東証上場企業3400社から投資家にとって魅力の高い銘柄400社を選び発表するものである。その選出では、ROEなどの資本効率性を加味した上に、独立社外取締役といったガバナンス体制も考慮に入れる。

「恥」の文化が根強い我が国においては、JPX400に選出されなかった企業がそれを恥と感じ、ガバナンス体制を整える方向へ作用したと考えられる。かつて産業再生機構の社長をつとめ、2007年からは東証のトップを担ってきた斉藤惇CEO（もちろん斉藤さんも、長年、日本型コーポレートガバナンスの改革を訴えてきた一人である）のリーダーシップによる快挙である。

次に、金融庁を舞台に2014年2月、スチュワードシップ・コードが制定された。スチュワードシップ・コードにおいては、機関投資家は、その背後にいる資金提供者（最終的な資金提供者は多くの場合は個人）の財産を預かって運用している以上、資金提供者の中長期的なリターンを拡大するために、投資先企業をガバナンスする責任を負っていることが明記されている。

ここで株主、特に機関投資家は、背後にいる家計、年金生活者などから自らが預かっている資産の価値を長期持続的に高める責任、すなわち受託者責任（fiduciary duty）を背負っており、その反射として、投資先の企業の長期持続的な成長のためにガバナンスの担い手として責任ある行動を取るべきという、欧米では当たり前の原理原則を先行的に明確化することで、無責任なグリーンメーラー的なハゲタカ株主の跳梁リスクと、連中への嫌悪感に起因するガバナンス改革へのアレルギー反応を先に封じ込めたのである。誰かがこの手順を意図的に考えたのであれば、その人物は相当の知恵者だ。

続いて2014年6月には、会社法の改正案が成立した。中でも注目されたのは、社外取締役を実質義務付けする改正、すなわち「社外取締役を置くことが相当でない理由」を説明させるという改正である。会社法の改正手順は、通常、法務省の法制審議会が開催され、その答申がそのまま改正内容となることがほとんどである。今回は2010年から開催されていた法制審議会の議論を受けた改正案だったが、この議論の中では、社外取締役を義務付けることが有力に主張されるものの、経済界の反対によって見送られたのであった。それにも拘わらず、安倍政権の強いイニシアティブ、特に当時、自民党政調会長代理であった塩崎恭久現厚労大臣の尽力によって、社外取締役を実質義務付けする会社法改正を行ったのである。

民法や会社法などの基本法規の改正に際しては、法制審議会を通すことを非常に重視する法務省が、それに囚われなかったという意味でも極めて画期的な法改正だった。

このようにコーポレートガバナンス改革が進められる中で、経済産業省は、伊藤レポート、すなわち『『持続的成長への競争力とインセンティブ～企業と投資家の望ましい関係構築～』プロジェクト『最終報告書』』を公表した。2014年8月のことである。これは一橋大学の伊藤邦雄教授を中心に作成されたレポートであり、我が国における資本市場の問題点を分析するとともに、企業と投資家の建設的な対話のエンゲージメントを提唱している。

現在進んでいる安倍政権の企業統治改革は、この伊藤レポートを基軸にしているといっても過言ではない。

また並行して、厚生労働省を舞台にしたGPIF改革が進められた。GPIFとは、約130兆円の公的年金を運用する年金積立金管理運用独立行政法人(Government Pension Investment Fund)のことである。この改革にも「我らの年金資金をリスクにさらすのか!」といった反対が強かったが、2013年11月に「公的・準公的資金の運用・リスク管理等の高度化等に関する有識者会議」の提言が出された後、2014年10月に、基本ポートフォリオを変更する方針が示された。

一見、コーポレートガバナンス改革とは無関係のように見えるが、GPIFの130兆円もの資産運用のポートフォリオが変更され、その一部が株式市場へ流れ込んでくることのインパクトは大きい。巨大かつ超長期的な投資家であるGPIFが、機関投資家としてスチュワードシップ責任を果たせば、企業統治に影響を与えないわけがない。後述のとおり米国のコーポレートガバナンス改革の中でも機関投資家が大きな役割を果たしている。もちろんGPIFの改革は、日本企業のガバナンス改革が目的ではなく、国債に偏っていた運用の健全化を図ること

図表2｜一連のガバナンス改革

	検討開始	運用開始	関係機関
JPX日経インデックス400	2013年5月	2014年1月	東証
スチュワードシップ・コード	2013年8月	2014年2月	金融庁
改正会社法	2010年2月	2014年6月（成立） 2015年7月（施行）	法務省
伊藤レポート	2013年7月	2014年8月	経産省
GPIF改革（基本ポートフォリオ変更）	2013年7月	2014年10月	厚労省
コーポレートガバナンス・コード	2014年8月	2015年3月（有識者会議報告書） 2015年6月（施行）	金融庁、東証

出所：筆者作成

に目的があることは言うまでもないが、ガバナンス上の影響は小さくない。

そして、2015年3月、コーポレートガバナンス・コードが制定された。この内容については、本書の中で随時紹介していくが、企業が「稼ぐ力」を取り戻すために「攻めのガバナンス」を実現していくことを求めるものである。

東証、金融庁、法務省、経産省、厚労省など、その関係機関の多さを見ても、いかに政府が一丸となって改革を進めていたかが分かる（**図表2**）。また、検討開始から運用開始までの期間を見ても、非常に短期間で検討を進めており、今までの我が国の政治プロセスに鑑みれば、異例と言える。

そして経済界の側が、この局面で、最終的に改革を支持する立場を取った背景には、一部の心ある経済人たちが、長年、粘り強くガバナンス改革を訴える運動を展開してきたことが見逃せない。こうした地道な活動が、経済界全体の地合いを少しずつ変えてきたのである。今年、設立10周年を迎えた日本取締役協会（宮内義彦会長）の主要メンバーなどがその代表選手だが、やはり長年にわたり顕著な経営実績を上げてきた経済人の主張は強い説得力を持っている。

世界に類を見ない低成長・低収益体質

この一連の改革の背景には、多くの日本企業がグローバル競争において劣勢となり、稼ぐ力を失ってきたことが存在している。「はじめに」でも指摘したとおり、グローバル競争に負けてきたのは、五重苦・六重苦などの外部環境だけではなく、世界的に見て顕著な日本企業の低成長・低収益体質に原因がある。一般に「日本企業は短期的利益を犠牲にして長期的な成長を重視する」「日本企業は長期的な視点から売上成長と雇用を重視するために短期的な利益は犠牲にしてきた」と言われているが、事実としてどのような状況なのかを改めて確認していく。

この失われた20年間の長期にわたり、日本の上場企業は世界の中での売上シェアを失ってきた。例えば、フォーチュン・グローバル５００は、売上高を基準として世界各国の企業をランキングしている。このランキングを遡ってみると、１９９５年当時、日本企業は、バブル崩壊直後とはいえども、実に１４８社もの企業がランクインしていた。その当時の、トップ４は三

図表3｜フォーチュン・グローバル500社の国別構成

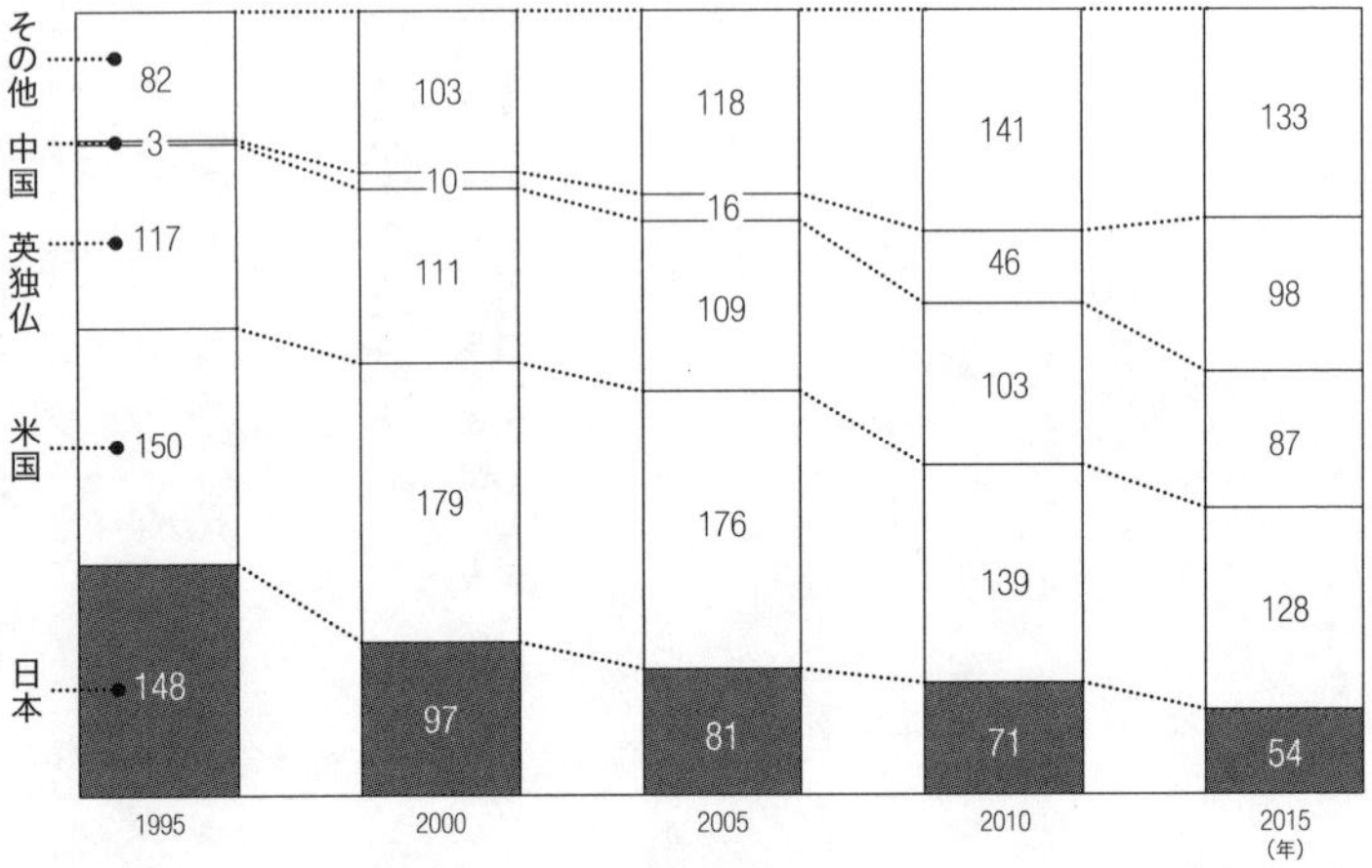

出所：Fortune

菱商事、三井物産、伊藤忠商事、住友商事である。米国企業ですら150社のランクインであるから、当時の日本企業・日本国の勢いは凄まじいものがあったことが分かる。

しかし、その後、中国を筆頭に新興国が勢力を拡大していく中で、日本と欧米では明暗が分かれてきた。2015年のランキングでは、米国企業は、少し数を落としてはいるものの、128社がランクインしている。1995年時と比較すると、約15％の下落にすぎない。また、欧州（英・独・仏）の企業がどうなっているかというと、米国企業に比べれば苦戦しているものの、1995年では、117社であるのに対して、2015年では87社と、約25％の下落に踏みとどまっている。これに対して、日本企業は大幅に数を落とし、2015年では54社しかランクインしていない。下落幅で言ったら約65％である。裏を返

図表4｜世界経済と日本企業の市場占有率

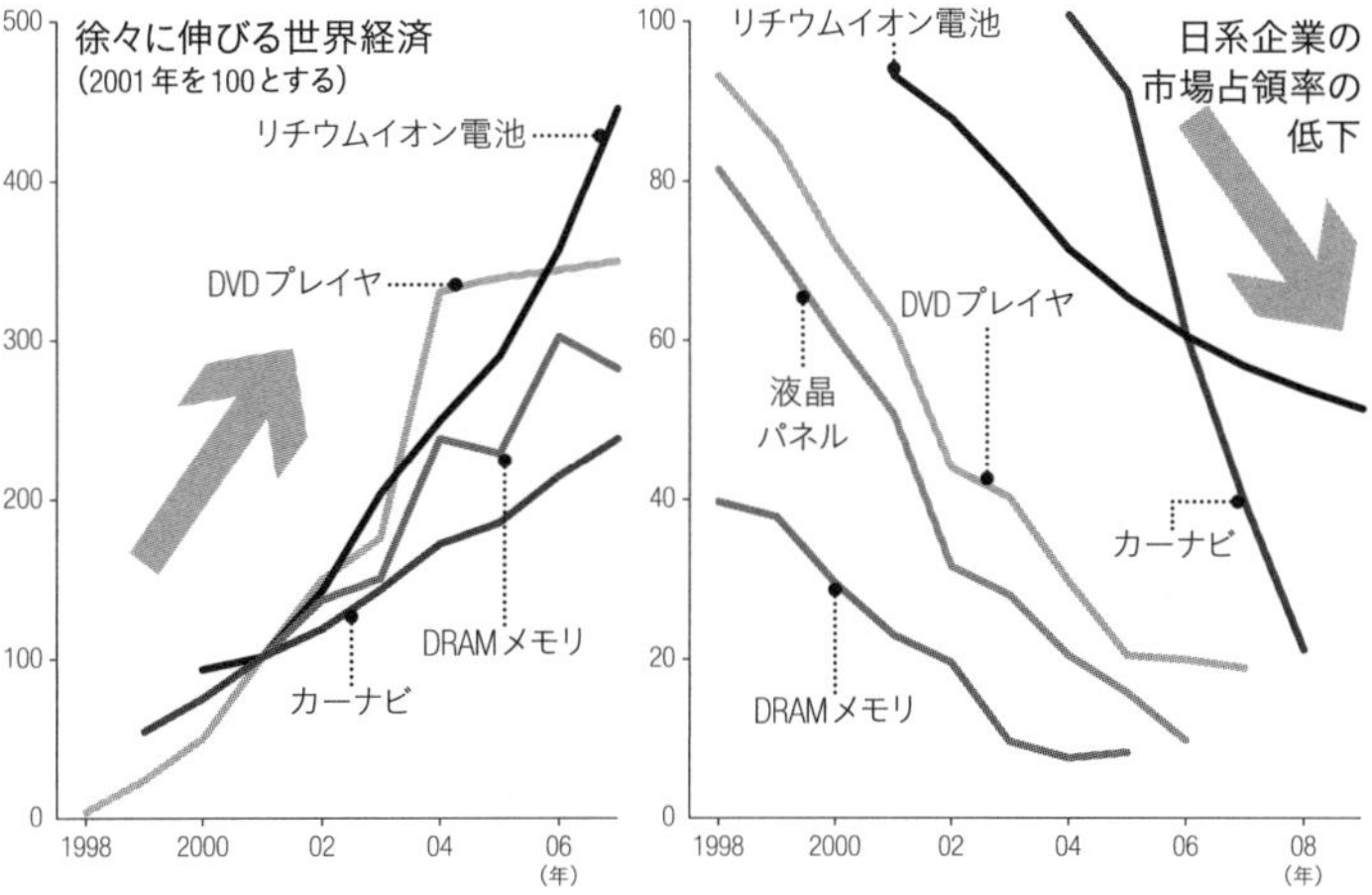

出所：経済産業省

図表5｜各取引所における時価総額の推移(1991年を100とする)

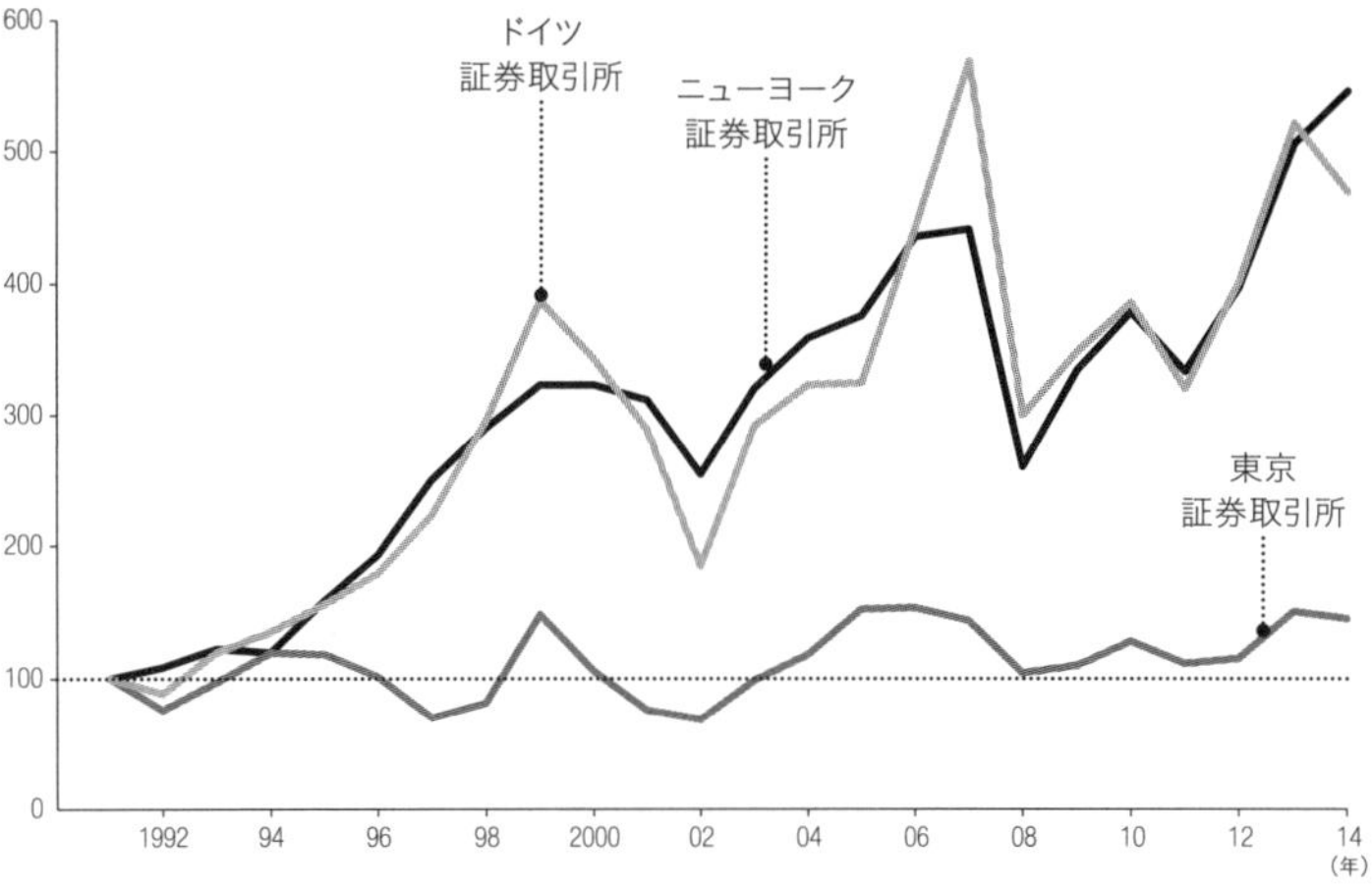

出所：World Federation of Exchanges

して言えば、新興国の台頭によって売上を落としてきたのは圧倒的に日本企業が多いのである（**図表3**）。

しかも、成長する世界経済の中で、日本企業の市場占有率は低下してきた。**図表4**はかつて日本企業が得意としていた製品群における市場規模と日本企業の市場占有率を示すものである。一見して明らかなとおり、日本企業は市場規模が伸びていっているにもかかわらず、売上を伸ばせていないのである。シェアを伸ばせないということは、すなわちグローバル競争で全然勝てていないのである。

また、**図表5**は１９９１年を１００とした場合の時価総額の推移である。時価総額についても、世界の証券取引所が、大きく時価総額を伸ばす中、我が国は後塵を拝している。例えば、ニューヨーク証券取引所（ＮＹＳＥ）やドイツ証券取引所（Deutsche Börse）においては、１９９１年から２０１４年にかけて時価総額がおよそ5倍となっているのに対して、我が国は近年アベノミクスによって大きく株価が上昇したとはいっても、１９９１年との比較では１・５倍にすぎないのである。

以上のとおり事実関係を整理してみると、伝統的な日本的経営礼賛者がよく口にする「日本企業は短期的利益を犠牲にして長期的な成長を重視する」という「神話」は、１９９０年代から２０１５年の今に至るまでの「長期」において実現できていないことが分かる。

低い資本生産性の問題構造と「日本的経営」神話の崩壊
――誰のためのROEか?

利益の視点から見ても、日本企業はグローバルの競合企業から突き放されている。まず、日米独企業のROA（Return On Assets：総資産利益率）と売上高利益率を見てみる（**図表6**）。ROAは、事業に投下されている資産（総資本）によってどれだけの当期純利益を獲得したかを示す指標である。日本企業は、米国、ドイツと比較して資本効率が悪く、その結果、利益率も低水準にとどまっているのである。しかも、その傾向も、米国との比較では1990年以降はほぼ一貫して、ドイツとは2000年代半ば以降有意に、日本は低い水準で推移していることが分かる。まえがきにも述べたとおり、シュレーダー改革以降、ドイツ企業と日本企業との差が顕著になっているのだ。

同じことは、資本生産性を示す指標として、ROE（Return on Equity：自己資本利益率）の国際比較を見てみるとさらにはっきりする。ROEは、当期純利益/株主資本によって計算され、株主が投下した資本を企業がどれだけ効率的に運用して利益を上げているかを測る指標である。

我が国の企業のROEは1970年代には20%を上回る水準を誇っていたが、そこをピークに下降を続け、現在では世界最低水準といっても過言ではない。経済産業省によって取りまとめられた伊藤レポートによれば、米国は平均22・6%、欧州は平均15・0%であるのに対して、

図表6｜日米独のROA比較

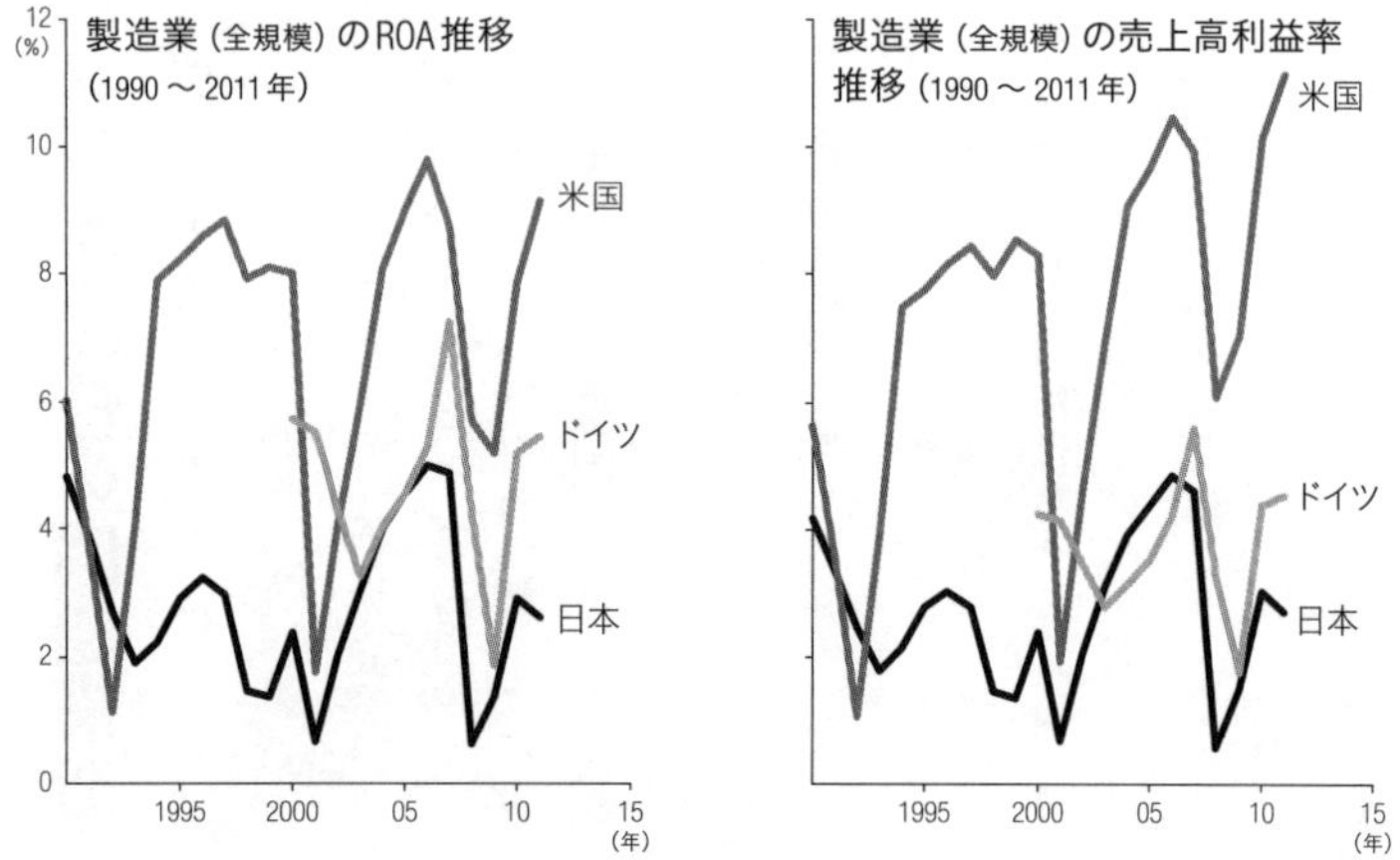

（注1）ROA＝税引き前当期純利益/総資産、売上高利益率＝税引き前当期純利益/売上高
出所："Annual Report on the Japanese Economy and Public Finance 2013"

日本企業は平均5・3％と桁違いの数値に甘んじている（**図表7**）。

この結論に対して、欧米の企業はROEを高めるために、自社株買いを大量に行い、株主資本を減少させることによって、ROEを高めており、我が国の企業はこのような金融的な操作は行っていないために低ROEになっているというイメージを持っている人も多い。金融操作でROEを高めることは、本業の収益力が変わらない上に負債比率が高まるため、倒産リスクが高まるということであるから、そのような金融操作が望ましくないことは言うまでもない。しかし、伊藤レポートにおいて、このイメージが誤っていたことも指摘されている。

すなわち、ROEをさらに因数分解すると、売上高純利益率（当期純利益／売上高）、総資産回転率（売上高／総資産）、財務レバレッジ（総資産／株主資本）に分けられる。

図表7｜日米欧のROE比較

		ROE	利益率	回転率	レバレッジ
日本	製造業	4.6%	**3.7%**	0.92	2.32
	非製造業	6.3%	**4.0%**	1.01	2.80
	合計	5.3%	**3.8%**	0.96	2.51
米国	製造業	28.9%	**11.6%**	0.86	2.47
	非製造業	17.6%	**9.7%**	1.03	2.88
	合計	22.6%	**10.5%**	0.96	2.69
欧州	製造業	15.2%	**9.2%**	0.80	2.58
	非製造業	14.8%	**8.6%**	0.93	3.08
	合計	15.0%	**8.9%**	0.87	2.86

（注1）2012年暦年の本決算実績ベース、金融・不動産除く
（注2）対象=TOPIX500、S&P500、Bloomberg European 500 Index対象の企業のうち、必要なデータを取得できた企業
出所：伊藤レポート

先ほどの自社株買いによる金融操作という主張は、株主資本をできる限り小さくして、負債比率を高めて、高いROEを維持する手法であるから、財務レバレッジの部分に結果が反映される。これを日米欧で比較してみると、なんと、ほとんど変わらないのである。多少のばらつきはあるが、日米欧はいずれも2・5～3・0程度の間に収まっていることが分かる。

他方で、何が日本企業の低ROEの根本的な原因であるかというと、明らかに売上高純利益率（ROS：Return On Sales）が小さいことである。米国、欧州は10％程度の利益率を確保しているのに対して、日本では3・8％である。つまりは、本業において企業の事業競争力で差をつけられているのである。

この点について、日本の法人税の高さの影響を指摘する声もあるが、今日、グローバル企業への課税は、実質的な経済活動拠点ベー

スで行われており、企業レベルでは本店所在国による有利不利はそれほど大きくない。法人税率差の議論は、日本企業の競争力の問題というよりも、日本国の産業立地競争力に関する議論である（筆者は政府税制調査会の法人課税ディスカッショングループ及び国際課税ディスカッショングループのメンバーでもある）。また、伊藤レポートで分析されている数値差は、仮に日本企業の法人税率がゼロであっても埋めきれない大差である。

日本企業のROEが低いことは金融的な操作でもなんでもなく、製品・顧客市場において、事業の収益力、すなわち「稼ぐ力」に問題があったからなのである。長年にわたり日本企業が世界市場で売上シェアを失ってきたことと、低い売上高利益率、そして低いROEは同根なのである。

実態はどうであれステークホルダー主義を標榜する我が国の企業においては、ROEを高めることに対して、「企業経営は株主のためだけに行われるものではない」「長期的成長を実現しようとすると労働分配率を高めなければならないためROEが下がる」「ROE経営は我が国にはなじまない」という感覚を持っている人も多い。確かに短期的かつ際限ないROE向上指向は、将来に向けた様々な投資を犠牲にする危険性がある。しかし、長期持続的にROEを高めることは、すなわち、長期持続的に売上高利益率を高めるという事業上最も根本的な課題と同じなのである。経営のABCとして、売上高利益率を長期的に規定する最大要因は、何よりも付加価値率（≒売上高総利益率）の向上であり、それはすなわち顧客に提供する価値の厚みと差異性であり、つまるところ当該企業の根源的な競争力を高めるということである。研究開発投資も、設備投資も、労働分配も、この付加価値から分配されるのだ。

さらに、資本市場とのかかわりにおいて、企業が持続的な成長を実現しようとすれば、将来に向けた投資を実行するための資金調達が不可欠であり、そのためには、高いROEを実現することが不可欠なのである。長期的な視点で見れば、「稼ぐ力」のない企業は、将来に向けた研究開発投資、設備投資、M&A投資、人材投資など、持続的な成長に向けたあらゆる投資を持続できなくなり、その結果、持続的な成長力も失っていくのは当然である。株主のためのROEではなく、企業自身の成長のためにROEを高めていくことが求められているのである。そして、企業自身の成長は、もちろん企業を取り巻くあらゆるステークホルダーのためである。

このように考察してくると、これまた「日本企業は長期的な成長性を重視して短期的な利益に拘らない経営をしてきた」という議論は、実証的には成り立っていない、単なる「神話」だったことが分かる。

最後の神話も崩壊
――人材なし経営で長期持続的な成長は実現できるのか?

人材市場との関わりにおいては、日本的経営の素晴らしいところは、目先の利益に惑わされずに雇用を守る点にあると言われている。そのこと自体の素晴らしさは否定しないし、むしろそうあるべきであると思うが、「日本企業は、目先の利益を追わず、株主利益に重きを置かないことで、雇用を守ってきた」という主張についても、社会経済全体としてみると、事実とし

図表8｜年齢階級別・完全失業率の推移

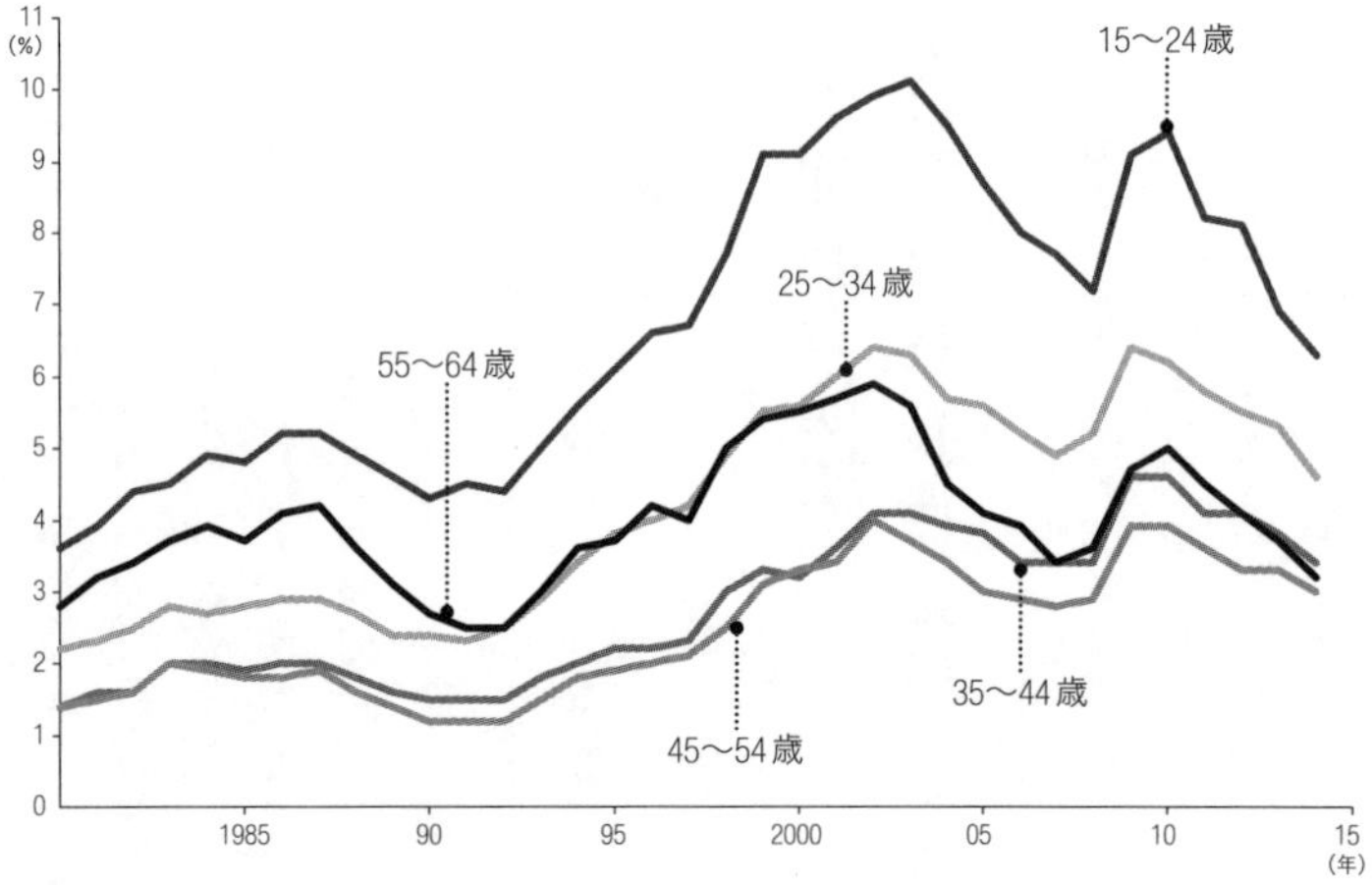

出所：「労働力調査」

てそうなっていない。

確かに、欧米の企業がドラスティックに選択と捨象を進める中で、30万人いた従業員を15万人にまで縮小したといった話は度々耳にする。しかし、日本企業において、個別企業単位でのそこまでの大規模な雇用調整・リストラはあまり聞かない。

しかし、日本経済全体を俯瞰すると、明確に雇用が減少している部分がある。それは、若者の採用である。**図表8**のとおり、1990年以降、15〜24歳、25〜34歳の失業率が特に上昇していることが分かる。日本企業の多くは、新卒の採用を絞って会社全体の雇用調整を行ったため、10年間以上にわたり若年層を正規雇用から締め出したのである。企業の最も重要な資本である「ヒト」抜きで、どうやって持続的な成長を実現するというのであろうか。

その結果、（特に大企業おいて）雇用の流動性

図表9｜資本金10億円以上の企業における就業者・割合の推移

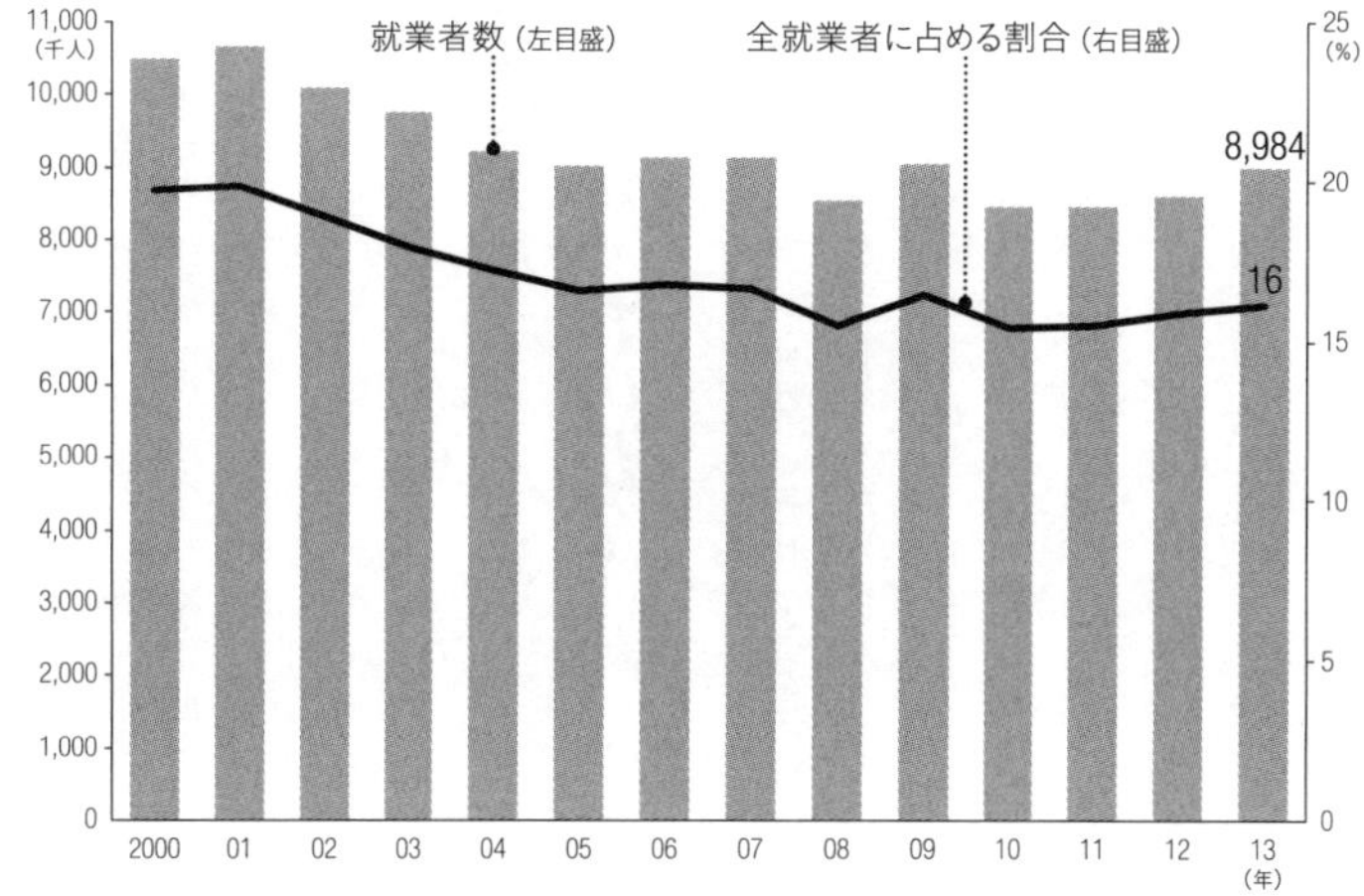

出所：国税庁「民間給与実態統計調査結果」

が著しく低く、社会制度的にも企業間移動をする労働者に冷たい仕組みの中で、運悪く就職氷河期に卒業した若者たちは、いわゆる「ロストジェネレーション」と呼ばれ、失業する若者、あるいは低賃金の非正規労働から浮かび上がれない若者が溢れた。

さらに、資本金10億円以上の大企業における就業者数を具体的に見ていくと、2000年以降大幅に減少し、全就業者に占める割合も大きく低下している（**図表9**）。このように大企業が守れなかった雇用は、中小企業（そしてその多くは低生産性のサービス産業）へと流れ込み、その多くが非正規雇用となった。これが日本経済全体を沈下させる原因の一つにもなったのである。これは厳然たる統計的な事実である。

結果的に旧来の日本的経営は、すでに雇った終身年功制の正社員サラリーマンは守ったが、その外側にいる人たちには冷たかったのである。まさに「正社員サラリーマンのサラリーマンによるサラリーマンのための経営」となってしまったのだ。そこには美しきステークホルダー主義からは程遠い現実が横たわっている。我が国の経営者がよく口にするステークホルダー重視という話の多くは美名にすぎず、その太宗はサラリーマン至上主義に陥ってきたのである。

なぜモデルチェンジが出来なかったのか？

売上、シェア、利益、そして雇用の面において、これほどまでに日本企業が実力を失っていった原因はどこにあるのだろうか？

我が国の企業の収益力・成長力が低下したことについて、いわゆる五重苦、六重苦に根本的な原因があるという声は今でも非常に大きい。

繰り返すが、この外部環境は、アベノミクスによって、大きく改善されている。安倍政権誕生以前は80円前後で推移していた為替は今や１２０円を超えるところまで円安が進行しており、行き過ぎた円高は完全に是正されたと言える。法人税については、20％台に引き下げるという大きな方針が示され、２０１５年度には実際に35％の実効税率だったものが、32％にまで引き下げられ、今後も引き続き減税される見込みである。ＴＰＰ締結は、当初の予定より遅れている感は否めないが、農業分野の猛烈な反対を押し切って交渉を続けており、前進していることに間違いない。労働法制の改正についても労働組合の反対がありつつも派遣法の改正などが進んでいる。そして原発の再稼働もスタートされた。五重苦、六重苦問題はすでに解消されつつあるのである。企業側が言い訳する余地はだんだんとなくなってきている。

そもそも、この「六重苦」という外部環境が日本企業低迷の根本的な原因であるという議論には納得感がない。なぜならば、この20年間の長期的な視点に立てば、経営環境がいいときも悪いときもあったからである。例えば過去20年間の間で円高のときも円安のときも存在した。また、労務問題についても欧米や中国などの諸外国でも非常に厳しく、世界中の企業がそれぞれ各地域で苦しんできている。例えば、OECDの公表するEmployment Outlook 2013では、フランス、イタリア、スウェーデンなどの解雇規制は日本よりも厳しいものとされている。あたかも世界一厳しい解雇規制が敷かれていると感じている人もいるがそんなことはないのである。

また、グローバル企業であれば、世界中に活動立地を求められる。このことは欧米企業であっても日本企業であっても同一条件である。国内立地の不利が当然に企業としての不利になるわけではない。しかも、日本企業の中にも、六重苦をものともせずにグローバル競争で勝ち抜いてきたエクセレント・カンパニーもたくさん存在する。例えば、我が国を代表する大企業であるトヨタ自動車はもちろんのこと、筆者の一人が社外取締役を務めるオムロンもまたこの間に長期的な成長を果たした企業の一つである。このことは、たとえ外部環境が不利であっても経営力とそれを支えるガバナンスが向上すれば、国際競争に勝ち得ることを示唆するものである。

つまり、日本企業の低収益・低成長は外部環境だけに原因があるわけではなく、内部環境に問題があったと言わざるを得ない。さらに言えば、内部環境の中でも、多くの日本企業が優れた技術力や現場力を有しているのは、世界が認める公知の事実である。例えば、マサチューセッツ工科大学（ＭＩＴ）による国際自動車研究プログラム（ＩＭＶＰ：International Motor Vehicle Program）では１９９０年代から日本の自動車産業の組立生産性力が、欧米やアジアに比較して高かったことを示している。また、自動車産業だけでなく電機産業その他の製造業においても日本の現場力は本当に強い。これは筆者自身が、多くの企業再生に関わった実感でもある。日本企業の現場力は、以前より差を詰められているものの、いまだ世界一である。

それにもかかわらず、熾烈なグローバル競争の中で苦戦し続けているのは、現場以外の場所、すなわち日本企業の上部構造の問題であり、やはり企業経営に問題があったのである。言い換えれば、日本的経営においては、企業経営者とそれを規律付けるコーポレートガバナンスが機能不全を起こしているのだ。もっと言えば、多くの日本企業において、その古い日本的経営自体のモデルチェンジを妨げたのも、大きなモデル転換をそのモデルの外側から規律付ける仕組み、すなわち真の意味でのガバナンスが、長きにわたる「日本的経営モデルの黄金時代」の中で、いつの間にか不在になっていたことに起因している（この「ガバナンス喪失」の経緯については、故・青木昌彦スタンフォード大学名誉教授の論考を軸に次章で改めて詳説する）。

我が国の新陳代謝の停滞にもガバナンス問題が大きく作用

このようなガバナンスの不在は、個別企業のレベルでは、既述のとおり、稼ぐ力を失わせる原因となった。加えて、ガバナンスの不在は、日本経済全体の新陳代謝を停滞させることにもつながる。

新陳代謝の重要性は論を俟たない。生産性の低い企業が市場から退出し、生産性の高い産業・企業に「ヒト・モノ・カネ・ノウハウ」がシフトすることで、経済全体の生産性が上昇する。逆に言えば、新陳代謝が停滞して、生産性の低い企業が市場に残り続ければ、本来であればより生産性の高い企業に再配置されるべき「ヒト・モノ・カネ・ノウハウ」が生産性の低い企業によって囲い込まれることによって、経済の効率性を低下させる。生産性の低い企業は資金調達力にも欠けることが通常であるため、生産性の上昇に寄与する投資機会（研究開発費投資、従業員教育投資、設備投資など）があっても、それを持続的に行うことができない。

また、イノベーションの父と呼ばれる経済学者シュンペーターが喝破したとおり、ダイナミックな競争と淘汰の過程でこそ、創造的破壊を通じたイノベーションは生まれる。特に、我が国の経済のように成熟期を迎えた経済・社会においては、技術革新と生産性向上には、創造的破壊のプロセスは不可欠である。生産性の向上とイノベーションという我が国の経済の長期的

図表10 ｜ 廃業率と開業率

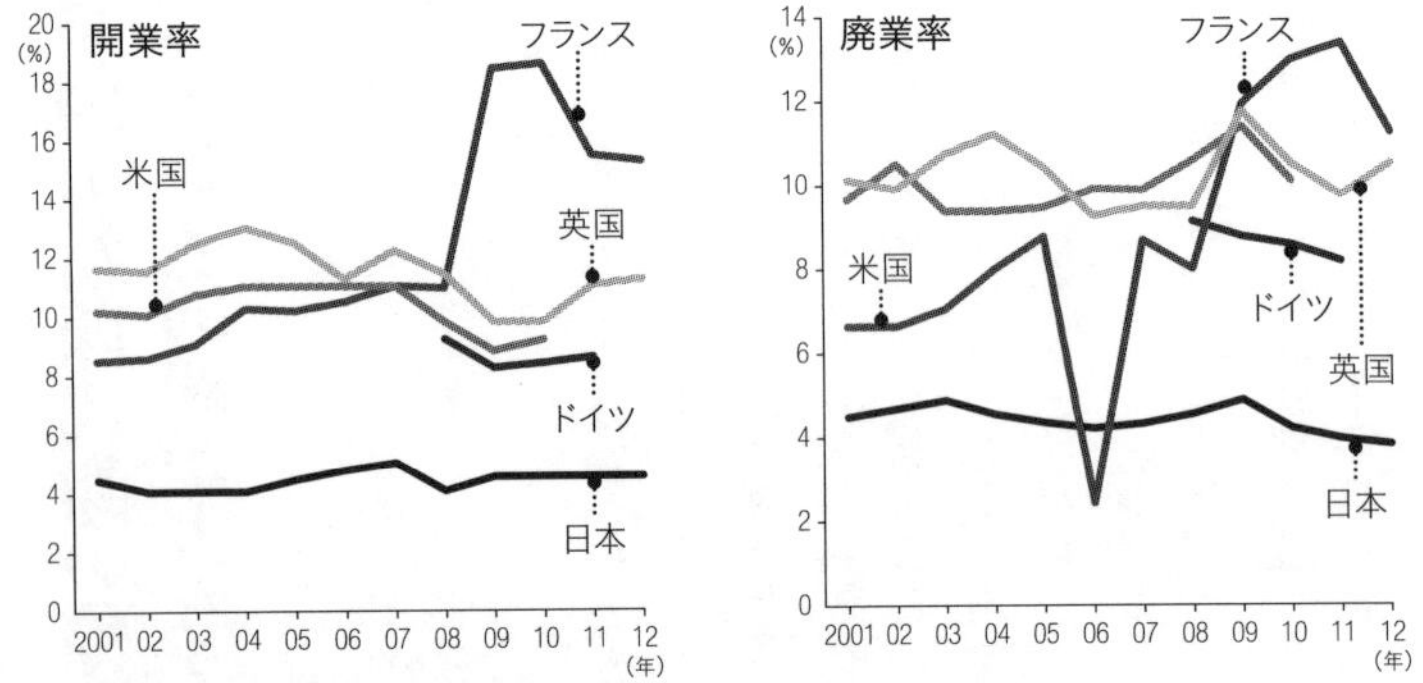

(注1) 日本の開廃業率は、雇用保険関係が成立している事業所（適用事業所）の成立・消滅を基に算出している
(注2) 米国の開廃業率は、雇用主（employer）の発生・消滅を基に算出している
(注3) 英国の開廃業率は、VAT（付加価値税）およびPAYE（源泉所得税）登録企業数を基に算出している
(注4) ドイツの開廃業率は、開業、廃業届を提出した企業数を基に算出している
(注5) フランスの開廃業率は、企業・事業所目録（SIRENE）へのデータベースに登録・抹消された企業数を基に算出している
(注6) 国によって統計の性質が異なるため単純に比較することはできない
出所：「平成26年版　情報通信白書」

な発展力、成長力の源泉は、市場経済における新陳代謝機能にあると言っても過言ではない。人間の体は、古くなった老廃物を吐き出し、新たな細胞を構築していく新陳代謝の過程で成長していく。産業・企業も同じように新陳代謝のプロセスを踏まなければ到底成長などできないのである。

このように重要な新陳代謝であるが、我が国においては、この機能が長らく停滞している。例えば、諸外国と日本の開業率と廃業率を比較してみると、諸外国では概ね10％前後の開廃業率をコンスタントに記録しているのに対して、日本では長らく5％程度の開廃業率にとどまっていることが分かる（**図表10**）。

また、ＩＣＴ企業の上場数を企業国籍別に経年推移で見てみると、我が国は１９７９年以前の上場企業が大半を占めている一方で、米国はその後も多くの企業が上場しつづけており顕著な差として表れている（**図表11**）。

図表11｜世界のICT企業の上場数推移（企業国籍別）

企業設立時期	～1979	～1984	～1989	～1994	～1999	～2004	2005～
米国	345	174	257	207	252	162	251
日本	298	26	25	32	43	30	7
中国	7	6	17	66	77	65	73
カナダ	35	23	33	20	53	42	47
韓国	50	15	16	29	35	22	6
香港	3	2	10	37	29	53	24
台湾	22	20	23	24	37	15	10
英国	14	6	5	11	17	23	20
ドイツ	23	4	9	8	22	3	2
イスラエル	8	6	8	18	8	3	3
フランス	20	7	10	9	3	5	
オーストラリア	5	4	7	5	8	9	6
シンガポール	3	8	6	9	9	7	1
ブラジル	15			5	21		
インド	20	9	10	1	3	1	

出所：「平成26年版　情報通信白書」

先ほどのフォーチュン・グローバル５００社の顔ぶれを見ていくと、米国企業は、Ｇｏｏｇｌｅ、Ａｍａｚｏｎなどの新興企業が並ぶのに対して、日本企業はほとんど変化がない。日本企業の新陳代謝の悪さは、トップ企業の顔触れにも反映されている。

ガバナンスを強化することは、より社会的コストが小さい形での新陳代謝の促進にもつながる。なぜならば、早め早めの事業や機能の新陳代謝を進めれば、まだ当該事業や機能が元気なうちに他のより競争力のある企業に譲渡（従業員から見れば集団転職）することが可能となり、雇用や技術やノウハウを社会の中で活かせるからである。最近のお手本は、日本たばこ産業による飲料部門の売却である。

他方、後述のとおり、多くの日本企業においてはガバナンス不在であったために「あれかこれか」の厳しい意思決定が先送りにされ、

「選択と捨象」、すなわち新陳代謝が停滞し、その挙句にカネボウのように会社ごと破綻する、あるいは半導体メモリーのように産業全体が停滞し、最後は産業まるごと壊滅状態になってしまう。こうなると雇用も壊滅的な打撃を受ける。液晶テレビ関連で、ここ数年間、日本の電機各社が数万人単位でのリストラを余儀なくされたことは記憶に新しい。イノベーションを生み出すためにも、ガバナンスを強化して、企業自ら、そして産業全体の新陳代謝力を高めていくことが、今の日本企業・経済にとって必要な処方箋である。

「稼ぐ力」とコーポレートガバナンス改革
――「攻め」と「守り」は表裏一体

今まで見てきたとおり、多くの日本企業は稼ぐ力を喪失してきた。そしてその原因は外部環境だけではなく、内部環境、中でも企業経営にも存在している。ガバナンスを強化して企業経営に規律を与えることは、新陳代謝を促進し、イノベーション力を高めることで日本経済全体を復活させることにも役立つ。だからこそ、アベノミクスにおいては、今回のコーポレートガバナンスに関する一連の改革を断行してきたのである。

「なぜ（Ｗｈｙ）コーポレートガバナンス改革なのか？」に対する答えは、力を失ってきた日本企業の「稼ぐ力」を復活させて、ひいては日本経済の成長をけん引するためである。したがって、コーポレートガバナンス改革の内容は、会社におけるリスク管理ばかりを強調するのではなく、長期持続的な業績の向上を目指した「攻めのガバナンス」の実現を目指す。「守り」一辺倒から「攻め」に転じることが今回の改革の一番の大きなメッセージである。

我が国においては、コーポレートガバナンスとコンプライアンス（法令遵守）や内部統制とをほぼ同じ意味と考える傾向があった。これは、2000年代前半以降に、企業の不祥事をきっかけにしてコーポレートガバナンス改革の機運が高まったことが影響している。例えば、米国でのエンロンやワールドコム、日本でのカネボウの巨大粉飾決算である。その結果、我が国のコーポレートガバナンスの議論においては、監査役会の権限やあり方を見直すことによって、不祥事を防ぎ、企業価値が減少するといったダウンサイドリスクを極小化することが重視されてきた。また、事件が起こるたびに監査役の権限強化やJ－SOX法などによる内部統制の強化が進んできた。

株主主権型の企業統治が一般的に受容され、言わば主権者から経営を付託されたCEOが絶大な権限を持つ米国においては、非常に強い権力を持つトップマネジメントの強引な意思決定、すなわち「作為」的な暴走に「ブレーキ」をかけることがより重要な視点となる。そして、J－SOX法で分かるように、こと「ブレーキ強化」については、米国の制度をほぼ直輸入する形でガバナンス「強化」が進んでいったのは、我が国の皮肉な展開である。

しかし、先述したとおり、ガバナンスとは、組織の根本的な権力メカニズムの健全性の問題であり、コンプライアンスの議論よりもはるかに広い射程を持っているのである。企業が様々なステークホルダーにとっての経済社会的価値の持続的向上を根本的な存在目的としている以上、コーポレートガバナンスの究極的な目的もそこにある。そして多くの日本企業に通底する問題が、米国企業とは逆の「不作為の暴走」にあるとすれば、その問題に対する処方箋として、ガバナンス強化が議論されるべきだったのだ。

「はじめに」でも指摘したように、カネボウ粉飾事件の真因は、伝統的な日本企業が典型的な「ムラの空気」に流されて「攻めのガバナンス」が機能せず、巨額の赤字を垂れ流している繊維部門からの撤退の先送りを続けたという不作為の暴走にある。そして最後には、「会社の破綻を避けるために決算を何とかしろ」というトップの号令の下、「粉飾決算も止むなし」という同調圧力が現場を支配した。「攻め」の不作為が「守り」に過大な負荷をかけ、結局、いずれも「ムラの空気」の支配によって機能不全に陥っている。そう、「攻めのガバナンス」と「守りのガバナンス」は表裏一体の関係にあるのだ。

私は10年前から、「名門企業であるカネボウの粉飾事件の病理は、多くの日本企業にとって他人事ではなく、いつでも知らない間にり患するリスクのある『国民病』的な疾患だ。だからその予防にはガバナンス改革が極めて重要である」と繰り返し主張してきた。しかし、「あれは破綻寸前の特殊事情で起きた話で、自分たちには関係ない」というのが、当時の経済界の太宗の反応だった。

しかるに、ここに来て、経営危機でもなんでもなかった東芝、やはり伝統名門企業である東芝において、構図と手口においてカネボウ事件とそっくりの大不祥事が起きたことを目の当たりにして、日本型ガバナンス不全の問題は、多くの日本企業経営者にとって他人事ではなくなったはずだ。

すなわち、コーポレートガバナンスの究極的な目的は、不祥事防止などのコンプライアンスの確保だけではなく、企業を長期持続的に成長させ、企業価値を向上させていくことにこそあるのであり、それは企業が一つの権力構造であり、いかなる権力も腐敗リスクを内包するという人類史的な真理に鑑みたとき、すべての企業がその経営モデルの如何にかかわらず真摯に努力すべき核心的な経営課題なのである。

その意味で、コーポレートガバナンスの射程は、ダウンサイドリスクを回避する「守りのガバナンス」だけではなく、的確なリスクテイクを行い、アップサイドチャンスを持続的に収益化していくための「攻めのガバナンス」にも及ぶことは当然である。だからこそ、監査役会だけでなく取締役会が果たす役割が重要になってくるのだ。

具体的に言えば、経営者に対して、適切にリスクを取れるよう、組織内部の抵抗を乗り越えて鮮烈で不連続な改革を断行できるよう、踏むべき「アクセル」を踏めているかをモニタリングすることも、我が国のコーポレートガバナンスにおいては非常に重要となる。なぜならば、長年にわたり企業価値を喪失してきた日本企業の課題は、経営者、経営陣が必要なリスクを取らないこと、従来の事業や組織のあり方から不連続な変化を過度に嫌うこと、「あれかこれか」の鮮烈な戦略的意思決定を行わないこと、経営における「不作為」の暴走、ムラの空気に流されるままの漂流現象にあるからである。そこでは、当然ながら、「ムラの空気」から自由で独立した立場の社外人材の役割が重要なことは論を俟たない。

図表12 | 守りのガバナンスと攻めのガバナンスの対比（監査役会設置会社の場合）

	守りのガバナンス	攻めのガバナンス
課題	作為の暴走	不作為の暴走
主な機能	コンプライアンスの確保などの不祥事や強引な意思決定の抑止（ブレーキ）	稼ぐ力（収益力・成長力）の向上（アクセル）
企業価値との関係	ダウンサイドリスクの極小化	アップサイドチャンスの収益化
主たるモニタリング機関	監査役会及び（代表取締役の解任権を有する）取締役会	取締役会
主たるモニタリング担当者	社外監査役及び社外取締役	社外取締役

出所：筆者作成

以上のような背景から、今回のコーポレートガバナンス・コードにおいては、会社におけるリスクの回避・抑制や不祥事の防止などのコンプライアンスの強化、すなわち「守りのガバナンス」を過度に強調するのではなく、会社の迅速・果断な意思決定を促し企業価値を高めること、すなわち「攻めのガバナンス」を目指すものであることを明記している（**図表12**）。

今でこそ、「攻めのガバナンス」がある種の流行語のようになったため、コーポレートガバナンスの射程が防御にあると誤解している方は減ってきているように思う。しかし、頭では長期持続的な成長を実現することもガバナンスの一つの目的であると理解しつつも、実行フェーズに落とし込んでみると、未だに守りのガバナンスのイメージを脱し切れていない場合が多い。そして、今日においても、東芝のような事件が起こるたびに、「守り」

を強化しなければならないという論調が高まる。

しかし、繰り返すが、不祥事の根本的な原因は、企業が稼ぐ力を喪失したことであることが多い。粉飾決算などの不正は、赤字を隠すために行われるのが典型的なパターンである。したがって、コーポレートガバナンス強化によって経営力を高めて「稼ぐ力」を回復することができれば、不正を未然に防ぐことにそのままつながるのである。「攻め」と「守り」は表裏一体、攻撃は最大の防御なのである。

第2章

What？
──日本の目指すコーポレートガバナンスとは何か？

「サラリーマン共同体至上主義」でも「株主至上主義」でもない、第三の道！

歴史的な背景に鑑みて、また法律論的にも、株主が会社の「所有者」であると言い切ることはできないし、他方、従業員主権型では厳しいグローバル競争の中で勝ち続けることは難しい。今後日本社会が目指していくコーポレートガバナンスは、「株主至上主義」も「サラリーマン共同体至上主義」も乗り越えた、新たな「ステークホルダー主義ガバナンス」という第三の道を邁進していくことであり、長期持続的な企業価値の成長を実現していかなければならない。

簡単には設立することができなかった株式会社の歴史
——ガバナンス論の根源

我が国が目指すコーポレートガバナンスとは何か？　我が国では従来から「会社は誰のものか？」という論点が活発に議論されており、従業員主権型と株主主権型のコーポレートガバナンスが対立してきた。そこで、コーポレートガバナンスとは何かを理解するために、まずはコーポレートガバナンスの歴史と、その対象である「株式会社」の歴史を紐解いていきたい。

何をもって株式会社というかによってその歴史の見方も変わってくるが、一般的には株式会社の特質とは、法人格、有限責任、永続性、持分の自由譲渡性、所有と経営の分離などと言われているが、その中心は法人格と有限責任であろう。

すなわち株式会社においては、会社自身に法人格が与えられ、株主に権利義務関係が帰属するのではなく、会社そのものが権利義務の主体となる。その上、株主は有限責任しか負わないため、株式会社の債権者は株主に対して金を返せとは言えない。

これに対して、出資者が債権者に対して自らも借金を返済する義務を負うことを無限責任という。法形式にとらわれないで最も自然な形でビジネスを始めようとすれば、自然人としての個人が契約の主体になる。例えば、今でも多くの街の八百屋さんは「会社」という形ではなく、自然人として取引をしており、個人に権利義務関係が帰属する形となっている。複数人で事業を行っている場合には、「組合」(パートナーシップ)という形をとる。これはあくまでも各個人が契約関係で結ばれているにすぎない。組合員全員に権利義務関係が帰属することとなっており、仮にこの事業のためにお金を借りてきた場合には、組合員全員が全額を返済する義務を負う。株式会社が生まれる前は、ビジネスを行う場合には、このように無限責任を負うのが当たり前だった。


有限責任法人は、大きな資金が必要とされ、長期かつリスクの大きいビジネスを行うに当たっては、非常に有効に機能する。なぜならば、第一に法人は、「死」という自然人の生物的な時間制約を超えて存続できる。次に、出資者のリスクは出資した範囲に限られるので、出資を促す点で非常に優れた仕組みである。出資者からしてみれば、ビジネスが失敗したときのダウンサイドリスクは限定されているにもかかわらず、成功したときのアップサイドは無限に享受することができるのである。

しかし、失敗に対して、無限の責任を負うからこそ、うまく行ったらアップサイドを全部取れるという構造が、本来は公平で倫理的な制度である。株式会社は、アップサイドは無限で、ダウンサイドは有限の、ある意味、お気楽で無責任な制度である。

すなわち、非倫理的なリスク、モラルハザードを内包するものとして例外的な存在であり、本来であれば、厳格に制限され、統制されるべき存在なのである。この潜在的な非倫理性こそが、株式会社においてコーポレートガバナンスが重要である根源的な背景の一つなのだ。このことは以下の株式会社の歴史にも符合する。

法人格や有限責任の特質をもつ株式会社の歴史は、1602年のオランダ東インド会社に遡ると言われている。しかし、株式会社が本格的に世界的に普及するのはしばらく後のことである。当時の株式会社は、「勅許会社」と言われ、特別の許可がなければ設立することができなかったのである。今でこそ一般化された株式会社であるが、当時はむしろ株式会社の設立は厳しく規制される対象であった。なぜならば、有限責任性は関係者を過度に冒険的な行動に駆り立てる危険性を有し、株式の自由譲渡性は投機的な株価の高騰と暴落を招いて経済的な混乱や社会不安を招くリスクを常に帯びているからである。バブル経済の語源にもなっている南海泡沫事件は、まさにその代表例である。このように株式会社が非倫理的な仕組みであるが故に厳しく制限されていたと言える。

ちなみに、このころのコーポレートガバナンス体制は、例えば、オランダ東インド会社には、株主総会は存在せず、取締役会が決定権を握っていたなど、現在のような株主による民主的な統治プロセスは存在していなかった。株主は、責任が限定されているにもかかわらず利益の配分を受けることができる持ち分を保有する存在にすぎず、会社の所有者とはおよそ言うことができない立場にあったということができる。

資本主義の勃興と株式会社の隆盛

勅許主義で特別に許可されたものしか設立することができなかった株式会社であったが、法律上の要件を備えれば自由に会社を設立することを可能とする「準則主義」が導入され始めたのは、オランダ東インド会社から200年以上も後のことである。米国では19世紀初め、イギリスでは19世紀中ごろ、日本では19世紀後半のことである。ただし、米国では州法で会社法が制定されるなどの事情から、本格的に米国全土に普及し始めたのは19世紀半ばからである。有限責任方式の株式会社を認めるのが非常に遅かったカリフォルニア州については、20世紀前半のことである。筆者の一人がMBAを取得したスタンフォード大学を設立したリーランド・スタンフォードは、19世紀後半に大陸横断鉄道で財を成した人物だが、当時、カリフォルニア州では現代のような株式会社を設立できなかったので、鉄道敷設に必要な巨額の資金は、主に社債発行で賄っている。

また、日本でもつい10年前までは、株式会社を設立するためには最低資本金が必要とされていたことからも分かるように、準則主義とはいえ債権者などのステークホルダーの権利に配慮した厳しい制限が加えられていたのである。ちなみにいわゆる三菱合資、住友合資、三井合名など、戦前の財閥本社、今でいうグループ持ち株会社が、無限責任会社形態を取っていたのも、当時、信用のベースとして、株式会社という法人形態が置かれていた微妙な立場を表わしているように思われる。

株式会社が一般的になり、資本金1円でも会社を設立できる現代社会においては、株式会社を設立することを当たり前のように思っている人が多いと思う。しかし、株式会社とは、有限責任という恩恵が与えられているがゆえに巨大化し、そのため社会的に与える影響も当然大きくなることから、（他の無限責任の法人形態と比べて）より厳格に規制される対象であり、より多くの強行法規による組織ルールに基づいて統治されるべき存在なのである。だからこそ今でも株式会社の機関設計については各社の全くの自由裁量ではなく、取締役会や株主総会の設置が求められているのである。

このようになかなか市民権を獲得できなかった株式会社であるが、いわば「法人の王様」として、現代のように隆盛し始めたのは、資本集約型の産業の発展と密接に関係している。イギリス発の産業革命がおこったのは、18世紀後半の紡績業の機械工業化と言われているが、それが製鉄・金属などの他の産業へも発達していったのは19世紀前半のことである。そして19世紀

図表13｜株式会社の準則主義と産業革命の関係

	準則主義の導入時期	産業革命の普及時期
イギリス	19世紀半ば	18世紀後半～19世紀前半
米国	19世紀初め～20世紀初め	19世紀後半
日本	19世紀後半	19世紀後半～20世紀前半

出所：筆者作成

中ごろに準則主義による株式会社の設立が認められ、その途端に2万5000社もの株式会社が設立されたと言われている。

イギリスにおける産業革命が米国に広がり発展していったのは19世紀中ごろと言われている。さらに19世紀後半ごろの石油採掘技術の開発によって、ロックフェラーを代表とする石油、化学といった資本集約型・設備集約型の産業が発達していった。ちょうど米国で準則主義による株式会社の設立が各州に広がっていった時期である。

日本においては、明治維新後の19世紀後半から20世紀前半にかけて、工業化が進展していったがこれもまた準則主義による株式会社の設立時期とぴったりと符合するのである（**図表13**）。

このように株式会社の発達と資本主義の勃興の時期が一致していることは偶然ではない。

資本集約的・設備集約的産業の発達によって、大規模な資本を集約させる必要性と、それを容易ならしめる株式会社の特色が見事にマッチした仕組みだったのである。逆に言えば、株式会社の普及は、資本集約的・設備集約的な20世紀の経済・産業を発展させる、社会全体の資本効率を高める、といった社会のニーズに応えるための実に功利的な理由によるのである。

それまでビジネスの基本は人に対する信頼によって成り立っていたものが、巨大な資本と設備がそれを代替する時期であった。このことは当然資本の価値が高まる時代の到来、すなわち株式会社の時代の到来を意味していた。

このころのガバナンス体制はというと、さぞかし株主が強かったかというとそんなことはない。バーリーとミーンズが『近代株式会社と私有財産』において論じているとおり、資本を集約して巨大な資本を形成すればするほど、一人あたりが保有する株式の相対的な価値は希薄化していく。このように分散した株主の声は影響力を失っていくこととなったことから、「所有と経営の分離」が深まり、むしろ経営者による会社の支配が強まっていった。

デラウェア州法に代表される米国の会社法においては、取締役会の権限が非常に強く、マネジメントボードとしての取締役会の強さはすなわち経営者支配を強める構造にあった。法的にはその基本構造は今日においても変わっておらず、皮肉なことに会社法の構造からみれば、株主総会に非常に多くの権限を集中させている我が国の会社法が、はるかに「株主主権」的なのである。

このような経営者支配、取締役会主権の傾向は、米国において株主主権型のコーポレートガバナンスが主張され始める１９８０年代まで基本的には続いていた。米国のコーポレートガバナンスが１００年前から株主主権型であったかというと、そうではないのである。

米国において、現代でいうコーポレートガバナンスにつながる問題意識が最初に強く自覚されたのは、大恐慌の時代であり、そこでは経営側（オーナー経営者としての「インサイダー株主」を含む）と一般株主との間の情報の非対称性、すなわち企業会計とディスクロージャー（開示）の正確性、透明性が問題視された。

ウォールストリートの株価大暴落に端を発する大恐慌は、米国だけでなく世界の経済を長きにわたって揺さぶる大事件であり、株式会社、とりわけ上場企業に対する統治の重要性は、社会的な脈絡において強く認識され、それが１９３３年証券法、１９３４年証券取引所法として結実する。その後、１９６０年代ころまでは、コーポレートガバナンスとは、どちらかというと企業に対して社会的責任を果たさせるための論理として用いられていた。株主主権主義というよりは、ステークホルダー主義を志向していたのである。

米国における「株主主権論」型ガバナンス論の発展は割と最近

ところが、１９８０年代以降の米国で、株主主権的なコーポレートガバナンス論が急速に発

図表14 │ 米国の株主保有構造

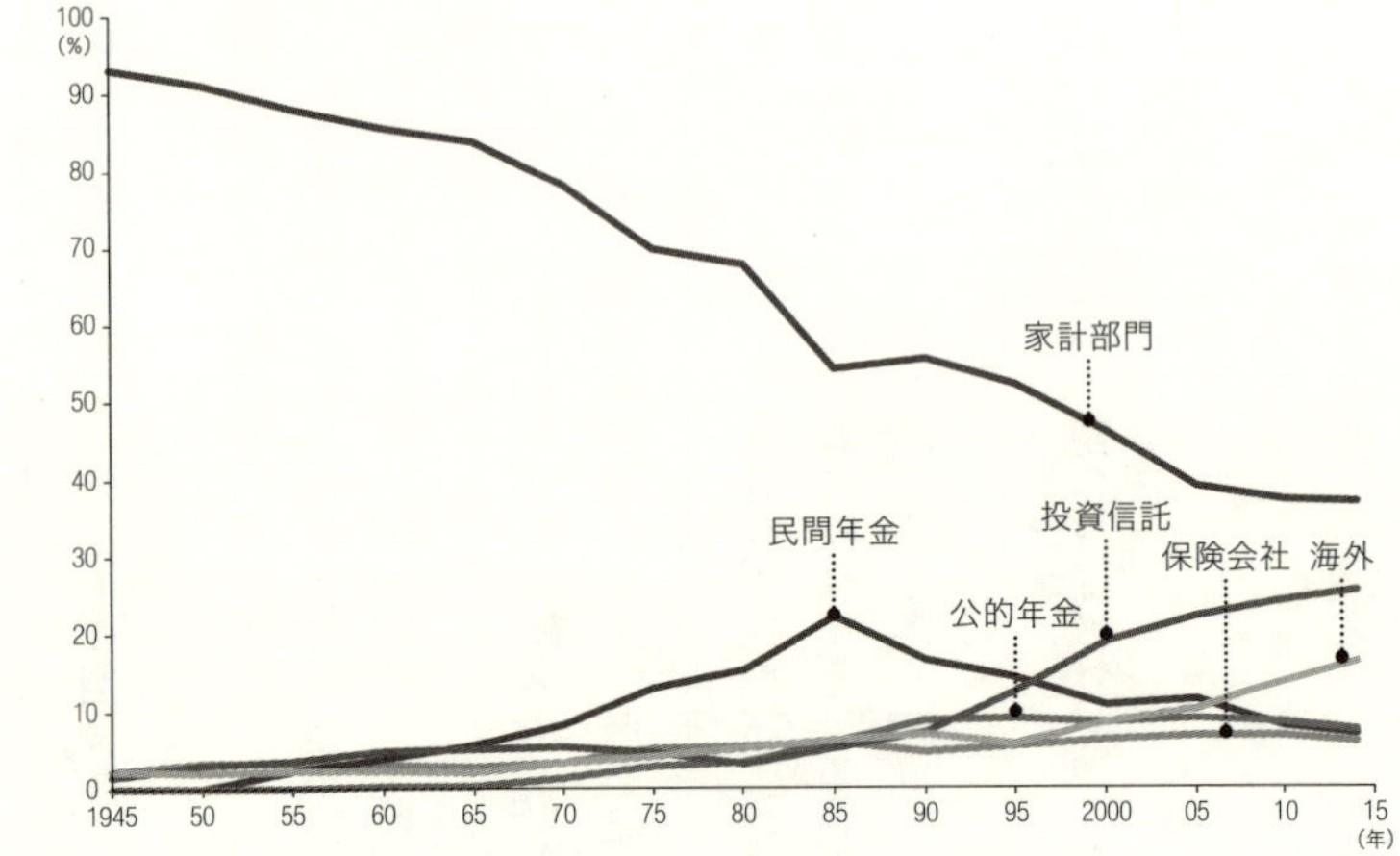

出所：Board of Governors of the Federal Reserve System. "Financial Accounts of the United States" より作成

展していく。この背景には、資本蓄積を重ねた年金基金などの機関投資家が株式を保有してきたことが大きく影響している。個人に分散していた株式を機関投資家が束ねることによって発言力を獲得していったのである（**図表14**）。

特に1960年代後半から70年代にかけて、米国の経済と企業は、自らが内包する諸問題（20世紀前半において経済分野でも工業化によって覇者となった、米国型経営モデルの耐用期限切れも、その中の一つである）に加え、日本や西ドイツの追い上げにも直面する中で、その成長力、収益力に陰りが見え始め、企業年金の財政悪化傾向も顕著となっていく。

こうした時代背景の中で、1974年に制定されたエリサ法（Employee Retirement Income Security）では、年金基金の受託者責任・スチュワードシップが明記され、責任ある議決権の行使が求められるようになっていった。また、当時は、多くの米国企業がそのときの新興国であった日本企業との競争で劣勢に立たされた時期でもあり、経営者支配による企業運営に疑問が生まれる時期と一致していたのである。その上にM&Aが活発化する一方で、敵対的M&Aに対する買収防衛策が必ずしも株主の利益にそぐわず経営者の保身的な行動にすぎないとの批判も巻き起こっていった。そこで投資家の立場から経営者に対してガバナンスを利かせる必要性、重要性は高まっていった。

さらに、産業が高度化していくにつれて、技術革新や経営革新によるイノベーションの重要性が増していくこととなり、20世紀が終わりに近づくにつれ、産業の中心は資本・設備集約型産業から知識集約型産業へと変わっていった。

この知識集約型産業では、資金を集めて設備投資することが重要なわけではない。ここで資本が持つ意味は、経営や研究開発などに関する技術・技能などを持った知識集約的な人材に高い給料を支払って、会社につなぎとめていく手段の一つと位置付けられる。しかし、どんな高い給料を支払ったからといっても嫌な人、思想が合わない人とは一緒に働きたくないと考える人間は多い。しかも高度に知識集約的な人材であればあるほど容易に転職することも可能である。言い換えれば、いくら設備資本を支配していても、そこに優秀な人材をつなぎとめていくことは難しいのである。

このように資本力は設備集約型産業が華やかなりしときには、企業を支配する経済的な必要十分条件であったと言えるが、知識集約型産業の台頭によって必要条件にすぎなくなりつつあると言えるのである。むしろ最近のIT分野の新興企業などでは、必要条件ですらない場合も往々にして存在する。貨幣の持つ価値が相対的に下がってきたのである。こうなるとますます投資家として、自らの利益に沿うように経営者をして行動させることは難しくなると同時により重要な意味を持ってくる。

このような時代背景の中で、機関投資家を中心に、株主の企業統治への影響力、発言力を高めるための理論武装として盛んに主張されてきたのが、「会社の所有者は株主である」という法律学的ドグマと、それと経済学的に表裏をなすプリンシパル・エージェント理論である。

これが1980年代辺りから盛んとなる米国の株主主権型コーポレートガバナンス論の発展史である。もちろん株主主権主義のコーポレートガバナンスから学ぶべきこともたくさんあるが、株主主権型のコーポレートガバナンス論は投資家たちのプロパガンダという側面も存在するのである。

株主主権論的な法律学ドグマと経済学ドグマには虚実が交錯

この株主主権論型コーポレートガバナンスの法的ドグマは、「株主は会社の所有者である以上、経営者や従業員、あるいは取引先などのステークホルダーの意思に関係なく会社財産を自由に使用、収益、処分できる」というものである。法律学の世界では、会社の所有者は株主、「会社は株主のもの」と考えることが通説(?)であり、この法形式を盾に株主の利益こそが最優先されるべきとの主張である。我が国の会社法でも「株主総会は、(中略)株式会社に関する一切の事項について決議をすることができる」と規定され、ここから会社の所有者（主権者）は株主であるというドグマや固定観念を前提に株主の利益こそが最優先されるべきであると解釈する議論もある。

さらに、経済学的な見地からは、いわゆるプリンシパル・エージェント理論、エージェンシーコスト理論を強調する。プリンシパル・エージェント問題とは、すなわち、プリンシパル（依頼人）である株主とエージェント（代理人）である経営者の利害関係が不一致になることを前提に、株主の無知・情報不足、すなわち情報の非対称性に乗じて、経営者がモラルハザードを起こして株主の利益を侵すリスクがあるという問題であり、これを解決するために、経営者を規律する手段としてコーポレートガバナンスが必要という、理屈である。

しかし、例えば我が国の会社法上、会社に対する株主の権利は、財産権（もっぱら自らの財産的利益のために行使できる権利）として配当請求権、残余財産請求権などが規定され、共益権（株主一般の利益や会社全体の利益のために認められている権利）として株主総会議決権や帳簿閲覧権などが一定の制約の下に認められているにすぎない。最も劣後的な利益分配請求権者である株主を保護する規定が会社法には数多く存在しており、その利益が公正に尊重されるべきことに異論はない。しかし、株主権の中身は、所有権の定義である「自らの自由意思で直接かつ排他的に使用、収益、処分できる権利」からは程遠い内容なのだ。

実際、100%株主であっても、会社の財産を勝手に持ち出したりすれば、立派な窃盗罪に問われる。会社法の体系が、株主イコール会社の所有者という基本ドグマからアプリオリに構成されているとみるのは、やはり相当な無理があると言わざるを得ない。

次にプリンシパル・エージェント理論についても、株式会社の基本的な問題性を株主と経営者の二者というあまりに単純化したモデルだけでとらえている点において、致命的な欠陥があると言わざるを得ない。そもそもこのモデルは、あまりに現実離れした単純すぎる問題設定である。さらには権力構造の問題を扱うガバナンス論において、リスク面と組織規模面で企業活動を複雑化・大規模化することに本来的な存在意義を有している株式会社という法人形態を分析する上で、権力関係を二者関係のみに収れんさせるアプローチは、株式会社に本来の機能を発揮させる理論的なフレームワークとしては機能しえない点も指摘できる。

この理論どおりにシンプルな世界であれば、たとえばいわゆるオーナー企業にはガバナンス問題は生じないはずだが、実際にはオーナー企業のガバナンスが崩壊し、大事件や経営破綻に陥る事案が枚挙にいとまがないのは、最近の大王製紙の問題をはじめとして世界共通の現実である。

ゲーム理論や行動経済学、心理経済学が発達し、非対称的な複数関係者に関わる複雑なモデルシミュレーションができるようになった現在なら、ここまで単純なモデルが時代を席巻することはなかったように思われる。

要するに株主主権論的な法律学ドグマと経済学ドグマは、多くの虚実が交錯しているのである。

ちなみに、米国でコーポレートガバナンス論が勃興したころのガバナンスの状況を取締役の解任を通してみてみると、１９９０年代においてＧＭやＩＢＭなどでは株主の声を代弁する社外取締役の主導によってＣＥＯが退任に追い込まれている。これは株主主権型のコーポレートガバナンスが実現している証左のようにも見えるが、その実相がどのように展開しつつあるのかを、さらにみてみよう。

世界は株主至上主義に基づくガバナンス強化論を追い越している

米国発のコーポレートガバナンス論が、世界的に広がりを見せていったのが、1990年代以降のことであり、日本に輸入されたのもそのころである。我が国では、この米国の株主主権型コーポレートガバナンスを信奉し、「会社は株主のものだ!」と盲目的に信じ込み、株主主権型コーポレートガバナンスが普遍的なガバナンス論であると本気で信じ込む人たちが少なからず出現した。この手合いの中には、会社の所有者は株主だと主張するものの会社の長期的な経営にはコミットしようとしない無責任な「物言う株主」も多かったように思う。

今まで述べてきたとおり、歴史的な事実としては、いわゆる株主主権論型のコーポレートガバナンス論は、普遍的かつ主流的なガバナンス論ではなかった。そしてその後も「会社は株主のものだ」というドグマからガバナンスを論じる考え方は、欧州では大きな潮流にはならなかったし、英国では今日現在の株価そのものではなく、企業のより根源的・長期的な経済価値(Enlightened Value of Corporation)を重視する考え方が広がっていく。そしてコーポレートガバナンスの重要性は、企業価値の長期的な向上が、色々な形で国民経済に貢献するという、社会的な脈絡で語られるのが通常となっている。現在、世界的に大きな運動となっている非財務的な企業価値情報の開示を重視する統合報告（Integrated Reporting）への流れは、こうした潮流から生まれている。

しかし、「先進国米国で発展した特定の理論をそのまま、いやもっと純化して継受する」パターンが90年代にも起こってしまったのである。これは日本のインテリが陥りやすい典型的な悪い癖である。

我が国だけでなく世界のコーポレートガバナンス論に多大なる影響を与えた故・青木昌彦教授が、その著書『比較制度分析序説　経済システムの進化と多元性』（講談社学術文庫）などで論じているとおり、株主主権主義、もっときつい呼び方をするならば株主至上主義的なコーポレートガバナンス（青木先生の言葉を借りれば「アングロ・アメリカン・システム」の外部株主支配のコーポレートガバナンス）は、一定の制度的条件下ではよく機能するが、あらゆる時代、すべての地域で機能する普遍的モデルたりえないのだ。

実は、米国においても、株主至上主義型のコーポレートガバナンスからは乖離する原理原則が存在する。例えば、米国の会社法の判例法理においては、支配株主の少数株主に対する忠実義務法理・受託者責任法理（fiduciary duty）が存在する。資本民主主義上の多数派である支配株主といえども、当該企業自身の共通価値を代表する立場にある少数株主の利益に対して忠実義務を負うという考え方である。日本では株主の「権利の濫用」を認める判例はあるが、権利濫用ではなく「忠実義務」という、より厳しい法理を導入しているのである。例えば、自動車会社が鉄道会社の株を買い占めて経営権をにぎり、自動車販売を伸ばすために、あえて鉄道を不便にするような株主権の行使は、およそやってはならない。一般に、株主主権主義、資本民主主義万能論と思われている米国ですら単純な株主至上主義ではないのである。

また、知識集約化が進んだ産業領域では、前述のように「物的資本」への依存度が下がり、経営者を含めて社内で知的創造活動を行っている「人的資本」の力が強まる。こうした企業は、その気になれば、自分たちに統治権を留保できる特殊な株式（「黄金株」など）を発行、あるいは一般株主には議決権制限株のみの保有を認めるなどの方法で、株主至上主義とは原理的には相いれない統治形態を選択する例が増えてくる。Ｇｏｏｇｌｅやｆａｃｅｂｏｏｋがそうだし、その背景には、古くからナイーブに株主主権型ガバナンスを信用しないタイプの企業統治モデルが存在している。例えばフォード、さらには投資の神様であるウォーレン・バフェット率いるバークシャー・ハサウェイにおいても、一般の株主の株主総会議決権は著しく制限されている。

中途半端にしか理解していない日本の中途半端なインテリには、米国型コーポレートガバナンスは、すべて株主利益を至上命題にしていると勘違いしているが、米国の実態は、はるかに多様かつダイナミックであり、株主至上主義からはほど遠い姿なのである。

また、経済理論的にも、（米国を含む）世界のコーポレートガバナンス論においては、青木教授の議論をはじめ、はるかに多元的で多様な議論が、経済学的、社会学的に展開されている。株

図表15｜日米のGDP・家計金融資産の推移

		1989年	2014年	増減
アメリカ	GDP（十億ドル）	5,658	17,419	308%
	一人当たりGDP（ドル）	22,879	54,597	239%
	一人当たりGDP順位	7位	10位	▲3位
	家計金融資産総額（十億ドル）	15,405	68,471	444%
	一人当たり家計金融資産額（ドル）	62,295	214,610	345%
日本	GDP（10億円）	416,246	487,882	117%
	一人当たりGDP（円）	3,383,222	3,839,759	113%
	一人当たりGDP順位	4位	27位	▲23位
	家計金融資産総額（百万円）	982,319	1,700,112	173%
	一人当たり家計金融資産額（円）	7,984,252	13,380,279	168%

出所：IMF "World Economic Outlook Database"、日本銀行「資金循環統計」、Board of Governors of the Federal Reserve System. "Financial Accounts of the United States"より作成

主主権論型のガバナンス論、プリンシパル・エージェント理論は、必ずしも主流的な分析枠組みとはなっていない。

米国の会社法上も、株主の法的権能は万能とは到底言えない。我が国と同様、財産権的にも、共益権的にも色々な制約を受けている上に、上記の忠実義務法理もある。加えて、機関設計上、株主総会の権能は日本よりも小さく、取締役会が非常に強い。会社法上は、むしろ日本の法体系の方が「株主主権」的で、米国は「取締役会主権」に近いのである。結局、ここでも、株主の権利は「直接的・排他的に使用・収益できる」権利である所有権からはほど遠い存在なのだ。

ただ、忘れてはならないのは、ドグマが何であれ、エリサ法制定以降、米国においてコーポレートガバナンスの重要性が強く意識され、企業経営者に対して、資本効率を高めて

企業価値の押し上げを促す強い圧力がかけられてきたことは事実である。そしてこの圧力を背景に、一時は、かなり接近していた日米間の国富の大きさが、この四半世紀で、全体としても、一人当たり指標においても再び大きく開いてしまっている（**図表15**）。

実態としては、年金生活者などに対して超長期的に真摯な責任を負っている機関投資家の働きかけは、米国企業の企業価値と家計金融資産の長期形成に貢献してきたのである。ガバナンスの強化を通じて、機関投資家と企業経営者が果たすべき経済社会的な役割に関して連帯的な責任を果たしてきたわけで、この点について、日本の機関投資家も企業経営者も胸を張ることは難しい。

金融・資本市場における最終的な資金拠出者はほとんどの場合が個人であり、リスクを負っているのも終局的にはほとんどの場合が個人、すなわち家計なのである。金融機関の背後にも、機関投資家の背後にも、そして企業経営者の背後にも、インベストメント・チェーンを辿って行けば、必ず個人が存在する。例外的には財団が資金の出し手となっている場合があるが、その場合も元々は個人の寄付であったり、その財団が行う事業の先には個人（典型的には社会的に恵まれない人々）が存在している。株主たる機関投資家は、その個人の利益の拡大のために運用するという大原則を忘れてはならないのだ。今回の改革において、コーポレートガバナンス・コードに先立つ、スチュワードシップ・コード制定はまさにこの観点から、機関投資家の受託者としての責務を規定したのである。

世界的なガバナンス改革の基本潮流において、スチュワードシップ・コードが「責任ある機関投資家」の諸原則を定めるのは当然であり、株主が自らの利益だけでなく、企業の中長期的な発展を実現するために、共益権たる議決権を行使することも当たり前なのである。そうした「責任ある投資行為」「責任ある議決権行使」とその前提となる「透明な開示」を基盤として、長期的な企業価値向上のために株主と経営者が「建設的な対話」を継続的に行うことが、過去の歴史から導き出される、あるべき実践的ガバナンス論の要諦なのである。

日本のコーポレートガバナンスの草創、転換、展開、喪失、そして……

ここで少し目を転じて、我が国の「ガバナンス史」を振り返ってみよう。日本においてはどのようにコーポレートガバナンスが発達してきたのであろうか。

草創期（戦前のエクイティーガバナンス時代）

今の日本のコーポレートガバナンスの特徴は、従業員主権型と言われることが多いが、資本主義の勃興期であった明治から昭和初期にかけて、戦前の日本においては、むしろ株主主権型のガバナンスに近かった。ただ、財閥系・非財閥系を問わずに、米国ほど株式の分散が進まず、少数の大株主の発言力が強く、株主から経営者が送り込まれることも多かったようだ。Ｍ＆Ａ

も、敵対的な「乗っ取り」に近いものも含めてかなり盛んで、経営支配も財閥型の持ち株による株主権行使を主な梃子としていた。

無限責任法人である合資・合名会社を頂点とし、その下に多くのグループ企業である株式会社をぶらさげる財閥型のガバナンスモデルは、草創期における典型的なガバナンスモデルだった。要するに株主主権型のガバナンスに近かったと言える。

しかも、戦前、現在のような終身雇用制度は一般的ではなく、雇用の流動性は高かったと言われている。当時の経済学者の多くは、日本の企業と労働市場の最大の問題は、雇用の流動性が高すぎて、企業内に技術やノウハウの蓄積が行われにくい点だと指摘している。また、労働組合の組織率は低く、いわゆる協調的労使関係を構築する前提も脆弱だった。

日本的経営の三種の神器と呼ばれる終身雇用、年功序列、企業別組合が生まれたのは、戦後の日本社会であり、その歴史はおよそ半世紀にすぎないのである。裏返して言えば、戦前の日本の資本主義はむしろアングロサクソン型であり、コーポレートガバナンスも極めて株主主権型だったのである。

転換期（**メインバンクシステムの確立**）

戦後の日本においては、財閥解体によって、株主の影響力は弱まっていく。その代わりに台頭してきたのがメインバンクシステムである。当時、急速な戦後復興から高度成長への移行期において、急増する資金需要を満たしたのは、圧倒的に銀行からの資金調達（間接金融）であった。そこで「資金」という希少資源の供給を通じて、銀行の企業統治上の影響力が高まるのは

図表16｜所有者別持株比率の推移

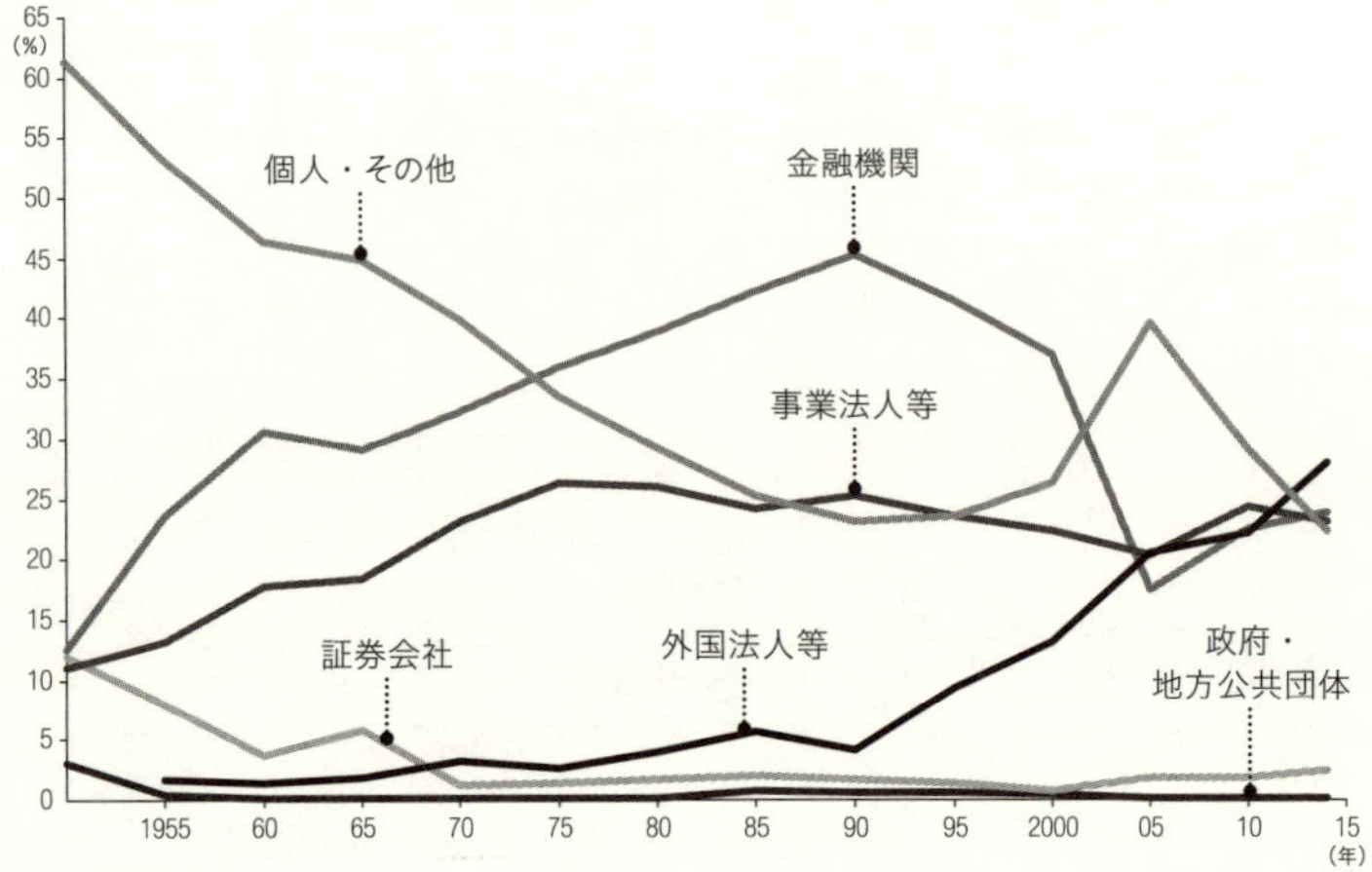

出所：東京証券取引所公表資料より作成

自然な成り行きである。

また、**図表16**のとおり、財閥解体によって個人株主の比率が高まったもののその株式保有比率は急激に減少し、代わりに金融機関による株式保有が増加している。こうした「政策保有株式」はメインバンクとしての影響力を補強する役割を果たしていた。

労働市場においては、深刻な人手不足に対応するため、大企業を中心に、民法上の「期限の定めなき雇用契約」を終身雇用化し、年功賃金も保障することで、有意な人材の囲い込みが行われるようになる。さらに、この雇用慣行と相性の良い企業別組合システムが結合することで、日本独特の協調的労使関係が確立する。経営者が終身年功雇用の正社員サラリーマンから選ばれることが当たり前となり、労働組合の委員長をつとめることが経営者への登竜門となるという、世界的にもまれ（奇異!?）な現象も起き始める。

展開期（デットガバナンスの時代）

60年代以降、本格的な高度成長期に入ると、こうした流れがさらに加速していく。ガバナンス上の株主の影響力が弱くなり、経営者も従業員の中から選ばれるようになっていく一方で、メインバンクによる「デット」型コーポレートガバナンスが強化、展開されていったのである。例えば、山崎豊子氏の名作『華麗なる一族』に描かれているように、大きな投資案件においては、メインバンクは大きな影響力を持っていた。ある意味、「攻め」の経営マターについても大きな影響力を持っていたのである。そして、会社がうまくいっているときにはメインバンクはあまり口を出さなかったが、経営者の暴走や内紛、あるいは経営危機に陥った場合には、経営者や財務担当役員を派遣するなど、「守り」の企業統治に関しては、特に重要な役割を果たしてきた。

米国におけるいざというときの社長解任は、機関投資家を代弁する社外取締役の役割であったが、日本においてはメインバンクあるいはメインバンクから派遣された取締役がその役割を果たしていたのである。有名な三越事件において社長解任を主導したのはメインバンクの会長を兼任する取締役だったのはその一例である。

メインバンクシステムによるデットガバナンスは、時代遅れの非正統的なガバナンス体制であり、米国の株主主権型ガバナンスの方が優れていると受け取っている人もいるかもしれないが、当時の我が国の経済社会の実態においては、メインバンクによるデットガバナンスは非常に合理的に機能した。そして会社の99％を占め、そのほとんどが「所有と経営が一致」している非上場企業においては、今でも数少ない有効なガバナンスモデルである。この時期におけるメインバンクシステムの優位性については、前述した青木先生の『比較制度分析序説　経済システムの進化と多元性』（講談社学術文庫）が詳しい。

ちなみに、金融機関などが一方的に事業会社の株式を「政策保有株」として保有する「片持ち」に加え、上場企業同士が相互に株式を持ち合う「相持ち」（狭義の「株式持ち合い」）がこの時期に増加している。

喪失期（デットガバナンスの衰退）

しかし、60年代、70年代を通じて収益力を高めてきた多くの上場大企業は、80年代に入ると、かつてとは比べ物にならないくらいのキャッシュフロー創出力も身につけた。こうなってくると、銀行の立場は「貸してやる立場」から「借りてもらう立場」に変わってしまい、ガバナンス力の前提となる、希少資源たる資金供給力を梃子とした生殺与奪権は失われていく。

この時期、株式持ち合いも変質していき、メインバンクシステムを補強するというよりも、上場企業同士が、互いに「物言わぬ安定与党株主」になることで、株主敵対的買収者やグリーンメーラー的な株主から経営陣を守るための会社同士の「相互安全保障システム」という側面がより鮮明になっていく。

加えて、80年代以降の金融緩和によって時価発行増資や債券市場による資金調達が容易になると、メインバンクの立場はさらに弱まっていく。

それに追い打ちをかけたのが、１９９０年代初めのバブルの崩壊であり、不良債権や過小資本などの問題を抱える銀行は、デットガバナンスを与党株主としてエクイティーサイドから補強していた持ち株の売却も進めざるを得ないこととなった。

メインバンクによるデットガバナンスがこうして衰退していく一方で、株主によるエクイティーガバナンスが未成熟であったため、日本企業にはガバナンスの空洞化が起こる。従業員主権型のコーポレートガバナンスと言えば聞こえがいいが、従業員と経営者が連続的な関係にある日本企業の実態としては、要は内部者による「ムラ型ガバナンス」であり、外部のステークホルダーからの規律付けという、ガバナンスの核心部分を欠く状況が生じて行ったのである。

この状況は、サラリーマン序列の最高位に立つ経営者たちにとっては、実に心地よい。口うるさかった銀行の顔色は気にする必要はなくなり、株主なんぞというものには、年に一回、株主総会の当日だけ気をつかえば、あとは怖いものなし。ムラの空気さえ読み違えなければ、ムラの王様として君臨できるし、そもそもムラの空気を掴むのに長けている人が社長にまで上り詰めている場合が多い。

そして……空白の継続に対する青木昌彦先生の警鐘

1990年代以降、こうしたガバナンスの空白状態において、日本経済の「右肩上がり時代」がバブル崩壊を契機に完全に終焉したことに加え、競争上、より多くのインパクトのある現象、すなわち新興国の企業と経済の勃興と米国を主な起点とするデジタル革命の猛烈な嵐に、日本企業は襲われることになる。

こうした大きな環境変化のうねりの中で、**図表16**のとおり、1990年半ば辺りから、海外の機関投資家が一気に日本に流れ込んでくることで、少しずつ株主によるガバナンスの重要性

図表17｜株式所有構造の変遷

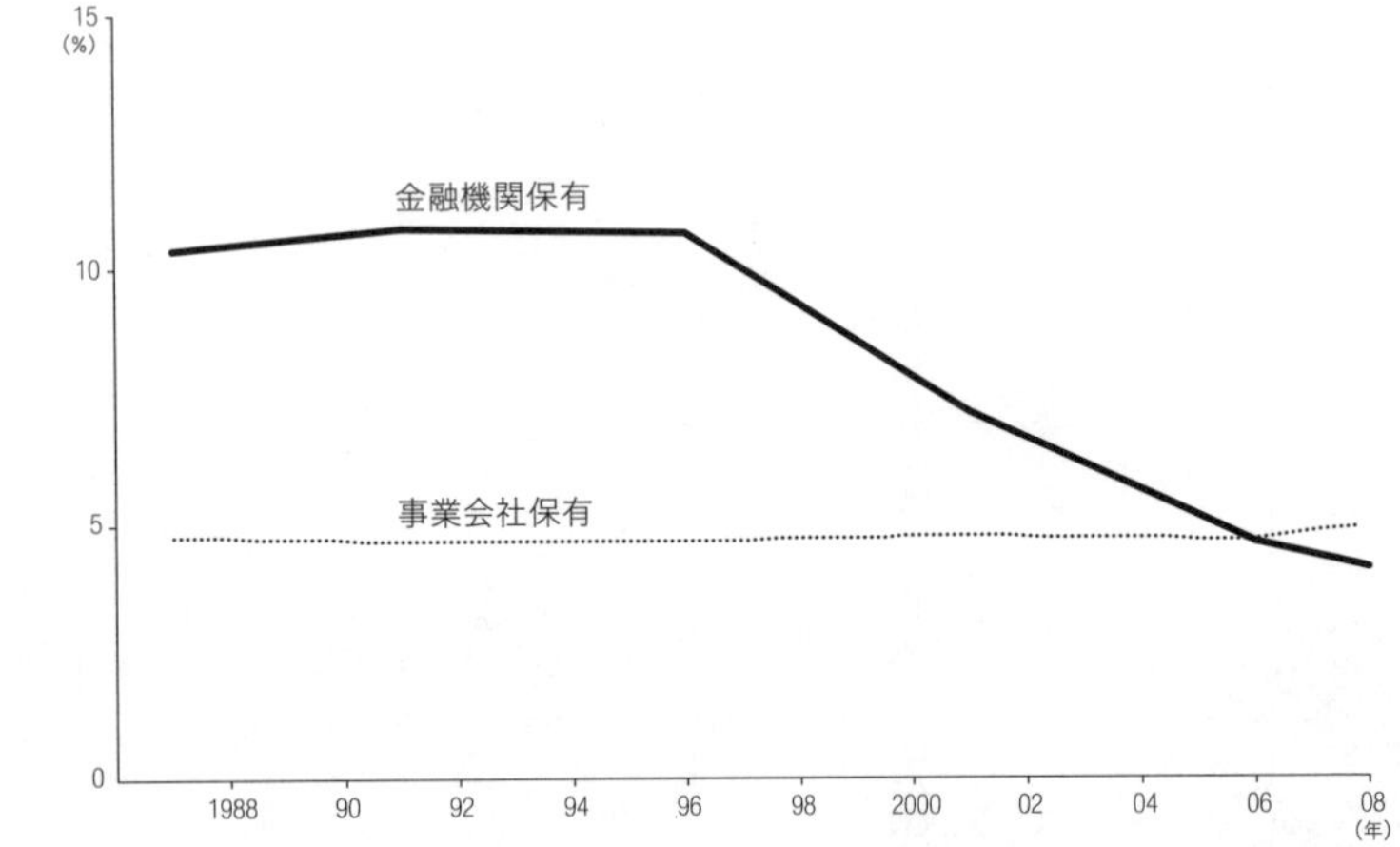

出所：宮島英昭・新田敬祐「株式所有構造の多様化とその帰結：株式持ち合いの解消・『復活』と海外投資家の役割」より作成

も意識されていくことになり、玉石混交ではあったが、学者や経済人の間でもコーポレートガバナンスに関する議論は活発になっていった。しかし、経済界の太宗は、「今までの仕組みでうまくやってきたのになぜ変える必要があるのか」というセンチメントであったし、先述のように同時に無責任な物言う株主が登場したことに対するアレルギーも原因して、多くの日本企業では経営者にとって居心地の良い従業員主権型ガバナンス（＝実質的なガバナンス不在）から抜け出せない状況が続いたのである。

　皮肉なことに、この時期、不良債権問題に苦しむ金融機関が政策保有株の一部を手放さざるを得なくなった結果、それと入れ替わるように事業法人同士による政策株保有が持ち合いの主役となっていく（**図表17**）。

　このような我が国における近年のガバナンス不全の問題について警鐘を鳴らし続けてき

たのも、かつての日本型ガバナンスモデルの優位性を世界で初めて科学的に立証して見せた青木昌彦先生その人なのである。この10年近くにわたり、青木先生は筆者にとって色々な意味でのメンターであり、一連のコーポレートガバナンス改革においても、比較制度分析的な観点から貴重なアドバイスと力強い応援を頂いてきた。そしてその要諦は、デットガバナンスが機能する前提条件が失われた以上、日本なりのエクイティーガバナンスのあり方を一刻も早く再構築すべきということだった。

CEOの属性から見えてくる日本型ガバナンスの「現在地」

従業員主権型コーポレートガバナンスのことを、筆者は「サラリーマン共同体至上主義」とも表現している。つまり、日本的経営の三種の神器である「終身雇用」「年功制」「企業別組合」を背景に、サラリーマンムラ社会の組織内の協調とサラリーマン的期待権の保護を最優先する一方で、株主などの外部の声に重きを置かないガバナンス体制である。

例えば、諸外国では独立社外取締役を導入することが主流になっているにもかかわらず、我が国ではつい最近まで、1名の独立社外取締役を入れるか否かで大騒ぎしてきた。しかし、このこと自体が、サラリーマン共同体の中枢部分にサラリーマン以外の外部の異質な存在が入り込んでくることをいかに嫌がっていたかの証左である。

日本的経営の最上層部である取締役会は、その会社の生え抜きサラリーマン出身である取締役によって構成され、その代表者たる経営者は、現役従業員（正社員）の利益を最大化することを目指すように行動する。長期指向だの、人材が大事だのという建前はともかくとして、多くの日本企業が、実際に経営が苦しくなると、今そこにいる正社員サラリーマンを当座、守ることを最重要視して、新規採用を絞り、将来に対する最も重要な投資である人材投資を十分に行ってこなかったことは先述のとおりである。

企業でも国家でも、ガバナンス（≒統治メカニズム）の本質的な性格付けが最も端的に表れるのは、トップの人選である。どういうタイプの人材がトップに選ばれているかを見れば、その企業がどのようなガバナンス体制にあるかが分かる。この点、我が国のＣＥＯは、**図表18**のとおり、圧倒的に社内昇格者が多いのである。これだけでもいかに内向きのガバナンスであるかが分かるが、更には、ＣＥＯの国籍についても圧倒的に日本人が多い。特に世界的に際立っているのは、転職経験のないＣＥＯ比率の高さ（日本だけが75％と突出し、他の地域では高くても3割程度）である。日本企業では、サラリーマン共同体の「正会員」であること、すなわち新卒一括採用で入社し、同じ会社で一途に正社員サラリーマンをつとめ上げることが、トップに上り詰める基本条件なのである。

また、**図表19**のとおり、各証券取引所の上場企業全体に占める社外取締役の割合は、日本は未だに20％強にとどまる。日本以外では40％を超えているにもかかわらずである。さらに、我が国の会社は、共同体のメンバーの意見を尊重する民主型（≒コンセンサス重視型）のリーダーを選任する傾向が強いという調査結果も存在する。

図表18 | CEOの属性

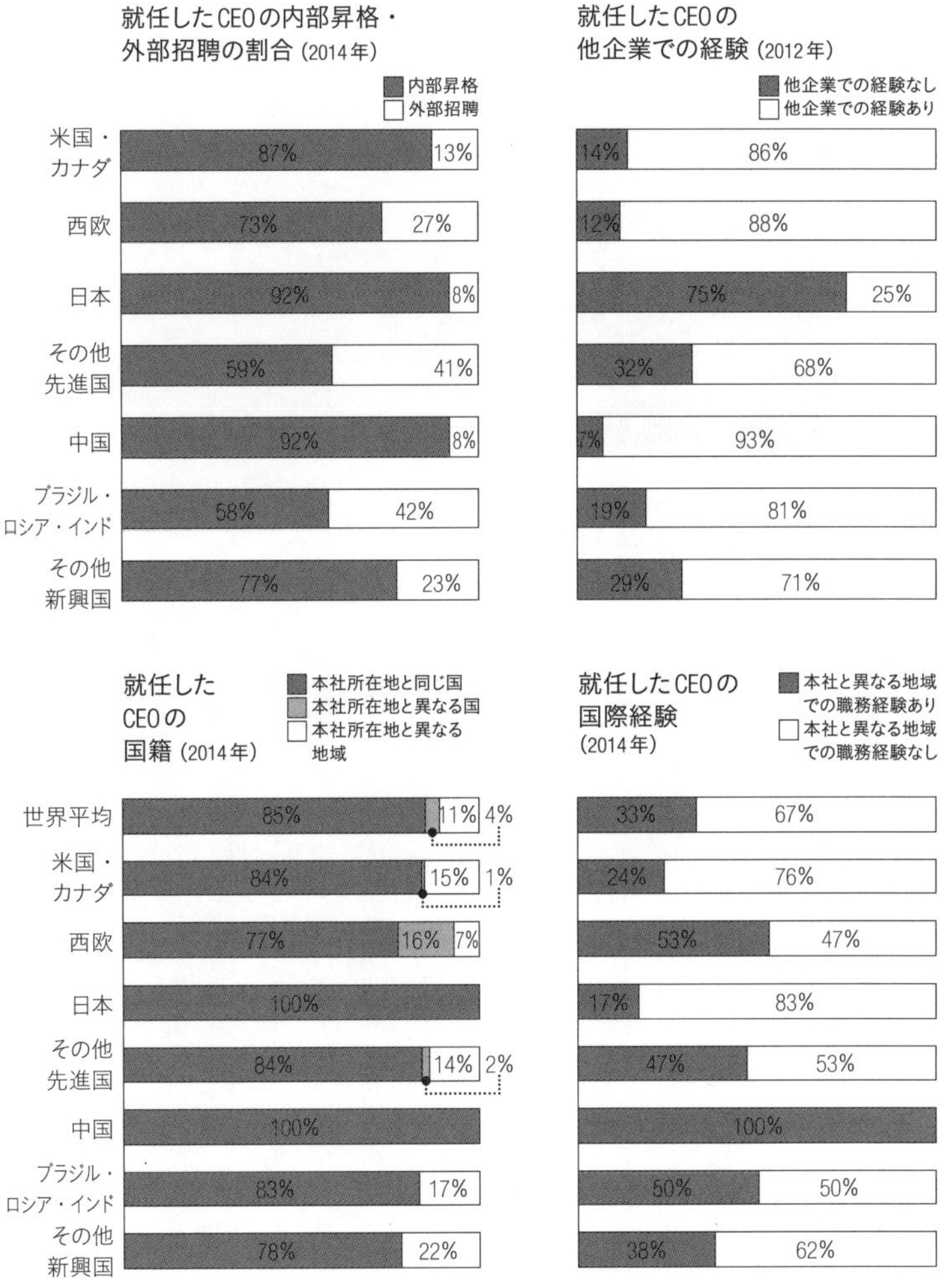

出所：PwC「2014年世界の上場企業上位2500社に対するCEO承継調査結果概要」

図表19｜各証券取引所上場企業全体に占める社外取締役の比率

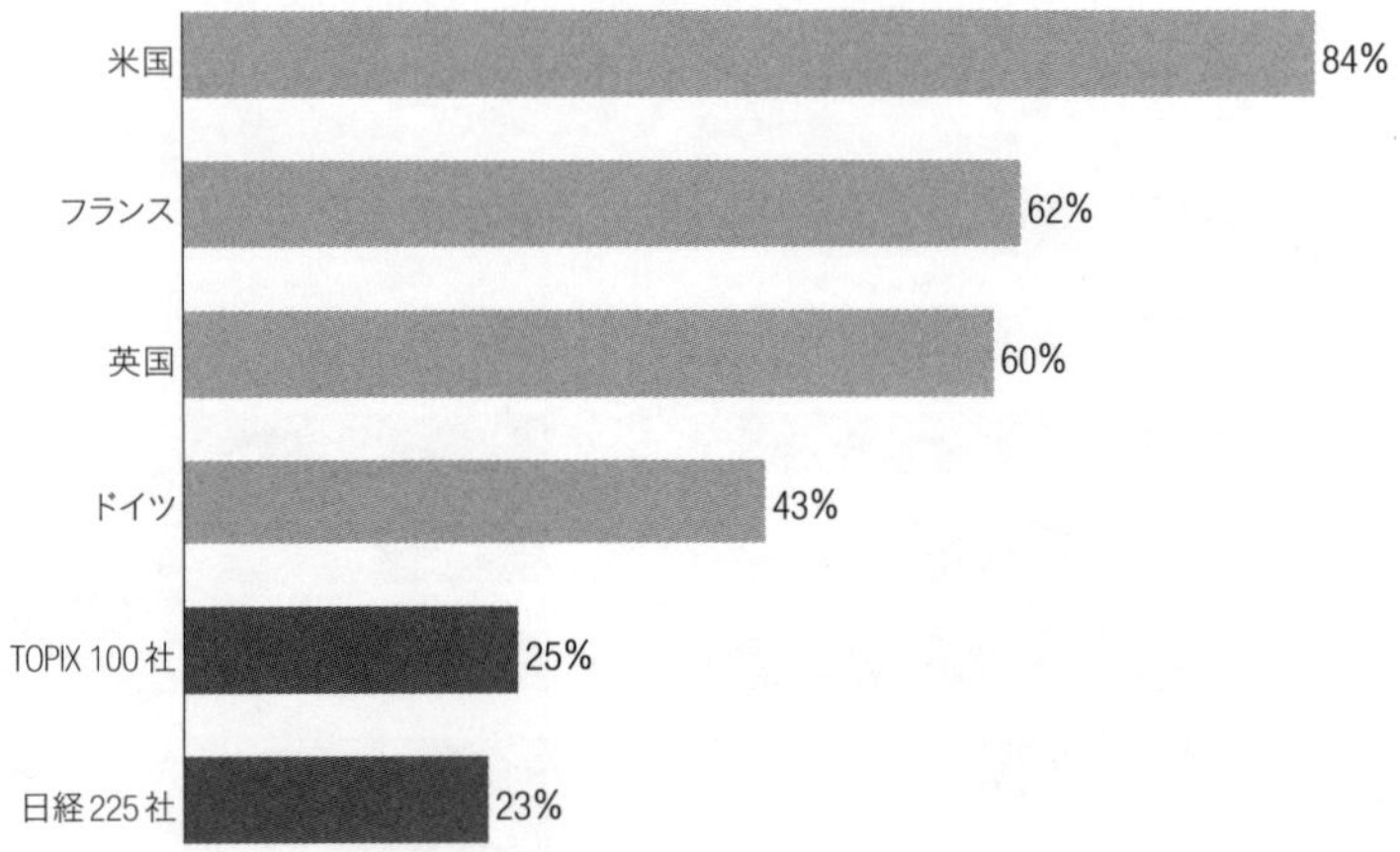

出所：Spencer Stuart "Japan Board Index 2014"

サラリーマンのムラ社会が深化し過ぎると、長老たちは異質な存在を取締役会から排除しようとする。同じ会社で終身年功制の階段を上がってきた、長い間同じ釜の飯を食べてきた仲間内だけで取締役会を構成しようとする。ましてやそのコア中のコアであるCEOは、日本人、シニア世代の男性、新卒入社からの生え抜きの内部昇格以外はあり得ないというのが、自然な「ムラの空気」になる。トップ人事という、統治構造上、最も重要な意思決定は、当然に「ムラの空気」のガバナンスで決まるようになる。出身部門、派閥的なバランス、そして前任者の意向、さらには前々任者の意向など、実に共同体内部の論理でトップが決まるという慣行が一般化してきた。

現社長も交代した瞬間から、社長OBになる人物である。要するに、社長選びにおいても年功制人事の連鎖が終身的に続く「OBガバナンス」なのである。

ガバナンスの本質とは組織体において権力作用が健全に作用しているか否かを問うものであり、企業組織の最高の権力作用はトップ人事である。そのあり方は、まさにガバナンスの本質論そのものであり、そこで共同体内部の論理やOBガバナンスが圧倒的に幅を利かしている現実は、今でも多くの日本企業が「ムラの空気」のガバナンスになっていることの反射なのだ。

もちろん歴代社長たちは、会社への思いは人一倍だろうし、会社の歴史、組織文化、社内の社長候補者たちの過去の実績や人となりもよく知っているだろう。しかし、それはあくまでもムラ社会の内部事情に関する過去の知識だし、人材評価もムラ内の評価である。それも上司と部下という「特別権力関係」の色眼鏡を通じての……。

こうした「過去」に関する知見や思い入れの有効性は、右肩上がり時代が終わり、不連続な事業環境変化にさらされる現代の経営環境においては間違いなく低下していく。ましてや相談役などは、会社法上、何らの権限も責任もないし、年齢的にも先にあの世に行く可能性が高い人たち、すなわち会社の未来に対して責任を取れない人たちである。現社長、会長についても、卒業間近の人たちという意味では、同じ問題を抱えている。

ご本人にどんなに深い思い入れがあっても、過去の大功績者であっても、未来に対する責任を取れない人たちが、統治上の極めて重要な影響力を定常的に行使するのは、権力構造としては極めて不自然、不健康である。そして、昨今話題の会計不祥事の背景事情として囁かれているとおり、このOBガバナンスが、かえって社内抗争や派閥争いを助長するケースが少なくないことは、読者の多くがご存知のとおりである。

洋の東西を問わず、人類の歴史は、権力の勃興と腐敗の歴史である。「権力は腐敗する、絶対的権力は絶対に腐敗する」（ジョン・アクトン）のだ。その会社に長年尽くし、選ばれたエリートサラリーマンである自分たちに限って腐敗しないというのは、歴史から学ばない愚者と言わざるを得ない。ガバナンスを持続的に利かすためには、社内の論理だけではなく、外界の論理、すなわち株主の論理、競争市場の論理あるいは社会規範の論理が、内部の論理と同等以上のリアルな権力作用として働くメカニズムを保障しておくことが不可欠なのである。

その意味で、どんなに内部統制システムを整備しても、会社の進む基本方向性を長期的に決定づけるような重要な意思決定において、社内の論理が圧倒的に優越するのであれば、その会社にガバナンスは存在しないに等しいのである。筆者の実体験から言えば、トップ人事は5年から10年に一度の最も重要な戦略的意思決定なのだ。

確かに先駆的なガバナンス改革を進めてきた会社はたくさんあるし、形の上ではガバナンス優等生と言われる会社も増えてきた。政府主導で行われてきた一連のコーポレートガバナンス改革で、少なくとも形式的には、ガバナンス体制の整備が進むであろう。しかし、トップ人事という最も本音が出てくる部分で、平均的な日本型ガバナンスの現在地は、サラリーマン共同体至上主義、社内のムラの論理を最優先する意思決定メカニズム、すなわちデットガバナンスが弱体化した後のガバナンスの空白状態を、未だ脱し切れていないのである。

ちなみに1990年代以降も、企業が再生モードに陥っている状況では、そこで金融機関が主導的な役割を果たしてきたし、筆者の一人がCOOをつとめた産業再生機構もメインバンクとのコラボレーションを前提とした仕組みであった。これをもって今でも日本ではデットガバナンスが何とか有効に機能しているというイメージを持つ人もいるかもしれないが、それは間違った認識だ。経営危機時に債権者主導で再建がはかられるのは、債務超過に近い状況に陥った企業においては、最劣後の立場にある株主の経済価値は実質的に消えているために、主要な債権者たる金融機関が実質的な株主的な地位に立つという、いわゆるDIP（占有債務者）の考え方に基づくものである。したがって広い意味でのエクイティーガバナンスの一種であり、万国共通の考え方である。我が国でガバナンスの問題が真に問われているのは、このような実質破綻状態に至る前の段階、すなわち平時におけるガバナンスの空白なのである。

サラリーマン共同体至上主義との決別……ガバナンス再生への試金石

日本的雇用慣行や会社の共同体化が一律に悪いと断ずるつもりはさらさらない。会社というものは、日米欧を問わず、多かれ少なかれそういう性質を有しているし、ヒト、モノ、カネを有機的に結合した組織体を形成しているのは、共同体であることに事業運営上のメリットがあるからだ。

ムラ社会型の共同体組織においては、社内での軋轢をできる限り避けようとする傾向に流れやすい。そのため、事前の用意周到な根回しが行われるなど、コンセンサスベース・ボトムアップ型で意思決定が行われる。これは複雑に絡み合った問題を丁寧に解きほぐしていき、色々な要素を「あれもこれも」すり合わせながら合意形成を行うには適している。つまり、オペレーショナルなテーマやモノづくりに関わる意思決定には向いており、これが日本企業の製造業におけるすり合わせの文化として強みを発揮してきたことは間違いない。これからの時代を日本企業が生き抜くための新たな経営モデル、ガバナンスモデルを再構築する上でも、この特長は決して外せない要素だ。

しかし、問題はその程度である。このムラ社会化が過度に進行し、上部構造までもが、すべて共同体型、ムラ社会型に均質化してくると、「攻め」と「守り」の両面で、本来的なガバナンス機能を後退させてしまうのである。

「攻め」に関して言えば、コンセンサスベースでの意思決定は、白黒を鮮烈につける「あれかこれか」の意思決定には適さない。事業の撤退・売却や戦略的な大方針転換のように組織内の大きな軋轢や不協和音を生む意思決定を適時かつ大胆に行うことには向かないからだ。

また、多様性の欠けるムラ社会においては、同調圧力がかかりやすく、「空気の支配」力が強い。中身が合理的であっても、空気を読まない発言をすれば、それこそ村八分に遭うので、戦略行動が空気に流されてしまうリスクもある。このような企業の取締役会も同様に「共同体内の調和優先」の「空気の支配」が蔓延した「ムラのコンセンサスの追認儀式」あるいは「ムラ内の調整会議」になりがちである。

また、近年のデジタル革命は要素技術や製品、ひいては事業の寿命の短期化を招いている。

このような状況下において、一つの会社で新卒入社から定年までつとめ上げることに限界があることも避けられない事実である。しかも、新興国の勃興によってグローバル競争が加熱し、意思決定の遅れや曖昧な意思決定がますます致命的となる。このような状況下においては、現場主導のすり合わせ、ボトムアップの強さを大事にしつつ、時に迅速かつ厳しい「あれかこれか」の意思決定を行わなければならない。事業売却のような鮮烈な決断を、時機を逸することなく行うトップダウンの経営力も不可欠となる。厳しい意思決定をいかに速く行うことができるかが、稼げる企業・稼げない企業を分ける大きな分水嶺なのである。

同質性、連続性に過度に拘る排他的な「ムラの空気」のガバナンスでは、もはや企業価値の長期持続的な向上を実現していくことは困難と言わざるを得ない。

「あれかこれか」を冷静に決断し、それを断行する強い意思を持つことが極めて重要であるが、これは場合によっては、経営トップの権力基盤を足元から崩壊させるリスクを内包している。だからこそ、経営トップが勇気をもって厳しい決断、正しくリスクに挑戦する決断をサポートする、外部の論理、すなわち「あえてムラの空気を読まない」役割を果たすガバナンス機能が必要なのである。そして平時においてメインバンクによるデットガバナンスが有効に機能する前提条件が失われた今、やはりガバナンスの基盤は、株主と、株主総会で選ばれ独立的な社外人材も加わっている取締役会におかざるを得ない。

「守り」という観点においても、会社を守るために粉飾決算が行われることは先述したとおりである。ガバナンスが正常に機能していれば、社内で互いに牽制機能が働き、どこかの部署の誰かが粉飾決算を止めにかかるのであるが、粉飾決算してでも会社を守ろうという「ムラの空気」が現場の隅々まで行き渡り、結局、誰もが不正を止めることができない。カネボウ然り、東芝然りであり、同じような課題を抱えている日本企業は山ほどある。

日本が目指すべき道は「ステークホルダー主義に立脚したエクイティーガバナンス」

ここまで論じてきたとおり、株主至上主義者の「会社は株主のもの」という主張には歴史的な背景からドグマティックにそう言い切ることができないことは明らかであるし、他方で、サラリーマン共同体至上主義が前提とする日本型雇用慣行が日本の文化だと言い切るには歴史が浅すぎる上に、今後のグローバル競争の中で勝っていくことが難しいこともまた分かってきた。

そこで、我が国のコーポレートガバナンス改革では、株主の都合のいい論理を押し付ける「株主至上主義」でもなく、企業内部の論理を押し通す「サラリーマン共同体至上主義」でもない、第三の道「ステークホルダー主義」を指向している。そしてこのステークホルダー主義に立脚したエクイティーガバナンスの強化は、世界の大きな潮流でもあるのだ。

そもそも「企業は社会の公器」である。歴史的にも株主会社は経済活動を支える仕組みとして特別に認められた存在であり、それに見合った形で社会に貢献していくことが自ずと求められるのである。逆に言えば、社会全体、すなわち企業を取り巻くあらゆるステークホルダーの利益を無視する企業は、持続的な成長・存続を遂げることができず、売上・利益が減少し、やがて淘汰されていくことになる。

企業の社会的責任（CSR：Corporate Social Responsibility）については、筆者の一人が副代表幹事を務める経済同友会が1956年にその基本的な考えを「経営者の社会的責任の自覚と実践」の中で示してからおよそ60年の歴史がある。一部を引用すると次のとおりである。

「企業は、今日においては、単純素朴な私有の域を脱して社会諸制度の有力な一環をなし、その経営も単に資本の提供者から委ねられておるのみではなく、全社会から信託されるものとなっている。それと同時に、個別企業の利益が、そのまま社会のそれと調和した時代は過ぎ（中略）現代の経営者は倫理的にも、実際的にも単に自己の企業の利益のみを追うことは許されず、経済、社会との調和において、生産諸要素を最も有効に結合し、安価かつ良質な商品を生産し、サービスを提供するという立場に立たなくてはならない。（中略）経営者の社会的責任とは、これを遂行することに外ならぬ」

このような社会の中の企業という考え方は、もっと歴史を遡れば、近江商人の三方よし「売り手よし、買い手よし、世間よし」にも表れており、古くから日本においても根付いている、戦後の日本的経営などよりもはるかに長い歴史を持った、まさに文化である。この意味で日本企業とステークホルダー主義は相性がいいとも言える。

ＣＳＲでイメージするのは、法令遵守や環境対応などの当たり前のことから、慈善活動など人によって様々であるが、特に後者については、余裕のある企業には対応可能かもしれないが、赤字企業だったらＣＳＲの前に売上や利益の改善が優先されてしまう。このように、持続可能性という意味では難しい側面もある。

それを乗り越える概念として、最近では米国でも経営学者のマイケル・ポーター教授が提唱しているＣＳＶ（Creating Shared Value）の議論が盛んになっている。ＣＳＲが寄付や慈善活動など事業と関連性のない部分をイメージさせるのに対して、ＣＳＶは、まさに事業そのもので社会的問題を解決していくものであり、企業の持続的な発展に寄与するものである。このようなＣＳＶの発想についても、ハイブリッドカーに代表される環境配慮製品など日本企業が得意とする分野でもある。すなわち、日本社会とステークホルダー主義はもともと相性がいいと言える。

かかるステークホルダー重視の考え方は、今回のコード策定がモデルとしたＯＥＣＤコーポレートガバナンス原則でも採用されている哲学である。

ちなみに２０１５年６月に確定、公表された日本版コーポレートガバナンス・コードの前文「コーポレートガバナンス・コードについて」を紹介すると、以下のとおりである。

「本コードにおいて、「コーポレートガバナンス」とは、会社が、株主をはじめ顧客・従業員・地域社会等の立場を踏まえた上で、透明・公正かつ迅速・果断な意思決定を行うための仕組みを意味する。本コードは、実効的なコーポレートガバナンスの実現に資する主要な原則を

取りまとめたものであり、これらが適切に実践されることは、それぞれの会社において持続的な成長と中長期的な企業価値の向上のための自律的な対応が図られることを通じて、会社、投資家、ひいては経済全体の発展にも寄与することとなるものと考えられる。」

経済同友会による1956年の「経営者の社会的責任の自覚と実践」提言と、今般のコーポレートガバナンス・コード前文との間には、その理念、哲学において、半世紀以上の時の流れを超えた驚くべき共通性がある。これはすなわち今回のガバナンス改革が、本来的な意味合いでの普遍的なステークホルダー主義に立脚していることを意味している。

コーポレートガバナンス・コードが株主を中心的なステークホルダーかつ企業統治の重要な担い手の一つと位置付け、株主との対話や株主の権利・利益を重視するのは、株主が最劣後の残余利益請求権者であるために企業価値の増減に対して最も深刻なインセンティブを有するからにすぎない。それよりもより広い射程としてのステークホルダー重視型のコーポレートガバナンスを今回のコードは想定しているのだ。

これによって「会社は誰のものか」という不毛な議論に終止符が打たれ、より実践的かつ実効的なコーポレートガバナンスの議論が行われる準備が整ったのである。

コーポレートガバナンスの憲法
――株主は「有権者」、取締役会は「国権の最高機関たる国会」、経営者は「内閣総理大臣」

コーポレートガバナンス、すなわち企業の統治原理の憲法に相当する根本規範は会社法である。我が国の会社法の機関設計に関する規定は、実は日本国憲法の定めるところの国の統治機構における議院内閣制に近い仕組みを採用している。統治原理的には資本民主制を基礎に、有権者たる株主は、原則、年に一回の定時株主総会（≒総選挙）において議決権（≒選挙権）を行使して、自らの代表者たる取締役（≒国会議員）を選任する。そして国家における「国権の最高機関」たる国会に相当する取締役会は、その過半数の支持によって取締役の中から執行部門のトップたる代表取締役社長（≒内閣総理大臣）を選任する。そして監査役は、取締役会や経営陣の行動の適法性を、業務執行停止権を梃子に監査・監督する、裁判所に近い権能を持っている。

監査役の機能は、委員会設置会社においては、取締役の一部である監査委員会に移っているが、監査委員会は、取締役会の議決を得ずに独自に権能を行使できるので、権力分立上の基本的な位置づけは監査役と同様である。

こうした基本構造は、我が国の会社法体系の古くからの仕組みである。むしろ我が国では、資本民主制に基づく議員内閣制的な法体系を、精一杯、サラリーマン民主制的に運用してきたのである。だから、これからのガバナンスのあり方は、議院内閣制をアナロジーとしながら、会社法を本来の姿で素直に読むことで理解しやすくなる。

例えば、国会の議長に相当する取締役会議長は、内閣総理大臣に相当する経営トップとは別の人物の方が自然だし、総理大臣（≒経営者）からみて国会議員（≒取締役）や裁判官（≒監査役）が全員自分の部下というのもあり得ない。前任の総理大臣が次の総理を選ぶのは当然ではないことも自明となる。もしこういったことが出来たら、ほとんど「アブナイ独裁国家」である。

逆に「有権者」たる株主が万能の存在でもないことも明らかだ。国の仕組みにおいても国民すべてに選挙権を認めているわけではない。憲法は、国権に関与する上での有資格性を考慮して、一定の条件を満たす人々だけに選挙権を認めることを前提とする。会社法が株主に有権者としての適格性を認めているのも、株主は最劣後の財産価値請求権者であり、企業価値の増減にもっともシリアスな利害と関心を持っているはずだというロジックに基づく。そして憲法では、有権者が選んだ国会議員を「全国民の代表」と規定し、選挙権のない国民、いまだ生まれざる将来の国民をも代表して、その権能を行使すべしとなっている。同じく、具体的な有権者たる株主から選ばれた取締役も、より大きな時間と空間で、ステークホルダー全体の代表者として行動しなくてはならず、その反射として、有権者たる株主自身がどこまで責任ある議決権行使を行うかが、企業の長期的な発展に大きな影響を与えるのである。

また、取締役会が「閣議」ではなく、「国会」に相当するということは、そこに独立社外の取締役が入っていることは、それほど違和感を感じる筋合いの事柄ではないということも分かるだろう。国会には野党議員もいれば、与党でも非主流派の連中がいるのが当たり前である。

社外の人がいるところで、執行部の痛いところや、デリケートな問題を議論することに対する心理的な抵抗は強いが、国会審議の景色を見れば、それがまったく普通のことだと分かるはずだ。

他方、閣議を内閣総理大臣が任命した閣僚だけでクローズな空間で開くのは当たり前だし、それは企業のいわゆる経営会議も同様である。

今日現在の株主価値か、長期持続的な企業価値か
——株主・取締役会・経営者は長期的なエンゲージメントを指向すべし

ステークホルダー主義は、短期的な株価との間では相克する可能性があるが、長期持続的な株主価値や企業価値との間では、矛盾することはない。

つまり、長期的には必要な将来に向けた投資であっても、短期的に見れば非効率的であり、株価を押し下げてしまうことがある。例えば、ヒトの採用をストップすることは、長期的な成長を犠牲にしてしまう一方で、短期的なPLは改善するため今日現在の株式価値は高まる可能性が高いのである。

今日現在の目の前にいる株主の利益を最重視する立場、すなわち株主至上主義からは、今日現在の株価を最大化することが経営者の使命であり、他のステークホルダーの利益よりも短期的な株主利益を重視せよということになる。取締役会の役割も経営者がそのように行動するべ

くモニタリングすることになる。

しかし、企業は将来にわたって長期的・持続的に経済活動を継続し成長していくことが予定されているのである（ゴーイング・コンサーン）。したがって、目の前の今日現在の株主だけでなく将来の株主のことも平等に取り扱うべきである。

また、長期的・持続的な企業価値向上に資する経営行動の合理性がすべて短期的な株価に反映されるわけではない。現実の株価形成においては、当面の配当方針、短期的な材料、市場のセンチメントなど、企業経営の本質とはほとんど関係ない要素で大きく相場が変動する。それにもかかわらず、目の前の株価変動や株主の短期的な要求、典型的にはいわゆる敵対的アクティビストの要求に経営者が過度に反応することは、むしろ企業の長期的な成長性や収益性を毀損するリスクがある。もっとひどい場合は、短期的にＲＯＥを上げるために負債比率を過大にして、リーマンショックのようなイベントリスクへの耐性を失ってしまい、倒産によって株主価値をゼロにしてしまう危険性さえはらんでいる。

会社が配当の大幅増を発表して株価が急騰すると、手元現金を取り崩したあとの当該企業の長期的な運命には全く関心が無い株主たちはさっさと持ち株を市場で売却してしまう。そんな連中のためにコーポレートガバナンスが奉仕する必要は全くない。

もちろん株主もステークホルダーの重要な一員である。前にも述べたとおり、株主利益が社会全体として重要な真の背景は、長期的に株主への増配や株価上昇が実現されれば、年金などの機関投資家の運用リターンが向上し、ひいてはその機関投資家へのお金の出し手である国民が潤うという意味で、国民家計資産や国富の形成に非常に大きく貢献できるからである。この投資の連鎖によって家計にまで利益が還元される一連の流れをインベストメント・チェーンというが、安倍政権が企業の「稼ぐ力」を取り戻すことを目標に掲げているのは、最終的に、こうしたインベストメント・チェーンの高度化によって国民の福利厚生が長期的に高まり、国富が形成されることを狙っているのである。コーポレートガバナンス・コードも、このインベストメント・チェーンの高度化の一環であり、この視点に立つと、取締役会は、目前の株価の変動や短期保有型株主の近視眼的な要求に惑わされることなく、長期的・持続的な企業価値、それもステークホルダー全体の利益を意識した企業価値の最大化に向けて、そのモニタリング機能を発揮すべきである。この意味で、株主利益が大事ということも、ステークホルダー主義とほぼ同義なのである。

言い換えると、ガバナンスにおいて株主利益を考えるときの「株主」とは、恒久的な存在としての株主の経済的な理性を想定すべきなのである。あえて現実の株主に当てはめると長期保有型で、取締役会、経営者とともに、企業価値の向上にコミットして行く姿勢を見せる株主になる。すなわち、投資先企業との長期的な信頼関係を前提に、建設的な対話などを行う株主である。このような建設的な対話は、「エンゲージメント」と呼ばれ、株主が社会的責任を果たす上で今まさに求められる行動である。

このことは他のステークホルダーとの関係でも同様で、例えば今日現在の従業員利益だけでなく、長期的な従業員利益、将来人材の採用や彼らへの投資についても配慮した経営が行われるよう、モニタリングが行われるべきである。近視眼的な保身や人気取りに走る経営者に対しても、取締役会、特に独立社外取締役会は厳しくモニタリング機能を発揮すべきである。

今回のコーポレートガバナンス・コードでは、随所に「中長期」「持続的」という言葉が繰り返し使われている。つまり、コーポレートガバナンスの目的、取締役会の使命が、短期的な株価押し上げではなく、あくまでも長期的、持続的な企業価値の向上であることは、このコードの柱の中の柱なのである。その中核にいる独立社外取締役も、あくまでも大きな時空で株主全体の長期的利益、ステークホルダー全体の長期的利益への奉仕者たるべきである。

第3章

How？
──どうやってガバナンス経営を実践するのか？

和魂洋才の精神を取り戻せ！

かつて戦後日本を復興させた偉大な経営者たちのように和魂洋才の精神をもって世界の企業から学べることは学ぶべし。今、学ぶべき経営モデルの一つとは、世界的にも趨勢であるモニタリング重視の取締役会である。

コーポレートガバナンスの本質は、経営トップの選解任権にある。モニタリング中心の取締役会で、その選解任権を実質的かつ効果的に行使できる状況を担保することが、ガバナンス経営の要である。

和魂洋才の精神を取り戻せ

繰り返しになるが、いろいろな逆風はあったにせよ、直近の四半世紀近くにわたり、日本の上場大企業の太宗が、結果的に稼ぐ力を失い、国富の創造に十分に寄与し得なかったことは事実である。

一方で、私たちの大先輩は戦後の焼け野原から日本の産業復興を見事に成し遂げた。そのときには、日本企業の本質的な利点を理解しつつも、海外から優れた経営モデルや経営技術を大いに取り入れた。まさに和魂洋才の精神である。

和魂洋才はもともと日本人の特技だ。古くは中国からやってきた文化を日本風に昇華させた和魂華才だったし、明治時代には文明開化の大号令のもと多くの西洋文化を日本社会に適合させていった。戦後の焼け野原同然の状況から、日本を見事に復興させ、ジャパン・アズ・ナンバーワンと呼ばれるまでに成長させてきたのである。今また和魂洋才の精神を取り戻して、「稼ぐ力」を取り戻していく努力を重ねなければならない。

今、この21世紀版、和魂洋才の精神で、欧米の経営モデル、いや世界の様々な経営モデルから学び、日本流へ昇華させていくべきはモニタリング重視の取締役会である。

多くの日本企業の執行機関、オペレーションを担う組織の基本特性は、やはり共同体ムラ社会的であり、現場主義、すり合わせ型、ボトムアップ型で動いていくのが得意である。こうした「あれもこれも」の調和的な論理、いわゆる情理は、ある意味「和魂」のコア部分なので、なかなか全否定はできないし、全否定することは肝心の組織体としてのコア・コンピタンスを破壊しかねない。そこで、取締役会という、組織内部と外界との接点に存在する組織法上の実質的最高機関が、資本市場や競争市場といった血も涙もない経済性の論理、法令などの社会規範の論理、すなわち「あれかこれか」の基づく合理をベースとして、情理の世界に対してガバナンスを効かせることで、日本企業のコア・コンピタンス(和魂)を維持しつつ、海外の優れた経営モデル(洋才)の両立を実現していくべきである。すなわち、取締役会は「和魂」と「洋才」との接合面となるのである。

取締役会を舞台に、緊張感を持ってこの両者の接合面を「すり合わせる」ことは、今日的な和魂洋才経営にとって、極めて有効な経営方法論なのである。こんな結構なツールを使わない手はない。おまけに世の中を挙げて、その仕組みの活用を推奨してくれているのである。

取締役会の主な役割は「世の中目線」のモニタリング機能

——主役は社外取締役の時代へ

コーポレートガバナンス・コードの策定に関する有識者会議において、ガバナンス改革の中心的な課題である取締役会の在り方については、業務執行型（マネジメント型）と考えるか、監督型（モニタリング型）と考えるかについて、法律的観点、経営的観点の両面から意見が分かれた。

まず取締役会が業務執行型・マネジメント型とする論者は、「個別」業務執行に関する最高意思決定機関としての取締役会のことを言う。法的には、我が国の会社法が、監査役会設置会社における「取締役会は重要な業務執行の意思決定を行う」と規定していることに根拠を求める。

実はコーポレートガバナンスの議論が活発になる以前の米国においても、取締役の多くが経営陣を構成するマネジメント型の取締役会が一般的だった。しかし、企業不祥事が発生し、業績の停滞が続く中で、エリサ法制定などを背景にマネジメント型の取締役会が経営者の監督責任を果たしていないという批判から、1970年代にモニタリング型の取締役会が提唱されたのは先述のとおりである。

監督型・モニタリング型の取締役会は、経営陣による業務執行の「全体」状況について、監督（監視、評価、選解任）を行う取締役会をいう。モニタリング型の取締役会においては、事後的な評価を客観的に実施する観点から社外取締役の重要性を強調する。また、評価の結果として必然的に生じるＣＥＯの解任、そしてＣＥＯの選任が取締役会の重要な職務と考えられている。

このようなモニタリング型の取締役会は、投資家やその他のステークホルダーからの評価も高く、かつ、欧米を含む世界の趨勢でもある。例えば、ＯＥＣＤの示すコーポレートガバナンス・コードにおいてもモニタリング型の取締役会がベストプラクティスとして示されている。米国以外の欧米や先進諸国におけるコーポレートガバナンス・コードにおいてもモニタリング型の取締役会が推奨されている。

それでは、我が国の取締役会はどのような状況にあるのか?

まず、我が国の会社法上の仕組みをおさらいすると、指名委員会等設置会社については、モニタリング重視の取締役会を想定していると言える。なぜなら、取締役は会社の業務を執行することができないこと、一定の重要事項を除き、取締役会の決議によって、業務執行の決定を執行役に委任することができることなど、取締役会の執行権限が弱いからである。２０１４年の会社法改正で導入された監査等委員会設置会社は、後述の監査役会設置会社よりはモニタリングを重視した取締役会と言える。ちょうど指名委員会等設置会社と監査役会設置会社の間に監査等委員会設置会社は位置付けられる。

他方で、我が国の上場企業の多くが採用している監査役会設置会社では、指名委員会等設置

図表20｜上場会社における執行役員と取締役の兼務状況（2014年）

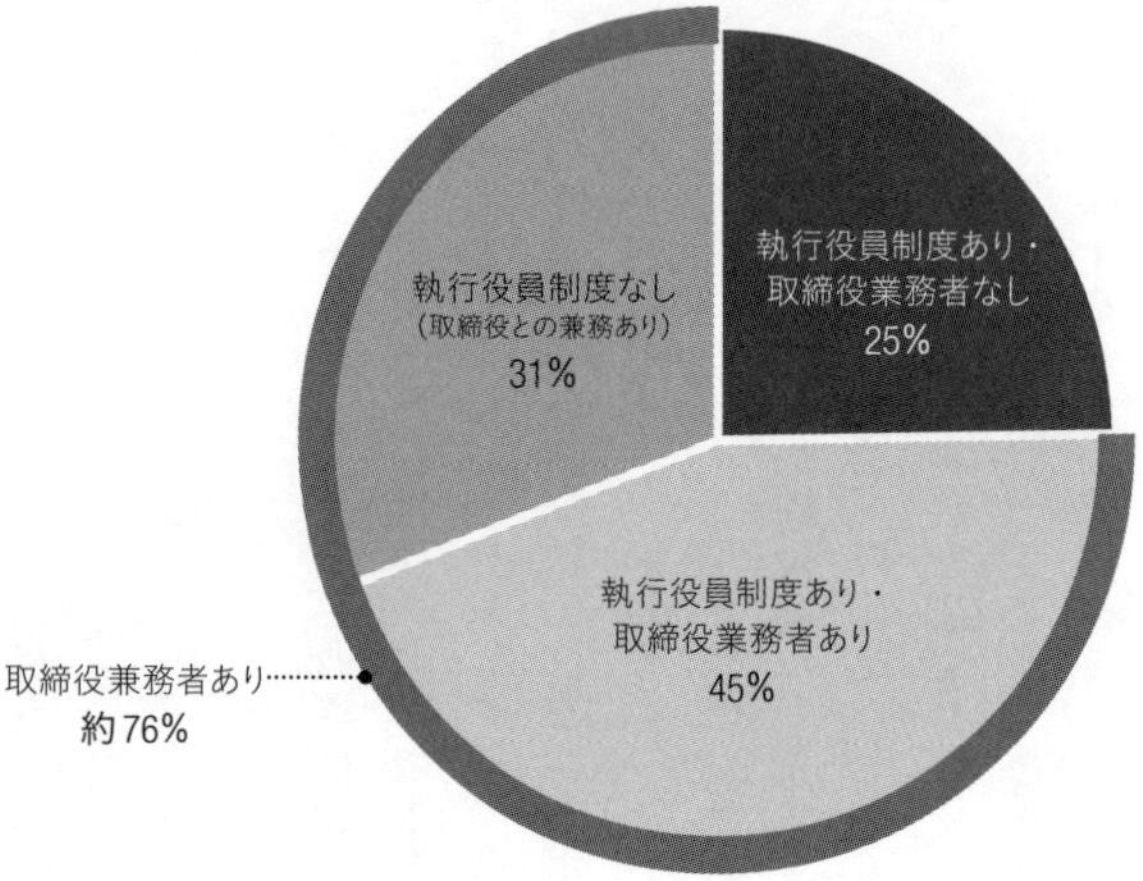

出所：公益社団法人日本監査役協会の資料より作成

会社に比べればマネジメントの要素が残っているが、モニタリングの極めて決定的な要素も含んでいる。監査役会設置会社の取締役会の職務は、業務執行の「決定」、取締役の職務の執行の「監督」、代表取締役の選定・解職の3つである。業務執行の「決定」を行う点から、完全なモニタリング型を想定しているわけではなく、マネジメント要素が残っている。そして、モニタリング機能の相当の部分を監査役に期待しているのだが、その一方で業務執行者である代表取締役の選定・解職を通じて「監督」を行うことも想定されており、モニタリングの要素、それも最も本質的で重要な要素が含まれていることも明白である。

すなわち、監査役会設置会社においても、マネジメント的な要素はあるにしても、モニタリングもまた重要な取締役会の役割なのである。法律論的には、我が国の監査役会設置会社は、マネジメント型とモニタリング型のハイブリッド型なのだ。となるとガバナンス改革上の論点は、今後の上場企業のあるべき姿として、どちらにより重点を置くべきか？　という点に集約される。

これまで多くの日本企業では、**図表20**のとおり、取締役会のメンバーは執行役員を兼務し、担当する事業の執行責任を負う。ここでの取締役会の役割は、「個別」の業務執行事項を「事前に」意思決定することである。すなわち、マネジメントを過度に重視する取締役会を選択してきたと言える。

マネジメント型の取締役会は、取締役会において、専門性の高い議論が期待できるという利点はあるが、業務執行をガバナンスするという観点からは大きな欠点がある。つまり、この取締役会は業務執行者である社長とその部下である取締役兼業務執行者によって構成されることとなる。しかし、社長が暴走したときに部下の取締役がブレーキをかけることは期待できない。そのためダウンサイドリスクの回避、すなわち守りのガバナンスは、主に監査役の役割と位置づけられる。だからこそ、法律上も監査役は取締役の業務執行の適法性監査を行うが、妥当性監査までは仕事の内容ではないというのが一般的な見解である。裏返して言えば、企業価値の向上に関するアップサイドの問題については、誰もガバナンスを行わない状態になるのである。あえて言うと取締役会の取締役が相互に目を光らせていると言えるかもしれないが、執行と監督の分離が行われていない場合は、執行役員兼務の取締役が自分自身をモニタリングすることは自己撞着になるので、結局は取締役会のガバナンス対象には設定しづらい。同じ執行責任を負う取締役同士が互いに監督するといっても「自分も実績を残せていないし……」という遠慮が生じるかもしれないし、「ここで口を出したら後で反撃を受けるかも……」という怯えも出てくるリスクがある。要するに、ガバナンスの対象は、主に監査役が担うダウンサイドリスクの最小化に限定されてしまうのである。

さらに、マネジメント型の取締役会は、「個別」の業務執行について「事前」に意思決定を行う会議体でもあり、そこでは、我が国のサラリーマン共同体的な企業文化が相まって、全会一致でなければならない（逆に言えば全会一致になるまで意見をすり合わせないと決議ができない）などの事情で意思決定のスピードが遅くなる。加えて、ボトムアップ型、コンセンサス（全員一致）型で決議するという日本企業の慣行も相まって、白黒つける判断に向かない。しかし、グローバル化とデジタル化が進み急激に経営環境が変わる昨今では、このような意思決定のメリハリのなさや遅さが命取りになりかねない。

このようにマネジメント型の取締役会と「攻めのガバナンス」はいかにも相性が悪いのである。

これに対し、モニタリング型の取締役会においては、非常に重要な意思決定だけが取締役会で行われることになるが、その質という観点では、社内のしがらみのない独立社外取締役が議論に加わることによって、白黒つける果断な判断を期待できる。また、重要性の低い個別の業務執行に関する意思決定については、経営者により多くの意思決定を委ねて、迅速果敢な戦略行動を取らせることで、リスクテイクを促進することが期待できる。かかる権限移譲は、監査

図表21｜マネジメント型とモニタリング型の取締役会の比較

	マネジメント重視	モニタリング重視
日本企業の状況	日本企業の多くが「これまで」採用していたモデル	独立社外取締役によって「これから」目指すモデル
取締役会の主な役割	「個別」業務執行に対する「事前の」意思決定	業務執行「全体」に対する「事後的な」監督
意思決定の特徴	専門性は高いが、スピードは遅く、白黒つける果断な意思決定、社内調和に馴染まない意思決定には向かない	(重要な意思決定)白黒つける果断な意思決定により適合的、(重要性の低い個別の意思決定)社長以下に意思決定を委ねることで、スピードも速く、専門性も維持できる
ガバナンス機能	取締役会の機能としては自己撞着	独立社外取締役が有効に機能すれば強力

出所:筆者作成

役会設置会社においても十分に可能である。

一方、取締役会は、経営者の業務執行「全体」についての結果責任を厳しく「事後的」に監督・モニタリングする。経営者が、長期持続的な企業価値の向上に関して然るべくパフォーマンスをしているか否かを監督することこそが、取締役会の中核的な使命となる。

かかる脈絡において、モニタリング重視の取締役会においては、経営者トップを厳しく監督するという意味で経営トップの傘下でない独立社外取締役が、資本市場、競争市場そして社会常識の視点、すなわち「世の中目線」での監督役として強力にコミットしていくことが当然に予定されている。裏返して言えば、コーポレートガバナンス・コードにおいて、独立社外取締役の複数導入を求めていることは、モニタリング型のガバナンスを指向していることの証左でもあり、また、モニタリング型の取締役会が「攻めのガバナンス」において非常に重要な意味を持ってくることを示すものである。経営トップの部下ではない独立社外取締役が主役となって、「ムラの空気」のガバナンスを打破し、株主をはじめとするステークホルダーと経営陣との間に存在すべき良き緊張感を取締役会に持ち込むことが期待されているのだ。

【基本原則4】

上場会社の取締役会は、株主に対する受託者責任・説明責任を踏まえ、会社の持続的成長と中長期的な企業価値の向上を促し、収益力・資本効率等の改善を図るべく、

(1)企業戦略等の大きな方向性を示すこと

(2)経営陣幹部による適切なリスクテイクを支える環境整備を行うこと

(3)独立した客観的な立場から、経営陣（執行役及びいわゆる執行役員を含む）・取締役に対する実効性の高い監督を行うこと

をはじめとする役割・責務を適切に果たすべきである。

こうした役割・責務は、監査役会設置会社（その役割・責務の一部は監査役及び監査役会が担うこととなる）、指名委員会等設置会社、監査等委員会設置会社など、いずれの機関設計を採用する場合にも、等しく適切に果たされるべきである。

このように、今回のコーポレートガバナンス・コードにおいては、監査役会設置会社、指名委員会等設置会社、監査等委員会設置会社のいずれにおいても、今後、上場企業の取締役会は

モニタリング型に軸足を置くことになる。そしてモニタリング重視型は、前述の議院内閣制のアナロジーからすれば、より自然な会社法の読み方であり、会社の権力作用の頂点である経営トップの任免権を取締役会が持っていることと、最も整合的な解釈でもある。

要は、上場企業に関する限り、取締役会はマネジメント・ボードか、モニタリング・ボードかの議論には、今回、決着がついたのである。ここから企業が取り組むべきは、どうやってモニタリング・ボードとしての実をあげるべく、取締役会の充実を図るかである。

現在、成果を出している多くの日本企業は、日本的な監査役会設置会社を採用しつつも、欧米的な独立社外取締役の複数専任と任意の指名諮問委員会・報酬諮問委員会の設置を融合させ、取締役会におけるモニタリング要素を強化している。単純に米国モデルの指名委員会等設置会社に性急に移行するよりも、自らの会社の文化や歴史に鑑みながらガバナンス体制を選択していく経営は、まさに和魂洋才の精神の表れである。

経営者の選解任権こそがモニタリング権能の中核
――さらばOBガバナンス

繰り返し述べてきたとおり、マネジメント型取締役会にありがちな日本企業のガバナンス上の問題の一つは、主に内部昇進の取締役によって構成され、外部の視点からモニタリングされることがないことである。取締役会は、「社内」のサラリーマンムラの住民によって構成され、異質のものは逆に排除されるという取締役会の構造である。

これに対して、「社外」監査役によって社外による監督機能は十分に担保されており、あえて社外の「取締役」が果たさなければならない固有の役割はないとの反論があった。

しかし、既に述べたとおり、監査役には、法律上、適法性監査しか権限が及ばず、妥当性監査は行えない、あるいはその権能は極めて限定的と言わざるを得ない。

また、監査役には取締役会における議決権がないため、ガバナンスの最も重要な機能であるトップ経営者の選解任に直接的な影響を及ぼすことはできない。監査役にも取締役の違法行為の差し止め請求ができるという再反論があるかもしれないが、「攻めのガバナンス」という観点からは、経営者が違法行為を行っていなくても、経営パフォーマンスの低さを根拠として経営者を解任する権能を前提としないならば、そこで行われる監督など「おままごと」の監督にすぎない。実効的なガバナンスを働かせるためには、トップ経営者の選解任権による然るべき牽制力が最終的には不可欠である。この選解任権という「伝家の宝刀」があるか否かによって経営トップに対する「ガバナンス」力は大きく異なってくる。

もちろん、トップの資質、業務遂行能力に問題があると判断したとき、独立社外取締役としては、是正のための然るべき忠告や辞任勧告を、まずは取締役会の外で直接に行うのが手順だろう。しかし、その忠告や勧告に迫力があるのは、独立社外取締役にトップ解任に関する動議提出権と議決権があるからなのだ。

この意味で、監査役は「守りのガバナンス」では一定程度役割を果たすことができるとしても、「攻めのガバナンス」においては機能に大きな限界があると言わざるを得ない。

監査役から有益なアドバイスをもらっているから、社外監査役は「攻めのガバナンス」の点からしても有益だという意見も一部存在するが、それはアドバイスであり、「ガバナンス」ではない。

あくまでも権力作用であるガバナンスにおいては、究極的な局面において、経営トップに対する解任動議を出す権能、さらにはそこで賛成票を投じる権能を潜在的にでも持っているか否かは、決定的な意味を持っている。この点で、それが無い監査役とそれを持っている取締役とでは決定的な違いがあるのだ。

そして、経営トップの部下である社内取締役が、このような法律上の権能を持っていても、実際にそれを行使することはほとんど期待できないが、社内のしがらみのない独立社外取締役にはそれを期待できる。だから独立社外取締役が制度的に存在することは、ここでもやはり決定的な意味を持っている。

他方で、多くの日本企業における典型的な社長選任は、現任社長が会長や相談役と相談して後任を選ぶスタイルであり、前述した「OBガバナンス」である。ここでは本来的な意味でのガバナンスは効かない。しかも多くの場合、社長には2年2期などの暗黙の任期があるとも言われている。裏返して言えば、社長の選解任と企業の業績は関係が薄いということである。これを裏付けるような調査結果も存在する。さらに取締役までの経験は、往々にして短期的な組織事情で決まるといったことが起こる。

しかし、このようなプロセスによる社長の選任は、個人の主観的な好き・嫌いや社内政治によって社長が選任されかねない仕組みであるし、手続的にも透明性に欠ける。これでは、その企業の価値を最大化することができると客観的に判断される人間が社長になるとは限らない。

そこで、独立社外取締役が中心となって構成される指名委員会を設置することによって、経営幹部、特にトップ経営者選任の手続きに客観性・透明性を持たせることが、本来のガバナンスを機能させるためには、ほぼ論理必然の到達点である。現経営トップをはじめとする執行部の協力を受けつつも、最終的には社内のしがらみから解放された独立社外取締役を中心メンバーとする指名委員会が選任することで、当該企業の未来にとって、誰が一番企業価値を向上させることに相応しいかを一番の基準とすることが期待できるのだ。

何度も繰り返すが、ガバナンスが利いているということは、組織における権力作用が健全に機能しているということであり、企業の最高かつ最重要な権力作用であるトップ人事に真剣勝負で関わらないコーポレートガバナンス、独立社外取締役は、単なる「ごっこ」にすぎないのである。

モニタリング型の取締役会においては、この社長の選任を最高、究極の使命と位置付け、企業の長期持続的な成長を導くことが求められる。カネボウにしろ、東芝にしろ、最大のガバナンス不全は、選択と捨象という厳しい意思決定を先送りにする経営トップを選任し続け、挙句の果てに不正会計につながるような無理な指示を出し続けた経営トップを放置したことにある。裏返して言えば、社長の解任権の適切な行使についても、取締役会は重い責任を負っているわけで、独立社外取締役は、自分の意見が取締役会の過半を占めるか否かに関係なく、いざというときのために、常に「解任動議提出権」という伝家の宝刀に手をかけて取締役会に臨む気迫と覚悟が求められるのだ。

取締役会決議事項も「選択と捨象」へ

日本企業の中ではマネジメント型の取締役会が圧倒的多数であったわけであるが、既に述べたように、その日本企業の全体としての業績は、過去20年間以上の超長期にわたり収益力、成長力、雇用吸収力などを維持することができず、グローバル競争に苦しんできた。これに対して、モニタリング型の取締役会モデルは、グローバル競争に勝ってきた欧米だけでなく、新興国を含めた世界の趨勢でもある。今や日本型ガバナンスモデルは世界的にもユニークなものになってしまった上に、この四半世紀においては、ユニークに低パフォーマンスに苦しんでいる点で、ガラパゴス化したとも言いうるだろう。

このような点からも、従来のマネジメント型の取締役会は大きな転換を迫られているわけで、監査役会設置会社においても、監査役会の他に、取締役会によるモニタリングを強化するべきである。つまり、モニタリングに比重を置いた取締役会の組織デザインと運営を実現するべく、業務執行と監督の分離が最大限図られているハイブリッド型のプラクティスを導入していくことが求められる。マネジメント：モニタリング＝2：8くらいの比率が妥当である。

もっと具体的に言えば、先述のとおり、経営者を含む経営幹部や取締役に関する「指名」及びパフォーマンス評価に関わる「報酬」については、透明性・客観性の確保が強く求められる。そこで、独立社外取締役の実質過半数で構成される任意の指名・報酬諮問委員会の設置が望ましい。また、買収防衛策やガバナンス形態に関わる会社のかたちの基本構造に関わる問題を検討するため、独立社外取締役と場合によっては社外監査役も含めた任意の委員会を設置することが期待される。そしてこうした委員会が形式的に存在するだけではなく、情報提供を行うなど実質的に機能するような工夫を凝らすことが重要である。

他方、マネジメント重視の取締役会からモニタリング重視へと移行していくことは、取締役会での決議事項におけるマネジメント要素を少なくしていくことに直結する。つまり、業務執行に関わる意思決定は極力、取締役会決議事項から外していくべきである。裏返して言えば、経営トップ以下の執行サイドが大胆かつ機動的な経営行動を取れるように業務執行の意思決定を取締役会から執行サイドへと権限委譲していくべきである。このような業務執行上の専門性や現場経験が重要となる意思決定事項は、モニタリング重視型の取締役会の本質的な使命ではない。

取締役会では、企業が進むべき基本方向性とその観点からみた経営者・経営陣のパフォーマンスの評価、評価に連動した経営者・経営陣の任免などモニタリングに力を注ぐべきである。さらには、大型のM&A案件や重大不祥事など、企業の存続に関わるようなリスクを内包した事項、あるいは大きな戦略的方向性に関する議論に十分に時間を使うべきである。取締役会の決議事項における「選択と捨象」が問われるのだ。

この脈絡では、独立社外取締役は、取締役会の決議事項、報告事項を経営執行サイドに委ねる受け身の姿勢ではなく積極的に関わることで、モニタリングモデルを基本としたあるべき姿を実現していくべきである。

真のガバナンス改革に向けて

第I部の最後に、今我が国の企業が真剣に考えなければならない7つの質問を投げかけたい。スチュワードシップ・コード、伊藤レポート、コーポレートガバナンス・コードの3つをアベノミクス成長戦略「新3本の矢」と呼ぶ声があるが、この新三本の矢を受けて、ここから先、いかなる姿を目指して、どのように変革を行って、企業を長期持続的な成長軌道に乗せるかという問いである。各企業が、それぞれの実態を踏まえつつ、以下の質問について、今回策定されたコーポレートガバナンス・コードを深く分析・理解して、実質的かつ独自の答えを導きださなければならない。この7つの質問に実体論、実質論として答えられるか否かが勝負である!

①猛烈なイノベーションの波とグローバル競争環境の猛スピードの変化の中で、会社内部の意

思決定のあり方について、どうすればもっとスピーディかつダイナミックな「あれかこれか」の決断ができるような企業体になれるか。
②会社の持っている本質的なコンピタンスが生きる領域への継続的な事業ドメインのシフト、ビジネスモデルの転換、すなわち自己の新陳代謝力を高めるガバナンスの形を実現できるか。
③どんな取締役会の構成にして、何を取締役会で議論・決定し、何を執行サイドに委ねれば「攻め」の意思決定にアクセルを踏むことができるのか。
④誰を独立社外取締役とし、どんな役割・権限を実質論として担ってもらうか。その役割・権限を果たしてもらうために企業として何をするのか。
⑤経営トップの指名に誰を関与させて、どんな手順で行えば、ダイナミックで冷徹な決断力と実効的なパワー（特に社内に対する影響力）の両方を有する経営者を生み出せるのか。
⑥経営陣に対して、どのような形で、いくらの報酬を支払えば、長期持続的な成長に向けたインセンティブを与えることができるのか。
⑦株主やその他のステークホルダーとどのように付き合えば長期持続的な企業価値の向上を実現することができ、逆に短期志向のステークホルダーに対する耐性をどうやって身に付けるのか。

第II部

ストーリーで学ぶ
リアルガバナンス経営

第4章

社外取締役選任まで

導入編

田中取締役会室長デビュー！
――コーポレートガバナンス・コードの基本的理解

取締役会室長の田中誠司（たなか　せいじ・47歳）は、社長の鈴木徹（すずき　とおる・63歳）から**「社外取締役を２名以上選任しなければならなくなったみたいだから準備しておいて」と言われたところだった（問１）。社外取締役の選任を事実上義務付ける改正会社法とコーポレートガバナンス・コードが制定されたことは大きなニュースとなっていた（問２）。**

田中室長が働く竹上電器株式会社、通称「竹電」は、経営の神様と呼ばれた故・竹上三之助によって１９５５年に設立された総合電機メーカーである。１９９０年代にポータブル・ミュージック・プレイヤー「ランニング・マン」を大ヒットさせ、当時はフォーチュン・グローバル５００の常連だった。しかし、近時は、液晶テレビへの強気の設備投資をしたものの東アジアの競合電機メーカーに追い抜かれ、苦戦していた。

また、技術力では諸外国の競合企業に勝っているものの、米国のファブレスメーカー・オレンジ社が大ヒットさせたＹフォーンのような革新的な商品を生み出すことができなかった。現在は、売上高約2兆円、従業員約10万人である。現在、1名の社外取締役を選任しているが、とりあえず、もう1人の新たな社外取締役を選任することが田中室長のミッションである。

田中室長は、東京大学法学部を卒業後、新卒で竹電へと入社した。入社後は、総務部・人事部を経て、**直近では法務部で働いていたが、コーポレートガバナンス・コードへの対応という理由で取締役会室に異動になった（問3）。**今までに経験したことのない業務ではあったが、会社法の理解については自信がある。減点されない程度にうまくやることはできるだろう。

しかし、社外取締役の選任義務付けなんて面倒なことをやってくれたな。田中室長は本心ではこう思っていた。正直、社外取締役なんて、俺たちの事業のことなんて分かっていないくせに、根回しの手間が増えるだけだ。今の社外取締役が選任されてから業績がよくなったわけでもないし、取締役会でもほとんど発言をしていないという。いい評判は全く聞かない。そんな思いを持ちながら準備を始めた。

問1　コーポレートガバナンス・コードは実質義務付けか？

コンプライ・オア・エクスプレインによって各社の任意的「経営意思」を尊重

鈴木社長は、コーポレートガバナンス・コードによって、社外取締役の選任が義務付けられたという認識のようである。確かに、コーポレートガバナンス・コードでは、上場会社は、独立社外取締役を少なくとも2名以上選任すべきと定める。新聞やニュースでも、コーポレートガバナンス・コードが（実質）義務化されたと報道しているところも少なくない。

しかし、コーポレートガバナンス・コードは、私的自治を基本とするソフト・ローであり、コードに関わる事項は、その基本精神を尊重しつつも、具体論としては、それぞれの会社が創意工夫して運用することが求められている。それゆえに「コンプライ・オア・エクスプレイン」のルールが採用されているのである。すなわち、各会社は、コードに定められた原則を実施するか、実施しない場合には、その理由を説明するか選択することが許されているのである。だから独立社外取締役の選任が義務付けられたわけではない。むしろ、個社の状況に照らしてコードの原則を実施することによって、企業価値を下げるような場合には、正々堂々と実施しない理由を説明することが求められているのであり、コードに定められたからといって、ただ漫然とその原則を遵守することはむしろ否定されている。

序文9．本コード（原案）において示される規範は、基本原則、原則、補充原則から構成されているが、それらの履行の態様は、例えば、会社の業種、規模、事業特性、機関設計、会社を取り巻く環境等によって様々に異なり得る。本コード（原案）に定める各原則の適用の仕方は、それぞれの会社が自らの置かれた状況に応じて工夫すべきものである。

序文11．また、本コード（原案）は、法令とは異なり法的拘束力を有する規範ではなく、その実施に当たっては、いわゆる「コンプライ・オア・エクスプレイン」（原則を実施するか、実施しない場合には、その理由を説明するか）の手法を採用している。すなわち、本コード（原案）の各原則（基本原則・原則・補充原則）の中に、自らの個別事情に照らして実施することが適切でないと考える原則があれば、それを「実施しない理由」を十分に説明することにより、一部の原則を実施しないことも想定している。

ガバナンス多様化時代の到来

経営システム、特に権力メカニズムに深くかかわる部分は、その権力作用の影響を受ける人たちによる納得感が、その実効性を大きく左右する。ガバナンスの議論をすると、ついつい形式面だけを整えて終わらせてしまい、結果ガバナンス不全を起こすことがある。「独立社外取締役を選任していたけど、それでもあの会社は不祥事を起こした」などという事例は、形式面は整えたものの、実態がついていかなかった典型である。だからこそ、各社のガバナンス制度を設計するときには、各社の納得感を得ることが重要である。統治の納得感が得られないような場合には、あえてコンプライするのではなく、エクスプレインすることも有力な選択肢である。

そもそもガバナンス構造には完成型、理想型などというものはなく、各社の成長ステージや事業経済性に応じて、異なったガバナンスの形態がとられるべきである。例えば、ベンチャーの創設期においては、リスク選好的であり、攻めの空気が蔓延しているため、むしろブレーキに重きを置いたガバナンス体制を構築していく方が望ましいことも多いだろう。また、地域密着度が勝敗を決するようなサービス業であれば、一般的には、海外拠点に権限を移譲して現地化を推進する方が、中央集権的な管理体制よりも望ましいと言える。

逆に、こういった成長ステージや事業経済性、産業特性を無視した画一的な規制は、かえって企業の競争力を奪うリスクすらある。だから、ある形式を絶対化して、会社法ですべての上場企業に一律の構造を押し付けるようなことは、できるだけ止めた方がいいのである。良いガバナンス構造とは、結果的に企業価値の持続的向上にとってより良くワークする構造であり、あらゆる企業に当てはまるような良いガバナンス構造を事前に確定することは不可能なだけでなく、それを固定化すると将来の発展性、進歩の可能性は奪われてしまう。ガバナンスの態様は十人十色、百の会社があれば百種類のガバナンス体制があることが自然である。

誰をどのようにガバナンス機構に組み込むかについては、あまり固定観念をもって特定のモデルを決め付けるべきではない。ガバナンスの実質主体たりうるのは、当該企業の栄枯盛衰と長期的な利害を現実的に共有するプレーヤーであるという基本前提をわきまえながらそれぞれの会社が工夫していく多様性、多元性を持たせるべきなのである。

かつては米国発の株主主権型のコーポレートガバナンスモデルが一世を風靡し、多くの市場関係者が株主主権型のコーポレートガバナンスを追い求めた時期もあった。しかし、このガバナンスモデルが、あらゆる企業が進化の果てに目指すべき標準モデルと考えられた時代はもう終わった。もはや、あくまでも多様に共存する企業形態、統治形態の一つにすぎない。

民主主義が成熟した現代社会においても、米国の大統領制、フランスの大統領と首相による二頭政治、イギリスの議院内閣制など様々な統治形態が採用されている。さらに同じ議院内閣制を採用するイギリスと我が国においても、イギリスでは貴族などの中から選出される貴族院が存在するのに対して、日本では衆参両院ともに国民の選挙で選ばれる。国家形態において、同じ民主主義の国々の間でさえ、国家の形、統治機構において同一の国は一つもない。企業の有り様も、むしろ多元的な姿が自然なのである。

ただし、忘れてはならないのは、「社会の公器たる企業」は、それ相応の責任を伴うという基本原則である。各企業にどのようなガバナンスを実現するのかの各論が委ねられているからといって、ガバナンスを欠く選択肢など許されないのである。この文脈で言えば、ガバナンスの中心的存在である取締役会において、独立社外取締役を不要とすることは、よっぽどの特殊事情がない限り首肯しえない。

とにかく、会社自身が自らに相応しい、そしてもちろん、経営者のお手盛りが許されないガバナンスの形をとことん議論し、考え抜かなければならない。このような過程を通じて、自らの「自主憲法」を自ら能動的に制定し、多元的なガバナンス形態が並存して、切磋琢磨し合いながらそれぞれ進歩していく形が望ましい。

問2　コーポレートガバナンス・コードの中でエクスプレインのハードルの高低はあるのか？

前文、基本原則〈原則〉補充原則の順だが、安易な「ひな形」エクスプレインは許されない

会社法（特に機関設計に関する部分）は遵守を義務付けられている固い準則、いわゆるハード・ローである。それに対してコーポレートガバナンスはソフト・ローであり、企業の側の裁量が認められることはすでに述べたとおりだが、コンプライせずにエクスプレインするハードルの高さは、対象となるコードによって異なってくる。

まず、前文部分、基本原則に語られる事柄については、極めて強く要請されている準則であり、コンプライしないことは極めて難しいと考えるべきだ。

次に原則として書かれていることも、基本原則からほぼ論理必然的に派生している内容であり、安易なエクスプレイン、例えばどこにでもあるような「ひな形文言」でエクスプレインするような対応は許されない。時間的に準備が間に合わない経過措置的にやむを得ずコンプライできない、あるいは別の方法で何とかなっているのでやらなくていい、などといった「言い訳」的なエクスプレインも、許されるのはここ1～2年と考えるべきである。その先はコンプライせずに別のガバナンス形態をとることが、当該企業の個別事情に照らして、長期的な企業価値の向上に資するという「攻めのエクスプレイン」が求められることになるだろう。

また、補充原則に書かれていることも、時間経過に伴って、より原則に近い位置づけに「格上げ」される可能性がある。

コーポレートガバナンス・コードは、ベストプラクティスと共に進化を続ける

このコードは、時代の変化、企業の実態などに照らして、より良いガバナンスを目指して不断の修正、改善が行われることを前提としている。したがって、今の時点でコンプライしたからと言って、それでコード対応は終わりということはない。

むしろ企業側が、それぞれ独自の努力によって、より水準の高いベスト・プラクティスを生み出していくことが期待されているし、そのベストプラクティスは、将来のコードに反映されていく。

逆にコードとして記載されたものの、時代遅れになったもの、有用性を失っていったものについては、コードから落とされるものも出てくる可能性がある。今回のコードは決して「不磨の大典」ではないのだ。実際、コーポレートガバナンス・コード発祥のイギリスでは、非常に柔軟かつ自律的な運用、改正が行われているが、ソフト・ローであることの真価は、企業自身の自主的な努力、市場関係者との建設的対話を通じて、より良いものへと柔軟かつ臨機応変に

変化、進化させることができることにある。入口は金融庁や東証などの「当局」主導で導入された感は否めないが、ここから先は、企業と投資家の側がオーナーシップを持って、このコードをより高質かつ実質的なものに高めていかなければならないのだ。

その意味で、コンプライする場合も、自分たちがさらに突っ込んで、コードの規定の上乗せ的な取り組みを行う場合は、それも積極的にエクスプレインして構わないし、それは大いに奨められるべきことである。この場合は、コンプライ・「オア」ではなく、コンプライ・「アンド」となるが、このコンプライ・「アンド」・エクスプレインは大いにありうべしである。既に公表されているガバナンス報告書の中には、この観点から素晴らしい「アンド」・エクスプレイン事例も散見される。

社外取締役に関する会社法のコンプライ・オア・エクスプレイン的規定とコードとの関係性

コーポレートガバナンス・コードは法体系的には、会社法という一般法に対して、上場企業に限定して上乗せされた形で特別法的な位置づけになっている。両規定の重なっている事項については、まずはハード・ローである会社法を遵守するのは当然の必要条件であり、さらにソフト・ローであるコードに規定に対してコンプライするか、エクスプレインするかを選択する「義務」を十分条件的に負っているということになる。

その中で、一見、社外取締役の設置義務に関する部分については会社法もコーポレートガバナンス・コードも人数の違いこそあれ、同じことを規定しているように思える。すなわち今回の会社法改正において、上場企業に対して社外取締役を一人以上置くことを求め、置いていない場合には、社外取締役を置くことが相当でない理由を説明するよう定められた。あたかも社外取締役を置くか、置かない場合には、その理由を説明するという、コーポレートガバナンス・コードのコンプライ・オア・エクスプレインと同じような規定に見える。

（社外取締役を置いていない場合の理由の開示）

会社法第327条の2　事業年度の末日において監査役会設置会社（公開会社であり、かつ、大会社であるものに限る。）であって金融商品取引法第24条第1項の規定によりその発行する株式について有価証券報告書を内閣総理大臣に提出しなければならないものが社外取締役を置いていない場合には、取締役は、当該事業年度に関する定時株主総会において、社外取締役を置くことが相当でない理由を説明しなければならない。

しかし、よく読むと会社法では、「社外取締役を置くことが相当でない理由」と規定されている。すなわち、社外取締役を置くことが企業価値を毀損するため、相当ではないということを説明しなければならない。

裏返して言えば、「置かないことが相当な理由」ではないのである。仮に、「置かないことが相当な理由」であれば、置かない場合であっても置いた場合であっても企業価値が同等な場合も含まれると考えてもよさそうである。これであれば、コンプライ・オア・エクスプレインとほとんど同じと言える。

しかし、「置くことが相当でない理由」となると、社外取締役を置いても置かなくても企業

図表22 （独立）社外取締役の設置義務と企業価値の関係

	（社外取締役を置けば企業価値は）上がる	（社外取締役を置いても企業価値は）同じ	（社外取締役を置けば企業価値は）下がる
会社法	○（1名）	○（1名）	×
本コード（注）	○（2名）	×	×

（注）「ソフト・ロー」であり法的拘束力はない
凡例：選任義務あり○、選任義務なし×
出所：筆者作成

価値が一緒なのであれば、置くことが相当ではないとは言えず、置かなければならない。置くことで企業価値が毀損するという場合にはじめて「置くことが相当でない理由」があると言えるのである。すなわち、会社法の方は、企業価値が高まる場合しか、エクスプレインすることは許されていないので、こちらの方が企業の裁量範囲は狭く、実質的な義務化と言ってよい。これを図示すると**図表22**のとおりである。

結局、ここでも一人置くことについては会社法で実質的に義務化されており、さらに上乗せ的に二名以上を置くことについてコーポレートガバナンス・コードでコンプライ・オア・エクスプレインが求められている。やはり両規定は、一般法的ハード・ローと特別法的ソフト・ロー的な関係性を持つ構造になっているのだ。

問3 コーポレートガバナンスの実現は誰の役割か？法務部、総務部、それとも……？

経営者自身がガバナンスを語れ――ガバナンスの充実は核心的な経営行為

田中室長は法務部出身であることがコーポレートガバナンス・コードへの対応の実務担当者として適任と言われる要因の一つのようである。

しかし、コーポレートガバナンス・コードは、法律論というよりも、経営論である。これは、どのようにして企業価値を向上させるか、そのためにどのような組織体制を構築していくか、どのようにしてリーダーを育成していくか、どうやってリーダーにインセンティブを与えるのか、どうしたらリーダーの暴走を止めることができるのか、さらにはその基盤となる理念、組織の共通の価値観はどうあるべきか、といった点について指針を提示するものである。まさに経営の核心の中の核心領域を扱うことになる。

もちろん法務部もこういったことを考えるべきではあるが、いずれも自ら法律家出身である筆者の経験から言えば、一般に法律家というものは、既存の法律を精緻に運用していくことは得意ではあるが、法律の枠を超えて新たな仕組みを創造していくことは不得手としていることが多い。なぜなら、法律家というのは過去の判例を蓄積した上で、現在の解釈を導くことを得意とするが、過去の例をひっくり返すことやゼロから制度を構築することには慣れていない。

あるいは誰かが決めた規範に合わせるためにどうするかについては頭が働くが、その規範を基盤にビジネスをどう展開するかという、よりオープンエンドでダイナミックな議論は苦手だ。

だから、法務部主導でコード対応を行うと、基本的に過去を踏襲する前提で形式的にどうコンプライするかという対応に終始しがちだ。例えば、終身雇用と社内によって支配されるマネジメントボード型の取締役会の会社の場合、それを前提とするムラ型、サラリーマン共同体型の経営システムから実質的に逃れることができない。それで生き残れるようなのどかな業界ならいいが、グローバル化が進展し、ダイナミックなイノベーションにさらされている業界、例えばエレクトロニクス業界などでは、会社そのものの存続が厳しくなっていくだろう。

また、「法律家」の役割を狭義に捉えるとすれば、既存の法律やルールを解釈し、既存の組織がそれに適合しているか否かを判断することである。多くの法律家は三段論法を最初に学んだと思う。三段論法とは、「AはBである（大前提）。BはCである（小前提）。だからAはCである（結論）。」という論理思考の枠組みであるが、この三段論法の大前提は、絶対的な法律・ルールである。それに事実をあてはめて、違反・違法か否かを判断していくという枠組みである。

しかし、コーポレートガバナンス体制を構築していくことは、正解・不正解（適法・違法）を判断するものではなく、無限の組織体制の中から、どれを選択していくかという、本質的に創造的な作業である。だからこそ、本コードでは、各社の長期・持続的な企業価値の向上のためには、どのような企業統治体制が必要かを各社の判断に委ねる「コンプライ・オア・エクスプレイン」のルールを採用しているのだ。すなわち、本コードの内容を実施するのか（コンプライ）、実施しない場合には説明するのか（エクスプレイン）は、核心的な経営判断である。

言い換えれば、ガバナンス経営を真剣に考えない者に企業のリーダーたる資格など認められない。経営者は、自ら率先して、自社のガバナンスの体制を検討、改良に努めるべきである。コーポレートガバナンス・コードは、経営者がこれを法務部や総務部に「あとは検討しておいて」と丸投げしていい類のものではない。あくまでも経営者と取締役会が、共同して主体的に取り組むべきであり、本来、事務局にふさわしいのは、経営企画部門や取締役会室、社長室のような部署である。

ガバナンスの形を検討することや、ガバナンスに対する理解を深めることは、これからの企業経営、すなわちガバナンス経営を担っていくリーダーには必須のスキルといっても過言ではない。この意味で、コーポレートガバナンス・コード対応を考える実務責任者には、エース級の幹部社員をあてることが望ましい。田中室長がエース級であるか否かは今のところ不明であるが、少なくとも、将来の社長候補者と見込まれて取締役会室長に異動になったわけではないようである。

社外取締役選任への道
──コーポレートガバナンス体制の振り返り

田中室長は、まず竹電のコーポレートガバナンス体制を書き出した。竹電は監査役会設置会社であり、主に取締役会、経営会議、内部統制室、監査役会で構成されている。

取締役会は、経営の重要事項の決定及び業務執行の監督を行う。**取締役会のメンバーは、合計14名で構成されている（問1）。**かつては30名程度の取締役がいたが、近年、他社が取締役の人数を絞っていく中で、竹電も横並びで取締役の人数を削減し、その代わりに執行役員制度を導入した。竹電はカンパニー制をとっており、各取締役は、各カンパニーのカンパニー長を兼務しているか、法務・人事など管理部門の担当役員を務めている。全員が男性であり、平均年齢は62歳。

社外取締役は現在1名。前任の取締役会室長から聞いたところによると、今の社外取締役を選任した一番の理由は、積年のライバル企業であるＮＯＳＹが８年前に社外取締役を選任したことだったそうだ。そのときに、社外取締役の選任基準として挙げられていたのは、「竹電の格に相応しい有名人」「議論をかき乱さない協調的な性格」

などの点だったとのことである。それで選ばれたのが、日本最大のスーパーマーケットであるダイオー株式会社の会長である森島和夫（もりしまかずお・68歳）だった。前社長・現会長の小西忠夫（こにしただお・70歳）のゴルフ仲間からの選出である。

今回のコーポレートガバナンス・コードでは、独立社外取締役を少なくとも2名以上選任しなければならないことになっているので、もう1名誰かを選任しなければならないようだ。さらに、田中室長がコーポレートガバナンス・コードを読み込んでいると、独立社外取締役を3分の1以上選任することが必要だと考える会社は、そのための取組み方針を開示しなければならないことになっていることに気が付いた。田中室長は、独立社外取締役がそんなにたくさんいたら会社がおかしくなってしまうと考え、「3分の1以上選ぶなんて馬鹿げている」とついつい本心を呟いた（問1）。

話を竹電のコーポレートガバナンス体制に戻そう。経営会議は業務執行、経営管理に関する事項等の討議・決定を行う。通常は取締役会の前に、その準備的な位置づけで開催される。経営会議のメンバーは、執行役員の全員と常勤監査役で構成されている。つまり、社外取締役以外の取締役（すなわち執行役員兼務取締役）は全員出席する上に、その他の執行役員と常勤監査役が出席している。総勢18名である。

他方で、**社長直轄組織である内部統制室を中心に業務遂行の適正化および内部監査機能の強化が図られている（問2）。**

図表23｜竹電のコーポレートガバナンス模式図

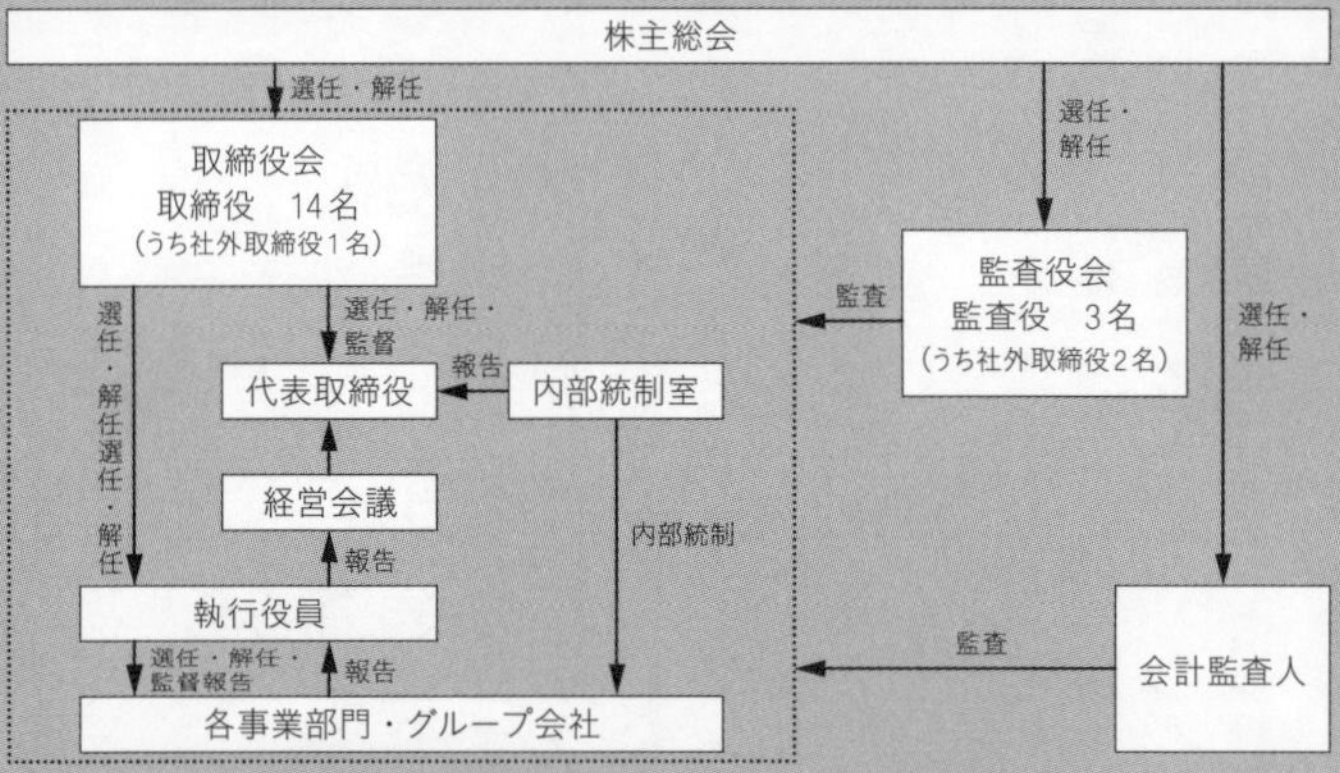

出所：筆者作成

監査役会は、常勤監査役1名と社外の非常勤監査役2名で構成されている。竹電のガバナンスについては、従来、監査役会と内部統制室が担っているということになっている（問2）。

ちなみに、2000年代前半ごろに委員会等設置会社（今の指名委員会等設置会社）が法制化され、他社が導入したのに合わせて、竹電でも委員会等設置会社への移行を検討したが、当時の社長は導入を見送った。伝え聞いたところによると、当時の社長は「自分の部下である役員の選任や自分の後継者の選任は社長の責任であり、社長の専権である。これこそが社長の仕事だろう」と考えていたとのことである。

田中室長は思った。今回のコーポレー

トガバナンス・コードの制定に合わせて、再度委員会等設置会社への見直しを検討しないといけないかもしれない。少なくとも、任意の委員会（指名諮問委員会・報酬諮問委員会）を設置する必要があるかもしれないな。社外取締役の選任だけやればいいと思っていたけど、かなり面倒なことになりそうだな。次回の取締役会で検討してもらうように鈴木社長に相談しておこう。

竹電のガバナンス体制を振り返った後、田中室長は、頭を抱えて悩んでいた。**竹電にはどんな独立社外取締役がマッチするかな？（問3）**そういえば、森島社外取締役を推薦したのは小西会長（当時社長）だったな。今回も社長が推薦するかもしれないと思い、田中室長は鈴木社長に相談してみることとした。「今回も社長のお知り合いから社外取締役をご推薦いただけるのでしょうか。」田中室長としては、社長が選んでくれれば手間が省けると思っていたし、そう願っていた。

しかし、田中室長の期待を裏切って、鈴木社長からは、ノーという答えが返ってきた。がっかりした様子が顔に出ていたのか、鈴木社長が続けてこう言った。「まずはエグゼクティブサーチ社のジャパンサーチと連絡を取ってみてくれ。あと私が参加している『経営者協会』では、会員向けのサービスとして社外取締役のマッチングをやってくれていたと思う。経営者協会の近野常務を紹介するから話をしてみてくれ。」

田中室長は早速、近野常務との面談を申し入れ、マッチングサービスについて話を

図表24 秋月藍子の経歴書

経　歴　書			
ふりがな	あきづき　あいこ		（写真）
氏名	秋月　藍子		
現職	マッカートニー・アンド・カンパニー マネージングディレクター		
生年月日	1963年12月12日（52歳）	性別	女
学歴	1986年：早慶大学　経済学部　卒業		
	1986年：公認会計士試験合格		
	1995年：パロアルト大学経営学大学院修了		
職歴	1987年：あさひ監査法人入所		
	1990年：公認会計士登録		
	1995年：ロンドンコンサルティンググループ入社		
	2003年：経営再生機構入社		
	2006年：マッカートニー・アンド・カンパニー入社（現在に至る）		

聞くこととした。面談で近野常務はこう説明した。「経営者協会は、協会に所属する経営者の方々の中から、候補者の登録募集と管理を行っており、社外取締役を求める会員の要望に応じて候補者の紹介をしております。交渉業務は行っておりませんので、条件面については御社と候補者との間で直接交渉していただくことになります。」

田中室長は、人を探す手間が省けることに感謝し、早速候補者の紹介を依頼した。

＊　＊　＊

1週間後、近野常務から連絡を受け、再び打ち合わせをした。近野常務は一枚の紙を田中室長に渡して説明した。「経営者協会のリストの中から、秋月藍子さんをご紹介します。」

田中室長は、いい人材を紹介してくれたと思って、喜び勇んで早速鈴木社長に報告した。鈴木社長は言った。「素晴らしい人を紹介してくれたと思う。今は、アベノミクスの方針で女性活躍が推奨されているので、女性になっていただくのがちょうどいい。また、**秋月さんは、著名な経営コンサルタントだから、きっと竹電に有益なアドバイスをしてくれると思う（問4）。**しかも美人で話題性があるから、きっとメディアでも注目してくれるに違いないだろう。私もテレビで秋月さんのことを見たことがあるが、いつも笑顔を振りまいていて周りの人たちを和ませるタイプだ。たぶん我が社の取締役会をかき乱すようなことはしないと思う。」鈴木社長は、最後に本音を漏らしたようだった。しかし、秋月氏のことを見くびっていたことに気付くのは、まだしばらく先のことだった。

鈴木社長は続けた。「問題ないとは思うが、経営者協会とジャパンサーチの意見を聞きながら進めてくれ。」

問1

適切な取締役会の構成やサイズとは？社外取締役は２名で十分か？

取締役会は適正規模に向かいつつあるのか？

コーポレートガバナンス・コードでは、取締役会の役割・目的を明確にした上で、構成員、規模をしっかり考え、それを開示することが求められている。

補充原則４―11①　取締役会は、取締役会の全体としての知識・経験・能力のバランス、多様性及び規模に関する考え方を定め、取締役の選任に関する方針・手続と併せて開示すべきである。

そして取締役会の規模、構成を考える上で重要な規定は、原則４―３である。

【原則４―３．取締役会の役割・責務（３）】
取締役会は、独立した客観的な立場から、経営陣・取締役に対する実効性の高い監督を行うことを主要な役割・責務の一つと捉え、適切に会社の業績等の評価を行い、その評価を経営陣幹部の人事に適切に反映すべきである。（略）

すなわち取締役会は、執行サイドから「独立した客観的立場」で「実効性の高い監督」を行う機関ということになり、それに適合した人数、立場の人間で構成されることになる。監督される側の執行サイドから独立的で客観的な立場の人が、取締役会の相当数、本来は過半数を占めるべきだし、モニタリングに関する実効的な議論を行うためには、せいぜい10人前後以下というのが現実的な線となる。

これに対し、日本企業の実態はどうなっているだろうか？

かつては取締役会の人数が20人、30人という上場企業も珍しくなかった。この背景には、年功序列・終身雇用で会社に残ったサラリーマン仲間に対して、ポストをあてがう側面も否めなかった。取締役はいわば「上がり」「箔付け」のポジションだったのである。

もっとも、近年では、取締役の人数が多すぎるために、議論が活性化しない、意思決定が迅速ではない、機動的な開催ができないという問題点を意識して、大人数の取締役会はずいぶん減少した。例えば、我が国を代表する大企業であるトヨタ自動車も、2010年の取締役数は27人だったが、2011年に11人へと大きく減少させている。上場企業全体で見ると、2015年では15人以上の取締役会は、約3％程度となっているとのことである。

取締役会の人数を絞って、意思決定のスピードを増すことは、グローバル競争を戦う中での超重要事項であるから、この傾向は望ましい。もっとも、前述したマネジメント中心の取締役会から、モニタリング中心へと移行していくという視点からすると、未だ課題が残っている企業は多く、竹電もその一つである。すなわち、取締役会のメンバーの多くは執行役員兼務の取締役であり、人数は減らしたもののマネジメント型の取締役会であることに変わりがない。結果、取り締まる側の人間（取締役）が同時に取り締まられる立場（執行役員）を兼務していることから、モニタリング機能が緩くなってしまうという懸念が生じる。

結局、これでは執行役員よりも取締役の方が偉く、取締役が社内のサラリーマンの上がりポストであるという構図には大きな変化はないのである。しかし、取締役は執行役員よりも偉いというのは、誤解であって、取締役と執行役は上下関係ではなく、役割分担が違うにすぎない。しかもその役割は、執行側と監督側に分かれるという意味で、本質的に異なるということを今回のコードは明示しているのだ。

竹電に限らず、いまだに多くの日本企業では、サラリーマン社会の出世競争、権力闘争の勝敗を明示するための手段として取締役会が存在している。終身年功型ムラ社会の呪縛である。もし、この呪縛を解かないままでいたら、今回のコーポレートガバナンス・コードの取締役会に対する基本要請である、経営執行に対する「独立」かつ「客観的」で「実効的」なモニタリング機能は果たしえない。

皮肉なことに「上がりポスト」としての取締役の数を減らさずに独立社外取締役を2名以上入れようとすると、結果として取締役会全体の人数が増えてしまうという本末転倒な問題が生じる。

また、取締役と執行役員を兼務することのより実務的な弊害は、部門間、カンパニー間の縦割り意識を抑制できない、むしろ増幅するリスクである。業務執行取締役を中心に構成されている取締役会では、よく「取締役が相互に監視・監督している」といった説明がなされる。しかし、実態は、自分の担当部門については強い関心を示すが、他人の担当している部門に対しては、無関心になることが起こる。もし他人の部門に口出すようなことをすれば、今度は自分の部門について厳しい追及が来てしまうかもしれない。だから厳しく当たることはできず、無関心である方が心地よくなってしまうのである。

さらに、特に竹電のようなカンパニー制をとっている会社やホールディング・カンパニーで事業会社がぶら下がっている場合において、執行と監督の分離が行われないままでいれば、力の強いカンパニーや事業会社の影響力が大きくなってしまい、そのカンパニーや事業会社の都合のいい方向にだけ物事が進んで行ってしまう上に、それらに対するガバナンスが全く機能しなくなる。ここでは、カンパニーや事業会社の影響力をどのようにして排除するのかが取り組むべき課題である。

結局、執行兼務の取締役は、会社全体の取締役として、全ステークホルダーの代表として企業価値の向上に取り組むのではなく、もっぱら執行サイドの部門代表として行動せざるをえない圧力が働くのだ。これは執行サイドの最高意思決定会議である「経営会議」や「カンパニー長会議」でも散見する光景である。こうしたジレンマを乗り越えて、全社的な観点から最重要な意思決定や経営監督を行うのが取締役会の基本機能であることは、コードの基本原則4においても明白である。

監査役会設置会社である竹電においても、取締役という役職は本質的に「別物」という共通認識を社内でもしっかりと醸成し、執行サイドにおける出世争いポストと取締役ポストとを切り離していくしかないのだ。実際、筆者の一人が社外取締役をつとめるオムロンの現社長である山田義仁氏は、社長に就任する前に取締役会のメンバーではなかった。しかし社長就任後、それで困ることは何ら生じていない。

このようなコードの基本趣旨を踏まえると、社内、社外を問わず、取締役会の構成メンバーの過半は、非執行兼務化していくしかないのである。

独立社外取締役は2名で十分か?

他方で、田中室長は、2名以上の取締役を選任することが難しい、ましてや3分の1以上というハードルは高過ぎると結論付けている。

ゴールとしてモニタリング型の取締役会を指向していく(田中室長のこの時点の本音としては、「指向せざるを得ない……」)際に、独立社外取締役は非常に重要な役割を果たす。これに関して、前述のとおり、会社法においては、1名の社外取締役が実質義務付けられているが、コーポレートガバナンス・コードでは、1名だけではなく、2名以上の独立社外取締役が求められている。

【原則4—8. 独立社外取締役の有効な活用】

独立社外取締役は会社の持続的な成長と中長期的な企業価値の向上に寄与するように役割・責務を果たすべきであり、上場会社はそのような資質を十分に備えた独立社外取締役を少なくとも2名以上選任すべきである。

また、業種・規模・事業特性・機関設計・会社をとりまく環境等を総合的に勘案して、少なくとも3分の1以上の独立社外取締役を選任することが必要と考える上場会社は、上記にかかわらず、十分な人数の独立社外取締役を選任すべきである。

なぜ会社法の1名では足りなかったのかというと、ムラの空気に支配されやすい日本人(特にサラリーマン)の特徴に鑑みれば、もともとムラ社会の「奥の院」である取締役会において、独立社外取締役が「あえて空気を読まない(KY)」発言を行うことができる環境を整備する必要があるからである。リアルな経営の現場に立たされたとき、正直、1名で相談相手もなく、周りは社内取締役で固められているという状況の名の中で、KY発言をするというのは、相当厳しいものがある。独立社外取締役であれば誰でもいいのかという問題はあるが(竹電でもそれが今後問題となっていくが)、1名よりも2名の方が独立社外取締役の心理状態としてはずいぶん楽である。

また、後述する指名諮問委員会・報酬諮問委員会においては、社外の立場の意見が反映されることが極めて重要である。そのためには、社外の意見がまとまれば決議できる数、すなわち、過半数が独立社外取締役によって構成されるべきである。各種の諮問委員会を3名で構成するのであれば、2名が最低限の独立社外取締役ということである。

もっとも、2名というのは、もちろん最低限の数を規定しているだけであって、これに加えて、取締役会自体の環境を整備するためには、取締役会全体の3分の1以上が独立社外取締役であることが望ましい。

もちろん、これだけの重責を果たしうる独立社外取締役を3分の1以上の人数分確保するのは難しい場合が多いだろう。

そこでどうするかだが、まず、少なくとも社長の人事権と指揮命令権に服している業務執行兼務の取締役が過半数を占めるのでは、ガバナンスにならないのは明白である。となると、繰り返しになるが、社内の業務執行取締役は多くとも半数以下に抑えて、残りを独立社外取締役2名と「非」業務執行取締役で固めるというのが、実質的にガバナンスをワークさせるボーダーラインにならざるを得ないのである。もちろんこれは、かつて「重役」と呼ばれていた取締役ポストの意味合いを大きく変えることになるので、竹電の人たちにとって相当な意識転換を求める改革になる。

また、2名の独立社外取締役で3分の1のラインを形式的にクリアするという方法については、取締役の数を6名以下に減らすという方法もある。企業規模によっては、取締役会の議論を活発にするという意味でも現実的かつ有効な方法だろう。もちろん、竹電のような古い価値観の巨大会社では、サラリーマン憧れのポスト(!?)である(……と少なくとも上の世代は思い込んでいる)取締役の数を大幅に減員する点で、さらにハードルの高い方法かもしれないが……。

深く考えれば考えるほど、「前門の虎、後門の狼」で、田中室長の頭痛の種は尽きないのである。

問2　監査役（会）と内部統制室はガバナンスの中心か？

経営トップの任免権のない人がガバナンスとはこれいかに？

竹電のコーポレートガバナンスは、従来、監査役会と内部統制室が担っている形になっているとのことである。まず、監査役について考えたい。コーポレートガバナンス・コードを策定していく過程においても、監査役が存在するからといって、独立社外取締役不要説を主張されることがあった。しかも、「攻めのガバナンス」の観点からも、監査役のアドバイスが有益であり、ガバナンスが非常に有効に働いているとのことである。この議論の致命的な欠点は、最終的に監査役にはガバナンスを効かせるためにどんな権限が与えられているのか、という議論がすっぽり抜け落ちていることである。

監査役には、取締役に対する事業報告請求権、会社業務・財産状況調査権が与えられており、取締役を監視、規律する重要な権限が与えられているとも思える。しかし、ガバナンスのリアルな本質に迫ってみると、この権限があったからと言ってもあまり意味がない。

そもそも適法性という観点からは普通にやっている企業で、外野から「経営の監視だ！」「規律だ！」と言ってみてもほとんど無意味である。経営に関わる情報を圧倒的に持っているのは経営陣であり、内部の従業員である。

それでは「どんな局面でガバナンスが問われるか?」であるが、これは言うまでもなく、まずは経済的な意味で経営がおかしくなりつつあるとき、あるいはもうおかしくなっているときに、それにどう歯止めをかけるかという局面である。そこで歯止めをかけるときに、執行上の個々の経営判断マター、あるいは経営者の遵法精神だけでなく経営的な資質に関して監査役がその調査権限を行使して口を挟むことで、決定的な役割を果たしうるかというと、答えはノーである。経営プロセスの現実、経営陣以外が持ちうる情報と知識の量から見て、また監査役を担っている人物の識見、能力から見て、経営の地平で言論の世界で勝負して見ても、「ああでもない、こうでもない」の水掛け論になるのが関の山である。結局、その歯止めは経営陣、特に経営トップの解任しかないのだ。

そう、いざというときに、企業の持続的繁栄の障害となっている経営陣のクビを切り、新しい経営陣に入れ替えること、あるいはそのきっかけを作るための実効的な仕組み、権力作用こそがリアルガバナンスなのである。これがガバナンスの99・9%である。後の話ははっきり言って、青白いインテリの擬似論理、おままごとである。百歩譲って、最終的なガバナンスを機能させるための環境整備、日頃からの有事への備えの研究といったところか。

社外か社内かを問わず、社長の解任権を持っていない監査役及びその集まりである監査役会が、本質的なガバナンスを効かせることはほとんど不可能なのである。社長解任動議を出すことができ、かつ議決に参加できる取締役に代替することはできないのだ。逆に、監査役が本気でガバナンスを効かせたいなら、独立社外取締役と連携することが極めて重要になってくる。

もちろん監査役は適法性に関する監査権限を有しており、取締役（取締役たる社長も含む）が著しく不当な業務執行を行う、あるいは行うおそれがある場合は、裁判所に行為差し止めの請求ができる。しかし、これは違法行為云々のところまで行ってしまったケースに限定されており、ガバナンス的にはもう末期症状の段階であり、本来のガバナンスの射程の中では、ほんの一部を構成するにすぎない。

守りのガバナンスは十分だったのか？

その上で、（独立社外）取締役と監査役の役割分担はどのように行われるべきか？　監査役に期待される中心的な機能は何か？

この答えは、やはり「守りのガバナンス」である。コーポレートガバナンス・コードにおいても、監査役に期待される重要な役割は「守りの機能」であるとされている。監査役の守備範囲を過度に狭くとらえることは適切でないとされているが、それはもちろん本務である「守りの機能」を果たせていることを大前提にするものである。

【原則4―4．監査役及び監査役会の役割・責務】

監査役及び監査役会は、取締役の職務の執行の監査、外部会計監査人の選解任や監査報酬に係る権限の行使などの役割・責務を果たすに当たって、株主に対する受託者責任を踏まえ、独立した客観的な立場において適切な判断を行うべきである。

また、監査役及び監査役会に期待される重要な役割・責務には、業務監査・会計監査を

はじめとするいわば「守りの機能」があるが、こうした機能を含め、その役割・責務を十分に果たすためには、自らの守備範囲を過度に狭く捉えることは適切でなく、能動的・積極的に権限を行使し、取締役会においてあるいは経営陣に対して適切に意見を述べるべきである。

近時、内部統制整備を意図した、いわゆるＪ－ＳＯＸ法施行後においても、監査役を含めた「守りのガバナンス」が十分な機能を発揮できずに、大型の粉飾事件などのトップが関与したコンプライアンス違反の事件が発生している。したがって、このようなトップ関与型の重大不祥事を防ぐため、「守りのガバナンス」をさらに強化するべく、監査役の機能の実効化が重要である。

具体的には、監査役は「適法性」に関わる有事の際には、最高経営責任者と対峙しても決然と不正を防止しなければならないのであるから、監査役候補が社長の意向によって指名されないような仕組みを設けるべきである。すなわち、過半数が独立社外取締役で構成される指名委員会は監査役の指名においても主導的な役割を果たすべきである。そして、客観的な指名・選任基準を策定し、同委員会によって監査役の選任案を策定することによって、中立的・独立的な監査役を選任すべきである。

また、特に常勤監査役は、フルタイムで社内に張り付き、自ら現地往査を行うほか、監査法人とのコミュニケーション機会も多くとれるなど、監査に必要な情報を入手しやすい環境にあり、監査役会の中心的な存在である。したがって、中立的・独立的な職務執行を担保するため、社外監査役が常勤監査役として務めることも有効である。逆に常勤監査役が社内の業務執行経験者である場合には、中立的・独立的な職務執行が可能であることを合理的に説明できなければならない。

後を絶たない不正会計事件の発生も踏まえ、守りのガバナンスの役割を十分に果たすための監査役会の在り方、さらには委員会設置型の会社における監査委員の在り方についても、コーポレートガバナンス・コードの遵守に合わせて、再度検討する必要がある。

社長のコントロールこそが真の内部統制――内部統制と社外取締役・社外監査役

次に内部統制室とガバナンスについて考えたい。竹電でも同じ体制がとられているが、「社長直轄の内部統制室」というのも多くの上場会社において採用されている体制である。この体制下では、重大な不正が発生した場合には、すみやかに情報が社長に届く内部通報制度を整備しているとされていることが多いが、そこには大きな欠陥がある。

つまり、社長が内部統制の対象にならないのであれば、トップがその気になれば内部統制を抱え込んで不正に走ることができてしまうということである。「権力は腐敗する、絶対的権力は絶対に腐敗する」といわれているとおり、権力が集中するところほど、腐敗するのであるから、社内の最高権力者である社長こそが最も腐敗のおそれが高いのである。だから社長を対象外とする内部統制は、もっとも重要な部分を見落としていると言わざるを得ない。

例えば、カネボウが産業再生機構入りしたとき、当時私のところには大量の内部告発書が届けられた。しかも一日で作成できるような内部告発書ではなく、とてもよくできた内部告発であったのである。つまり、それは内部でずいぶんと前から告発がされており、事前にいろいろなところで、いろいろな情報が、いろいろな形でレポートされていたと推測される。裏返して言えば、そのような内部告発があっても是正することが出来なかったと思われるのである。東芝事件では似たような状況が生じていた疑いあることが報道されている。

つまり、社長が最終的な責任者となる内部統制・内部通報制度を一生懸命作り上げたとしても、社長が本気にならなければ、全く意味がない。内部統制は、「社長の経営方針や経営哲学を社内に行き渡らせることに本来的な目的がある」などと言われることあるが、内部統制は社長のためにあるのではない。会社は社長のためにある組織ではない。会社は社会の公器であるから、ステークホルダー全体のために内部統制を行わなければならないし、制度設計上もそうあるべきである。

そこで、社外監査役と社外取締役とが果たす役割は非常に大きい。社内の社長を最終的な報告相手にするのではなく、社外監査役や社外取締役を制度的にレポートラインに組み込むことによって、社長に対しても内部統制を効かせなければならない。特に、社外監査役だけではなく、その不正に対峙して、経営陣を一新させる権限を持つ社外取締役には大きな役割が期待されるのである。不正行為にトップが関与している可能性がある状況では、やはり「サラリーマン」は弱い。守りのガバナンスの要（かなめ）も「独立社外」の人たちなのだ。

コーポレートガバナンス・コードにおいても、社外取締役と監査役に内部通報窓口として活躍してもらうことを予定している。

補充原則2―5①
上場会社は、内部通報に係る体制整備の一環として、経営陣から独立した窓口の設置（例えば、社外取締役と監査役による合議体を窓口とする等）を行うべきであり、また、情報提供者の秘匿と不利益取扱の禁止に関する規律を整備すべきである。

【原則4―3．取締役会の役割・責務（3）】
（略）また、取締役会は、適時かつ正確な情報開示が行われるよう監督を行うとともに、内部統制やリスク管理体制を適切に整備すべきである。（略）

したがって、内部統制室を社長直轄のブラックボックスにするのではなく、内部通報制度の窓口として、社外役員による任意の委員会を設置すること検討するべきである。補充原則2―5①においては、「社外」役員（取締役、監査役）のみによる会議体の設置についてもふれているが、これはこうした「トップ経営者」に関わる内部告発の受け皿としても一包の機能を果たし得るだろう。

もちろん内部告発のほとんどは私怨やぐちに近い性格のものなので、「社外」役員の側にも、ほんの一部ではあるが、重要な「告発」を見分ける能力、あるいはトレーニングが求められることになる。

また、不正が起きたときにそれを是正することは、批判されることが間違いない中で社長自らが矢面に立つことを自ら選択するわけであり、社長には凄まじいプレッシャーがかかる。そのときに背中を後押しする役割を社外監査役、社外取締役には期待したい。ホンダがエアバックのリコールに直面したとき、元三菱東京UFJ銀行頭取でホンダの社外取締役である畔柳信雄さんが「まずは顧客の安全を優先するべきではないか」と社長の背中を後押ししたと言われている。これは不正ではないが、社外取締役の見本となるべき行動であったと思う。

問3　誰を独立社外取締役に選ぶのか?

「攻めのガバナンス」の担い手にはどんな人物が適任か?

コーポレートガバナンス・コードでは、取締役会の役割・責務を実効的に果たすための知識・経験・能力を持った独立社外取締役を選任することを求めている。

【原則4―9. 独立社外取締役の独立性判断基準及び資質】

(略)取締役会は、取締役会における率直・活発で建設的な検討への貢献が期待できる人物を独立社外取締役の候補者として選定するよう努めるべきである。

【原則4―11．取締役会・監査役会の実効性確保のための前提条件】

取締役会は、その役割・責務を実効的に果たすための知識・経験・能力を全体としてバランス良く備え、ジェンダーや国際性の面を含む多様性と適正規模を両立させる形で構成されるべきである。また、監査役には、適切な経験・能力及び必要な財務・会計・法務に関する知識を有する者が選任されるべきであり、特に財務・会計に関する十分な知見を有している者が1名以上選任されるべきである。（略）

既に述べたとおり今後、取締役会の主な役割が、監査役会設置会社においてもモニタリングが主となっていくことは、コーポレートガバナンス・コード上、明白になっている。そこで独立社外取締役にどのように活躍してもらいたいか、独立社外取締役をどのようにして利用するつもりなのかといった要件定義が必要である。

その主たる役割とは、我が国の企業が稼ぐ力を喪失していることを踏まえて、「攻めのガバナンス」を強化することである。したがって、その視点からすれば、少なくとも一人は経営に精通している者を選任すべきである。すなわち収益力の長期持続的な成長という観点が色濃く反映されるような人物＝経営者としての経験を有する人物を選任することが望ましい。すくなくとも竹電がかつて森島社外取締役を選んだように「竹電の格に相応しい有名人」「議論をかき乱さない協調的な性格」というのでは話にならない。むしろ外部の視点からはっきりと意見を言ってくれて議論をかき乱してくれるような人の方が攻めのガバナンスには資する。裏返して言えば、候補の探索、選任にあたっては、こうした要件と照らし合わせて、当該人物が独立社外取締役に適任か否かのアセスメントをしっかりと行わなければならない。

他方で、弁護士や会計士などについては、「守りのガバナンス」に貢献することは容易に想像できるが、「攻めのガバナンス」にはどこまで貢献できるかをよく吟味する必要がある。もちろん、弁護士や会計士の中には類まれなる経営センスをお持ちの方もいる。しかし、平均的な弁護士像、会計士像として、実際の経営のリアルな現場に放り込まれたとき、周りが経営のプロ、当該ビジネスのプロの集まりの中で、どこまで自信を持って経営やビジネスを語ることができるのか。また、人間は、自らの存在意義をアピールするために、自分の得意分野に引き込む習性を持っているものであり、専門特化してきた「士業」の人たちは、全体経営的にはあまり重要ではない、法的リスクに関わる枝葉末節の議論を展開してしまう傾向があるというのが筆者の経験則である。こうした人々ばかりで独立社外取締役を固めてしまうと、「攻め」や「リスクを取る」に関する建設的な検討がやりにくくなってしまう。弁護士や会計士を独立社外取締役に選任することを否定するわけではないが、このような事柄を留意点として気にとどめておいてほしい。特に、独立社外取締役2名を確保する便法として監査委員会設置会社に転換し、既に2名以上いる独立社外監査役（弁護士や会計士の場合が多い）を独立社外取締役に看板替えした企業は、この点に気を付ける必要がある。

他方で、企業経営の言語と言っても過言ではない「簿記会計」の知識に精通していること、経営数値に強いことは、攻めの観点からの「監督」機能を十分に果たす上で重要である。業種が異なっても、会計数値という経営の共通言語においては、同じ土俵で深い議論ができるからである。りそなを建て直した故・細谷英二さんはＪＲ東日本の出身であったし、ＪＡＬを再建した稲盛和夫さんは京セラ・第二電電（現・ＫＤＤＩ）の創業者であったが、見事に経営再建を成し遂げた。異業種の経営者がこれだけの大事業をなしえたのは、経営の本質に業種の枠なんて関係ないということを如実に表している。もっと言えば、経営の難しさの核心は、細かな業務知識の有無とは関係ないということである。これはガバナンスにおいても同様なのだ。

数値に強いという意味では、筆者の会社でも成功事例があるが、例えば会計士出身であっても、経営の世界に本気でウィングを広げ、経営で勝負している人材は、独立社外取締役としては大いに機能しうる。

誰を社外取締役に選んでいるのかでガバナンス改革の本気度が問われる。例えば、東芝は指名委員会等設置会社であり、コーポレートガバナンスの優等生とされていたが、実は社外取締役のうち、２名を元外交官が占めるという構成であった。その方々の実力は知らないため、もし適切な人たちであったらお詫びしなければならないが、二人も外交官というバックグラウンドであることは少なくとも全体のバランスからみて適切とは考えられない。

取締役会を舞台の「キャスティング」のセンスで設計せよ

日本的経営の特徴である年功序列と終身雇用などによって、日本企業の取締役会や経営陣は、均質的なメンバーで構成される傾向がある。女性活躍推進は非常に注目されているが、それだけではなく、年齢、国籍、技能、経歴などの要素についても目を向けて、多様性を確保していくべきである。

コーポレートガバナンス・コードも、基本原則2の持続性に関わる項目で多様性の重要性について指摘しているが、これはまさに「隗より始めよ」であり、それを主導する取締役会自身が率先していくことは当然である。ある意味、サラリーマン共同体にとっては、「社外」というだけで、かなり異質（ダイバース）な存在なのだが、独立社外取締役の具体的な人選にあたっても、このダイバーシティという要素は色々な意味で考慮されるべきである。

【基本原則2】

上場会社は、会社の持続的な成長と中長期的な企業価値の創出は、従業員、顧客、取引先、債権者、地域社会をはじめとする様々なステークホルダーによるリソースの提供や貢献の結果であることを十分に認識し、これらのステークホルダーとの適切な協働に努めるべきである。取締役会・経営陣は、これらのステークホルダーの権利・立場や健全な事業活動倫理を尊重する企業文化・風土の醸成に向けてリーダーシップを発揮すべきである。

【原則2―4．女性の活躍促進を含む社内の多様性の確保】

上場会社は、社内に異なる経験・技能・属性を反映した多様な視点や価値観が存在することは、会社の持続的な成長を確保する上での強みとなり得る、との認識に立ち、社内における女性の活躍促進を含む多様性の確保を推進すべきである。

例えば、性別や国籍といった要素以外にも、経歴については、事業会社と金融会社、サービス業と製造業などの切り口が考えられる。また、官公庁出身者についてもある意味で国家経営をしているので、トップクラスの職責を務めた人であれば、かなりの経営センスが磨かれている上に独自の視点も期待できる。大事なことは、マネジメントに関する知見や経験を持っているかどうかである。その意味で、学者の中にもかなり経営センスが高い人もいる。複数人を選任するのであれば、違うバックグラウンドの人材を組み合わせることが機能的である。多くの日本企業にとって、いきなり外国人のしかも女性で優秀な経営人材を確保するというような高すぎるハードルに挑戦するよりも、こうした色々な要素から多様性を取り込んでいき、それを次第に進化させていく方が現実的なアプローチであろう。

小西会長は、ゴルフ仲間の同じような大会社の社長であった森島氏を社外取締役に選任しているが、それでは、内部の人間を入れているものと変わらない状況になりかねない。また、鈴木社長は、秋月氏が協調的な性格をしていることを一つの重要条件としているが（それは実は当てが外れるのだが）、社外取締役に必要な性格は、むしろ空気を理解した上で、空気を読まない言動を行う能力である。せっかく社外取締役を選任するのであるから、少なくとも社風や文化の違う会社出身の経営者を選任することを検討するべきである。

もっとも、ダイバーシティは重要であるが、その意味をしっかり意識していないと、デメリットが目立って、改革が逆戻りするリスクがある。

近年は、安倍総理の強いイニシアティブと労働人口の減少の煽りを受けて、女性や外国人材の活躍が推進されるなど、ダイバーシティ・ブームが起こっている。このように多様性の確保は極めて重要だと認識されつつあるが、何のために多様性を確保するのかを明確にせず、形式的な数合わせに走ると、現実の厳しい競争の中にある企業経営においては、十分に多様性がもたらす果実を享受することができず、かえって企業価値にとってマイナスになる。

多様性は一般的には短期的な効率性を失わせる。典型的には言語の壁。例えば、逐語通訳を介さなければならないのであれば、会議の時間は単純に2倍になる。その上に、直接の意思の疎通ができなくなるためストレスがかかる。これと同じように、女性の活躍を推進して行くことや、様々なバックグラウンドを持った人たちに活躍してもらうことは、効率性の観点だけを考えれば、少なくとも短期的には非効率になるリスクを内包している。そして、こういったデメリットが目立ち過ぎると、より根源的、長期的に意味を持ってくるダイバーシティの重要性の存在を忘れさせてしまう。

根本論として、多様性を確保することは正しい。なぜなら、多様性の中でこそ、イノベーションが生まれる。多様性の中でこそ、ムラの空気を乱すような変革は時機を逸さずに行える。多様性の中でこそ、真のグローバル化を実現することができる。多様性の中でこそ、外部環境の変化に応じた様々なリスクに対応することができる。

だからこそ、ただ単に時流に乗るのではなく、ダイバーシティを確保することの真の意味と実効的な実現方法をそれぞれの企業が見出して、着実にそれを進展させていかなければならない。

ここで大事なことは、ガバナンス強化の最終目的との関係において、実質的にどんなキャスティングを行うことが、現実の取締役会の機能を極大化できるかという視点である。既に述べた「攻めのガバナンス」と「守りのガバナンス」に関わる適性人材の相違点、補完関係もそうだが、このダイバーシティの問題も含め、全体としてどんなバックグラウンドで、いかなる実力、得意不得意を持った人材で取締役会というチームを組むかが重要となる。舞台や映画で言えば、まさにキャスティングのセンスが問われるのだ。当たり前だが、似たような人物ばかりでは、舞台のパフォーマンスが上がるわけがない。

監査役会設置会社においては、独立社外取締役2名以上にキャスティングすべきは、主に「攻めのガバナンス」を担いうる人材であり、ダイバーシティを持ち込みうる人材である。指名委員会等設置会社では、全体として攻めと守り、ダイバーシティなど、様々な色合いを持った、しかも最終的には経営と経営者の本質を議論できるメンバーを組み合わせるべきである。両者の中間に位置する監査委員会設置会社においても、社外監査役からの看板掛け替え組のメンバーに加え、やはり攻めを担いうる人材、ダイバーシティを担いうる社外人材の獲得に努めるべきである（……となると結局、この形態は指名委員会等設置会社に限りなく近づいていくことになる）。

以上のような観点からは、女性のトップコンサルタントであり経営実務の経験もある秋月氏を加えて社外二人体制という選択は、この時点の竹電における現実的な選択としては、必ずしも悪くはない。ただ、実際に期待する役割としては、社長、田中室長そして秋月氏自身の間で同床異夢である可能性は小さくないが……。

お手盛りでない実態と透明性のある手続き

誰を社外取締役して選ぶのかという実体面を担保するためには、どのようにして社外取締役を選ぶのかという手続面もまた重要である。鈴木社長は、秋月氏を社外取締役に選任するにあたって、誰にも相談している様子がない。このように社長が決めたものを形式的に取締役会で事後的に承認するという企業も少なくない。が、社外取締役の選任を、社長の専権と捉えることは間違っている。コーポレートガバナンス・コードでは、この点を実態面だけでなく、手続面の観点からも、正当性のある独立社外取締役が選任されるよう規律している。すなわち、手続面では選任方針と手続を開示することを求めているのである。

【原則3―1．情報開示の充実】

上場会社は、法令に基づく開示を適切に行うことに加え、会社の意思決定の透明性・公正性を確保し、実効的なコーポレートガバナンスを実現するとの観点から、（本コードの各原則において開示を求めている事項のほか、）以下の事項について開示し、主体的な情報発信を行うべきである。（略）

(iv)取締役会が経営陣幹部の選解任と取締役・監査役候補の指名を行うに当たっての方針と手続

(v)取締役会が上記(iv)を踏まえて経営陣幹部の選解任と取締役・監査役候補の指名を行う際の、個々の選解任・指名についての説明

【原則4―9. 独立社外取締役の独立性判断基準及び資質】
（略）取締役会は、取締役会における率直・活発で建設的な検討への貢献が期待できる人物を独立社外取締役の候補者として選定するよう努めるべきである。

補充原則4―11① 取締役会は、取締役会の全体としての知識・経験・能力のバランス、多様性及び規模に関する考え方を定め、取締役の選任に関する方針・手続と併せて開示すべきである。

まず、選任方針について、既に述べたとおり、独立社外取締役にどのように活躍してもらいたいか、独立社外取締役をどのようにして利用するつもりなのかといった要件定義が必要である。

そして、手続的には、この要件定義も、その基準に基づく選考作業も、ガバナンスの中核を担う独立社外取締役の重要性に鑑みれば、社長一人で決めるべきものではない。この手続的な適正性を無視してしまうと、社長が自分に都合のいい人を選んでしまう可能性があるからである。例えば、自分のお友達であることを理由に、独断で社外取締役の候補者を選ぶような場合である。

もっともガバナンスされるべき社長自身の専権で独立社外取締役を選んでいいわけがないの

だ。これは社長が自らのお友達を選んでしまうようなケースでも同じ問題が生じうる。鈴木社長も、さすがに「お友達」はまずいと思ったのか、田中室長の「誰か知り合いの方で？」という要請は断っている。

本来であれば取締役会（または指名委員会）において議論を重ねて選ぶべきものである。竹電のように、そもそも取締役会が社内の者だけで固められるムラ組織である場合には、外部のアドバイザーを利用し、そのアドバイザーによって客観的な視点も踏まえて社外取締役を選任したと手続きを開示することも有意義である。

田中室長としては、こうしたことを考えつつも、竹電の現状、それからたまたま経営者協会が紹介してくれた秋月氏という人選が、コードの趣旨に比較的適合的な上に、鈴木社長も気に入ってくれたことから、ここはことを荒立てずに粛々と手順を進める選択をしている。

問4　社外取締役の役割としてアドバイスは必要か？

モニタリングが主、アドバイスが従という大原則

独立社外取締役の外部の目からの助言、アドバイスは、有用であることもあるが、本来の目的が監督であることを忘れてはならない。

確かに、独立社外取締役には、均質的なサラリーマン共同体的なムラ社会からは出てこないアイディアを助言、アドバイスすることが期待できる。これも外部性、独立性、客観性、異質性など独立社外取締役がもたらす果実の一つである。東証が公表しているコーポレートガバナンス白書では、独立役員に対して、モニタリング・監督よりも、アドバイザリーとしての助言を期待する企業の方が多いと報告されている。

この点に関して、コーポレートガバナンス・コードにおいても、独立社外取締役が、その知見をもって企業価値の向上のために助言をすることが求められているようにも思える。

【原則4―7．独立社外取締役の役割・責務】
上場会社は、独立社外取締役には、特に以下の役割・責務を果たすことが期待されることに留意しつつ、その有効な活用を図るべきである。
(i)経営の方針や経営改善について、自らの知見に基づき、会社の持続的な成長を促し中長期的な企業価値の向上を図る、との観点からの助言を行うこと（略）

しかし、業種の違う社外からの意見を経営に反映したいのであれば、独立社外取締役である必要はない。例えば、顧問的な立場でもかまわないし、執行役員としてスカウトし、定常的に業務執行に関与してもらうことでもいい。さらに言えば、経営コンサルタントを雇うことでも同じ目的を達成することができるし、むしろそちらの方が社内で長期雇用することなく目的を達成できるため経済的な場合もある。要するに、独立社外取締役のアドバイスの有用性は否定しないが、結局、独立社外取締役からのアドバイスは十分条件ではあるものの、必要条件ではないのである。

独立社外取締役を選任する側も就任する側も、アドバイス（助言）とモニタリング（監督）の違いを意識する必要がある。そもそもアドバイスとはその対象に対して権力的な要素を持つものではない。助言通りにするか、しないかは、あくまでもアドバイスされる側の自由である。これに対し、モニタリングとは対象に対して権力的な要素を持っている。その究極が経営トップに関する任免権力である。取締役会が主にモニタリング・ボードになっていく以上、独立社外取締役としての必要条件的な役割は、やはりモニタリング、監督である。

また、アドバイスは、その中身によっては執行的な要素が強くなっていき、度が過ぎると、「執行と監督の分離」ができなくなっていく危険性もある。このような視点から、独立社外取締役に対して過度に業務執行に関するアドバイスを求めることは適切ではないし、独立社外取締役自身が具体的な執行の中身やプロセスに過度に介入することには慎重になるべきである。執行サイドの成果に対して、客観的にモニタリングできなくなってしまうからだ。

監督責任を負う独立社外取締役の役割は、あくまでも監督が主であり、アドバイスが従である。もちろん取締役会の議論において、日常的に交わされる議論のかなりの部分は、アドバイス的な意見交換になるだろう。しかし、そこで本質的にモニタリングされるべきは、そういったやり取りから、「この会社の経営プロセスはちゃんと機能しているのか」「この経営者はその任にたえられる人物なのか」ということを読み取ることなのである。

言い換えれば「高所高地から有用なアドバイスを頂いているので、当社の独立社外取締役制度は有効に機能している」というのは、やや的外れなメッセージになりつつある。こうした話は、独立社外取締役の一つの効用ではあるが、必須固有の効用ではない。

この点を踏まえて改めてコーポレートガバナンス・コードを読んでみると、そこでは、あくまでも、「経営方針や経営改善について」という企業のかなり上位概念に関する助言、すなわちガバナンスの観点からの助言が期待しているのである。個別の業務執行に関する助言までをも、独立社外取締役の責務だと想定するものではない。その証左として、コーポレートガバナンス・コードでは、経営の監督と執行の分離を図ることが推奨されているのである。

【原則4―6．経営の監督と執行】
上場会社は、取締役会による独立かつ客観的な経営の監督の実効性を確保すべく、業務の執行には携わらない、業務の執行と一定の距離を置く取締役の活用について検討すべきである。

監督の本質は、個別の業務執行や経営判断を採点することや、そこに細かく介入することではなく、業務執行全体の妥当性、経営者の資質・能力の適性を評価することである。

独立社外取締役は経営者ほど当該意思決定に関わる詳細な情報を持たず、業界に関する専門的知見も保有していないことが通常であるから、執行レベルの意思決定に貢献することは難しいし、それは本来、期待される役割ではない。

そもそも業務執行レベルの問題で目から鱗が落ちるようなアドバイスなど、独立社外取締役の任期の中で一度あるかないかであろう。むしろ、執行サイドから疎まれるような監督を行っていることが、独立社外取締役が評価されるべき事項なのである。取締役会が、独立社外取締役を評価する際にも、アドバイスが有用か否かを中心的な評価軸におくべきではない。

他方で、独立社外取締役の立場からも、この違いを肝に銘じなければならない。執行サイドがアドバイスを求めているからといって、これに応えることが必ずしもクリティカルな使命ではないのである。特に、経験豊かな独立社外取締役ほど、経営の中身・細部に口を出したくなると考えられるが、独立社外取締役が経営者になろうとしてはいけない。

独立社外取締役は、モニタリングの結果を受けて現在の経営者にそのまま経営を委ねることの是非について判断することが主たる仕事である。裏返して言えば、たとえ自分の専門性が無い議題であっても、かかる視点からは緊張感を持って、執行サイドから上程される議案や報告を観察し、取締役会の議論に参加すべきである。

現在は経営コンサルタントとしてアドバイスを主業としつつ、経営再生機構で企業再生の修羅場をくぐってきた経験もある秋月氏が、この点について、どう考えていたか、後々、明らかになってくる。

社外取締役候補者「秋月氏」との顔合わせ
——社外取締役のコミットメント

田中室長は、経営者協会の紹介を受けて、早速秋月氏とのアポイントを取ったが、面談の前に、社外取締役の報酬を確認しておかなければならない。

調べてみると、森島社外取締役の報酬は、年800万円の固定給だ。しかし、田中室長は固定給でいいのかについては自信がなかった。というのも、コーポレートガバナンス・コードには、やたらと「攻めのガバナンス」や「適切なリスクテイク」といった記載がされているからだ。田中室長は、もともとはガバナンスのことをコンプライアンスと同じものと考えていたが、どうやらそうではないらしいということが分かった。しかし、社外取締役が企業の成長に貢献するべきということなのであれば、**その報酬も固定報酬だけではなくて、業績連動やストックオプションも検討するべきではないのかと考えあぐねていたのだ（問1）。**どうやら田中室長はコーポレートガバナンス・コードをよく読み込み始めたようだ。以前の田中室長では、こんな悩みは思い浮かばなかったかもしれない。田中室長自身も少しずつコードの本質が見えてきた気がしていた。

「しかし、今の森島社外取締役と条件を変えるわけにもいかないな。」田中室長はつぶやいた。新聞の記事によると、年700万円以上の報酬を得ている人が全体の65%を占めるということだから、今の800万円という報酬も安すぎるということはないだろう。その一方で社外取締役の役割が明らかに重くなっていることも事実だ……。ということで田中室長は鈴木社長に相談し、竹電が規模的にはグローバル大企業であることも踏まえ、来季から森島社外取締役の報酬を1000万円に値上げして秋月氏にも同じ金額で引き受けてもらうことにした。

＊　＊　＊

数日後、秋月氏との打ち合わせの日がやってきた。「はじめまして、竹電の田中と申します。この度は、弊社の社外取締役にご就任いただきたく、ご挨拶に上がりました。」と田中室長。秋月氏は答えた。「経営者協会のご担当者からもお話しは聞いています。貴社の社外取締役としてご指名いただけるなんて光栄です。どうぞよろしくお願いいします。」秋月氏は愛らしい笑顔を見せながら礼儀正しく挨拶をした。鈴木社長が言っていたとおり、決して周りに敵を作らないタイプというのが田中室長の第一印象だった。

田中室長は続けた。「まず、弊社の取締役会について説明させていただきます。弊社の取締役会は毎月第4月曜日の9時30分から11時30分までの2時間を予定しております。その他に臨時取締役会を開催することがあるかもしれませんが、昨年は臨時取締役会はありませんでした。社外取締役へのご報酬は、1000万円を想定しています。」

秋月氏は答えた。「報酬については承知しました。私も妥当な額だと思います。」

次に、田中室長は、秋月氏がどれくらい忙しいのかの確認をしたかった。というのも、**森島社外取締役は、第一線は退いたとはいえ、竹電を含めて合計7社の社外取締役を兼務していて、スケジュールを調整するのも大変だからだ（問2）。**事務方としては、あまり忙しすぎる人に社外取締役にはなってもらいたくない。

そこで、田中室長は質問した。「秋月様は、どこか他の会社の社外取締役を兼務されていらっしゃるのでしょうか？　また、本業の方もお忙しいと思いますが、弊社の社外取締役になっていただけるのでしょうか？」

秋月氏は答えた。「私は今、コンビニエンスストア・チェーンのエイト・マートの社外取締役を務めておりますが、それ以外にはございません。もちろん本業も忙しくないと言えば嘘になりますが、貴社の社外取締役としての職責を十分に果たすため、一生懸命支援させていただくつもりですので、ご心配なさらないでください。私も貴社の一員として強くコミットさせていただく所存です。」
田中室長は、秋月氏の強いコミットメントの意向表明に少し違和感を覚えた。社外取締役は、取締役といっても「社外」であるし、せいぜい月1回の取締役会に出席してもらうだけだから、ここまで強くコミットしてもらうほどの話ではないと思うのだけれども……。とはいえ、やる気になってもらえるのはありがたい。田中室長は、秋月氏にお礼を言って会社に戻った。

問1　独立社外取締役の報酬も業績連動か？

独立社外取締役の想定業務量に応じた固定報酬の支払いが原則

「攻めのガバナンス」が強調されているため、独立社外取締役にも企業の成長に向けてインセンティブを強化するべきとの考えの人もいるだろう。実際に、独立社外取締役に対して、ストックオプション（新株予約権）を渡している会社が多いのも事実である。

これに対して、確かに、コーポレートガバナンス・コードは、持続的な成長に向けたインセンティブを与えるために、業績連動型報酬や自社株報酬を推進しているが、名宛人はあくまでも「経営陣」である。

補充原則4―2①　取締役会は、経営陣の報酬が持続的な成長に向けた健全なインセンティブとして機能するよう、客観性・透明性ある手続に従い、報酬制度を設計し、具体的な報酬額を決定すべきである。その際、中長期的な業績と連動する報酬の割合や、現金報酬と自社株報酬との割合を適切に設定すべきである。

むしろモニタリングを担うという立場の基本特性として、独立社外取締役は客観的、リスク中立的であるべきであり、業績連動型の報酬にはなじみにくい。また、「守りのガバナンス」に一切寄与しなくていいわけではなく、いざというときには「経営トップの解任権」をフルに駆使して思い切りブレーキを踏まなくてはならない。その点からすると、業績連動型の報酬は、不祥事の隠蔽に対するインセンティブを与えかねない。

したがって、ストックオプションを導入する企業も存在するが、「ステークホルダー主義に立脚したエクイティーガバナンス」という基本スタンスからは疑問を禁じ得ない。

独立社外取締役は全ステークホルダーを代表してガバナンスを効かせる立場にある。仮にこのような業績連動的な要素を持つ報酬を支払うのであれば、超「長期的」な企業価値の向上に対する適切なインセンティブとなるよう上手に設計する必要がある。例えば、ストックオプションの権利行使期間を、ストックオプション付与から3年経過した日以降としていることはよくある事例であるが、3年経過したからといって直ちに長期インセンティブかというと必ずしもそうではない。3年という期間自体、企業経営の大きな戦略行動の時間軸からしてみると十分に短期であるし、ストックオプション行使可能になった後に急に短期志向になることも考えられる。モニタリングは、企業の10年後、20年後という時間軸、たとえば独立社外取締役の任期が終わった先のことにも意を配した、武道でいうところの「残心」を持って行われるべきなのだ。

結局、極端に成長、アクセルサイドにふれたモニタリングを働かせるべき特殊事情（上場企業では通常、考えにくい）がない限り、過度なリスクテイクインセンティブを独立社外取締役が持ってしまう報酬体系は避けるべきだろう。

だから原則としては、やはり固定報酬の支払いである。

では、独立社外取締役の報酬はいくらくらいが適切だろうか？　相場観が気になる気持ちは分かるが、まずは報酬総額に目を向けるのではなく、独立社外取締役にどのような役割を期待していて、その職務を全うするにはどの程度の時間がかかるのかを明確にするべきである。それらが分かれば適切な報酬水準がいくらくらいであるのかを検証することが可能となるし、独立社外取締役への就任時にどの程度のコミットメントを求めるのかが明らかになる。

裏返して言えば、こういった点を明らかにして、それを独立社外取締役候補者にも納得してもらうことによって、独立社外取締役のコミットメントを引き出すことが重要である。

問2

独立社外取締役の兼任は何社まで？

独立社外取締役の職務の忙しさに鑑みれば4～5社程度が限界

コーポレートガバナンス・コードにおいては、取締役・監査役には、時間と労力をかけることを求めており、兼任する場合には、合理的な範囲にとどめるべきとしている。では、どれくらいが合理的な範囲と言えるのであろうか。

補充原則4―11②　社外取締役・社外監査役をはじめ、取締役・監査役は、その役割・責務を適切に果たすために必要となる時間・労力を取締役・監査役の業務に振り向けるべきである。こうした観点から、例えば、取締役・監査役が他の上場会社の役員を兼任する場合には、その数は合理的な範囲にとどめるべきであり、上場会社は、その兼任状況を毎年開示すべきである。

筆者の経験則からすると、この兼任は、現役経営者なら2～3社、セミリタイアしている人でも4～5社が限界である。なぜならば、独立社外取締役の役割は、取締役会に出席するだけではなく、指名諮問委員会などの議論をリードすること、株主との対話の場面に参加することなど広範に及ぶからである。このような独立社外取締役が果たさなければならない責務に鑑みれば、片手間にできると思って独立社外取締役を引き受けてはならない。「社外」取締役というと、いかにも外部から片手間にこなせる印象を与えるが、十数社を並行して行うことは不可能である。

また、あまり多くの独立社外取締役の兼任は、取締役会や株主総会の日程調整の面でも障害が生じる危険性がある。6社、7社の社外取締役を兼任している人もいるが、物理的なスケジュール調整を行うだけでも非常に困難だろう。

会社側としては、それだけの数を兼任しているような社外取締役を選ぶべきではないし、社外取締役候補者としても最低限取締役会への出席をコミットできないのであれば、社外取締役を引き受けるべきではない。

特に現役経営者の場合、自社の緊急案件があった場合には、そちらを優先せざるを得ない場合も多い。その意味では現役経営者に対して社外取締役の就任を依頼する際には、どこまでコミットメントしてくれるのかを十分に確認するべきである。

他方で、第一線を退いた元経営者の場合であれば、事前に日程調整を行っていれば緊急事案が入って欠席するということも多くはないだろう。しかし、臨時取締役会をしばしば開催するような会社の場合には、それでも日程調整が難しいこともある。特に、複数社を兼任している場合には。こういった臨時取締役会にもしっかりと参加してもらえるようコミットメントを引き出すべきである。

近年では、取締役会への出席率の低い独立社外取締役に対して、株主総会において反対票を投じられる事例も増えてきている。独立社外取締役に就任するときには、しっかりとコミットする決意を持たなければならない。

独立社外取締役の立場にとって兼任する監督対象の企業間の競合関係は本質的ではない

独立社外取締役が複数社を兼任する場合、その間に事業上、何らかの競合関係は成り立つことを気にする声もある。しかし、独立社外取締役の本質的な使命が、社会全体を含むステークホルダーを代表して経営陣を監督することから、業務執行上の関係性である事業上の競合は本質的な問題ではない。

取締役会の主な位置づけがマネジメントボードである場合は、競合の問題は深刻な問題を惹起しうる。しかし、今後、モニタリングが基本機能となっていく以上、例えば単一ビジネスしかない企業で、フルにヘッド・ツー・ヘッドの競合関係に立つ企業の取締役を兼任するようなケースは例外として、この問題は独立社外取締役としての適格性を左右する要素ではない。また、事業ドメインがダイナミックに日々、変化し、企業の事業群、製品群の多様化が進む現代において、まったく競合しない2社を探すのはむしろ困難である。実際、欧米においては、事業の一部が競合する複数の企業の社外取締役を兼務するケースは普通に見られる。最近では日本でも同様のケースが出始めている。

コーポレートガバナンス・コードにおいて、独立社外取締役として兼務する企業間の競合問題についてはあえて何も規定していないのも同様の趣旨である。この問題は、結局、取締役として法律上、当然に負うべき守秘義務と善管注意義務の中に還元されるものと位置付けているのである。

秋月氏の場合、本業を持っている忙しい立場だが、兼務することになる上場企業が1社しかなく、それも小売業である。インターネットの時代、メーカーと小売業も、競合関係に立つ局面も増えつつあるが、少なくとも全社全面的にヘッド・ツー・ヘッドという関係ではない。

田中室長は何とかひと山越えることができたのである。

第5章

内部ガバナンス

取締役会編

取締役会「夏の陣」
――取締役会の役割は重要事項に絞れ

梅雨が明けて蒸し暑くなってきた。夏の訪れを告げるように蝉の鳴き声が響き始めた7月の定例取締役会が、秋月社外取締役が初めて参加する取締役会になる。秋月社外取締役は、株主総会で大きな賛成を経て、無事に竹電の社外取締役に選任された。

取締役会の3日前、田中室長は、今回の取締役会の資料を取り纏めているところだった。取締役会の招集通知は1週間前に送られることになっているが、招集通知には、議案は載っていない。**取締役会の議案及び資料は、3日前までに知らされることになっている（問1）。**ただし、不文律ではあるので、これを過ぎることも珍しい事ではない。

今回は議案担当の部署から滞りなく資料が送られた。今回の資料は200頁くらいになった。竹電の取締役会では、平均的な分量である。

田中室長は、集まった資料を、社外取締役の二人に対してメールで送ると同時に、資料説明のアポイントメントを依頼した。しかし、あまりにも直前すぎて二人のスケジュールを調整することはできず、今回は、事前説明なしで進めることとなった。

その頃、森島社外取締役は、秘書に資料を印刷してもらったが、200頁もの資料を見て、挫折した。森島社外取締役は、こう思った。相変わらず取締役会資料が膨大だな。毎回、これだけの分厚い資料を出しているんだから、事務局には頭が下がる。しかし、これをすべて読むこともできないし、自分は小売業のことは分かるけれども、正直、製造業のことは7年間竹電の社外取締役をやっていても正直よく分からない。とりあえず自分の守備範囲以外のところにはコメントする必要はないだろう。

一方で、秋月社外取締役はというと、大量の資料にうんざりしながらも、資料を読み込み始めていた。さすがに全部読むことはできないが、重要事項に絞って資料を読み込むこととしよう。もっとも、**秋月社外取締役が得意とする産業は、金融や保険業界であるため、総合電機メーカーに関する業界知見はあまりなかった（問2）。**それでも、竹電に何か貢献できることがないかと思って、ひたむきに大量の資料と格闘しているのだった。

＊　＊　＊

取締役会当日、いよいよ、秋月社外取締役にとって初めての取締役会が始まった。
今回の取締役会の議題は次のとおりである。**竹電の事業分野は幅広い、そのため議案数も非常に多い（問3）。**また、秋月社外取締役が議案を確認すると、事前に送ってもらったものから、一つ緊急の追加議案として上程されてきた案件があるようだった。

〈決議事項〉
第1号事案　発電所事業の合弁契約の件
第2号事案　株式会社ABCとの利益相反取引承認の件
第3号事案　新規事業開始の決定
……
第11号事案（追加事案）　XYZ子会社清算の件

〈報告事項〉
6月度予実差異報告、各管掌役員より差異報告
時間外休憩時間導入及び会社休日についての報告
6月度人事報告

取締役会議長は鈴木社長が務める（問4）。鈴木社長の進行によって、担当者からの説明が始まったが、社内取締役からは、誰からも意見は出されない。取締役会当日に意見が出されることは珍しい。それもそのはず、実際には、事前に開催される経営会議において実質的な議論は終わっている。

田中室長は考えていた。もし取締役会が荒れるようなことになれば室長である自分の失点にもつながりかねない。今回は、秋月社外取締役が入った初めての取締役会だからちょっと心配だったが何とかうまく乗り切ることができそうだ。

ところが、追加事案である第11号事案に差し掛かったとき、田中室長の安堵感を打ち破るように、秋月社外取締役が動いた。「議長、第11号事案については緊急性が分かりませんので次回の取締役会に回してみてはいかがでしょうか。」

秋月社外取締役は、いくら緊急的な追加事案だといっても、本当にそのまま通していいのだろうか、ちょっとよく分からないけれども質問してみようと素朴に思ったのである。これに対して鈴木社長は答えた。「秋月さんのご懸念はもっともですが、本件については、秋月さんが選任される前から経営会議で話題になっておりますので、他の取締役の皆さんにとっては、目新しい事案ではありません。」

秋月社外取締役はいつもの笑顔を振りまきながらこう切り返した。「経営会議と取締役会では違う会議体ですので、だからと言って取締役会で議論しなくてもいいわけではないと思います。今回は、私が取締役に就任する以前からの検討事項とのことですし、金額規模も小さいので、承知いたしましたが、次回以降は事前説明していただけると助かります。」

田中室長は、秋月社外取締役は笑顔で厳しいことを言う人なんだなという驚きを感じた。しかし、こういうことが起きるから、独立社外取締役を入れるとダメなんだよなぁとも思った。グローバル競争で意思決定のスピードを速くしないといけないというけれども、これじゃあ、逆に意思決定が遅くなってしまうじゃないか、と。とりあえず、今日は何とか乗り切った。今後問題が起きなければいいのだけれども。

秋月社外取締役が、帰り支度をしていると、森島社外取締役が近づいてきた。「秋月さんは、お若くて元気がいいですね。あまり頑張りすぎないで、まずは竹電の雰囲気に慣れていってくださいね。」

森島社外取締役は一言だけ言い残して部屋を後にした。秋月社外取締役は、森島社外取締役の背中を見ながら、近いうちに対決することになるのではないかとの予感を感じていた。

問1　取締役会の事前準備は十分か？

取締役会の事前準備の前倒し

コーポレートガバナンス・コードでは、取締役会における審議の活性化を図るために、取締役会の資料が、十分に先立って配布されるようにすることなど、会議運営に関する取扱を規定している。竹電の取締役会では、3日前までに資料が配布されることとなっているが、これが日本企業の平均的な姿であると思う。

【原則4―12．取締役会における審議の活性化】
取締役会は、社外取締役による問題提起を含め自由闊達で建設的な議論・意見交換を尊ぶ気風の醸成に努めるべきである。

補充原則4―12①　取締役会は、会議運営に関する下記の取扱いを確保しつつ、その審議の活性化を図るべきである。
(i)取締役会の資料が、会日に十分に先立って配布されるようにすること

(ii)取締役会の資料以外にも、必要に応じ、会社から取締役に対して十分な情報が（適切な場合には、要点を把握しやすいように整理・分析された形で）提供されるようにすること
(iii)年間の取締役会開催スケジュールや予想される審議事項について決定しておくこと
(iv)審議項目数や開催頻度を適切に設定すること
(v)審議時間を十分に確保すること

しかし、独立社外取締役が増えてきた場合、従前の取締役会運営から変更していかなければならない部分が出てくる。例えば、竹電では、社外取締役以外の取締役は、経営会議のメンバーである。つまり、事前に開催される経営会議等の場で実質的な議論がされ、経営会議出席メンバーには、事実上は取締役の資料が事前に配布されている。このように取締役会メンバー＝経営会議メンバーの従来の取締役会であれば、経営会議で指摘された事項を修正しつつ資料を最終化することから、3日前であっても十分に対応が可能であったと考えられる。

しかし、社外取締役は会社の内部事情や個別議案の詳細については、ある意味、素人であるから、事前に資料が配布されることの重要性が高い。事前に資料を見て、考えを整理しておかないと発言することが難しい。また、取締役会がただの報告会になってしまう。事前説明をしっかりと済ませて、当日の説明時間をできる限り短くして、議論の時間を長くとれるようにすることが重要である。

それを前提に3日前に資料が出そろうとすると、その後の3日間の間で社外取締役の日程を確保することは困難な場合も多い。したがって、取締役会の構成や役割の転換に合わせて、取締役会の準備についても、原則として1週間くらい前には説明資料を整え、社外取締役への事前説明を完了させるべきである。もちろん、これに合わせて、経営会議などの日程も早めないといけない。経営会議と取締役会の役割分担をしっかりと見直す必要がある。

もちろん経営は現実行為であり、日々のダイナミズムの中で動いている。M&Aのように相手がある案件では、議案が固まるのがぎりぎりになってしまうこともある。そうした事案は、メールと電話会議などをうまく使えば、緊急的な事前説明を夜中でも行うことは可能だし、極端な場合、深夜に電話会議の取締役会をやったって構わない（別の視点から見れば、社外取締役を外部として扱わず、これくらいのコミットメントを求めるということである）。加えて、後述するように、取締役決議事項を絞り込むことによって、経営の迅速性を犠牲にせずに、事前説明と当日の議論を活発化することはいくらでも可能なのだ。

ちなみに現在の取締役会の運用の中では、多くの場合、資料配布時期は暗黙知にすぎない。内部規定・基準を策定し、その規定・基準に従って運用することも、ガバナンスである。プロセスやルールを「見える化」して、そのルールによって規律付けを図ることも重要である。プロセス・ルールの見える化の主目的は生産性の向上にあることが多いが、ガバナンスの向上にも資するのである。

問2

業界知見がないと独立社外取締役は務まらないのか？

独立社外取締役は組織運営や事業経営に関する一般的な経験則や社会規範で勝負

森島社外取締役は、自らの知見が不足していることを理由に、何も発言する必要がないと認識しているようである。取締役会においても、「会社のことも業界のこともよく分からないから」という発言はよくするが、7年たった今でも経営の中身の議論に加わることは遠慮しているようにみえる。

ところで、コーポレートガバナンス・コードでは、取締役会は、その役割を果たすための知識を備えているべきとされている。この「知識」の中には、当該業界や会社に関する専門的な知識が必要であると主張されることもある。言い換えれば、森島社外取締役のように、当該業界や会社に関する知識がなければ、取締役失格ということなのか？

【原則4―12．取締役会・監査役会の実効性確保のための前提条件】

取締役会は、その役割・責務を実効的に果たすための知識・経験・能力を全体としてバランス良く備え、多様性と適正規模を両立させる形で構成されるべきである。また、監査役には、財務・会計に関する適切な知見を有している者が1名以上選任されるべきである。

（略）

もちろんそんなことはないし、独立社外取締役には、業界や会社に関する専門的な知識が必須ではない。むしろ独立社外取締役は、当該業界や企業内部の知見とは異なる知見、より大きな時空での経営や社会に関する知見を持っていることこそが強みなのである。心理的には業界知見がないからといって尻込みすることがあるかもしれないが、分からないことは「恥」ではないことを肝に銘じるべきである。

分からないことを経営者に対して質問することもガバナンスを効かせるための重要なポイントである。なぜならば、この「質問力」こそが、会社としてのステークホルダーに対する説明能力、アカウンタビリティーを高める鍵となるからである。言い換えれば、執行側は株主をはじめとするステークホルダーに対して説明責任を負っているものであり、独立社外取締役はこれらのステークホルダーの代表者として、取締役会に出席し、質問することこそが責務なのである。

また、独立社外取締役は、業界に関する知見が不足していたとしても、組織運営の経験則や社会規範に基づいてアドバイスすることによって大きく貢献することが可能である。経営の現場では、専門知識を活用する以前の、より「常識」、まさにコモン・センスが問われるべき次元の経営課題も実はたくさんあるからである。しかも、既に述べたとおり、個別の業務執行についてアドバイスすることは独立社外取締役の本質的な役割ではないのである。

特に、コモン・センスの次元の課題については、客観的な視点からのアドバイス、もっと突っ込めば、社会規範や競争市場の常識に基づいてモニタリングすることが、非常に有効である。どんな組織でもそうだが、組織というものは多かれ少なかれ閉鎖的な性格を持っている。そのため「社内の常識が社会の非常識」な状況は生じうる。言わばお互い「岡目八目」ではあるが、その企業においては部外者である独立社外取締役が、客観的な視点から貢献できるケースはたくさんある。

筆者自身、産業再生機構での経験を含めて多くの企業の独立社外取締役を経験している。しかし、それらの企業の主力事業の経営経験はもとより、コンサルティング経験さえない場合がほとんどである。しかし、それでもこうした意味でガバナンス上、貢献できる局面は少なくない。会社の組織や運営についての経験則から意見を述べること、そして経営が本質的な部分で然るべく機能しているかどうかについて評価、監督することに価値があるからだ。

また、独立社外取締役は、心の持ち方として、自分のことを棚上げにすることが大事である。自分や自分の組織が出来ていないことについては、「理想論は、そうなんだけど……。けど、自分もできていないし……」と考えて、つい遠慮がちになってしまう。監督する側の立場の人間としては、遠慮せずにどんどん質問・意見を言っていくことが重要である。自社での失敗を念頭において、解決策を提示することの方が重要な役割である。

トレーニングの中心は執行よりも監督

他方で、竹電では行われていないようであるが、コーポレートガバナンス・コードでは、取締役の就任時に適切なトレーニングの機会を与えるべきとされているが、このトレーニングの内容はどのようなものであるべきであろうか。

【原則4―14．取締役・監査役のトレーニング】

新任者をはじめとする取締役・監査役は、上場会社の重要な統治機関の一翼を担う者として期待される役割・責務を適切に果たすため、その役割・責務に係る理解を深めるとともに、必要な知識の習得や適切な更新等の研鑽に努めるべきである。このため、上場会社は、個々の取締役・監査役に適合したトレーニングの機会の提供・斡旋やその費用の支援を行うべきであり、取締役会は、こうした対応が適切にとられているか否かを確認すべきである。

補充原則4―14①　社外取締役・社外監査役を含む取締役・監査役は、就任の際には、会社の事業・財務・組織等に関する必要な知識を取得し、取締役・監査役に求められる役割と責務（法的責任を含む）を十分に理解する機会を得るべきであり、就任後においても、必要に応じ、これらを継続的に更新する機会を得るべきである。

既に述べたとおり、独立社外取締役の役割を果たすために、その業界特有の知見を備えている必要はなく、トレーニングは独立社外取締役の知見不足を補うためのものである必要はない。

だから、トレーニングの際には、会社の事業を執行するために必要となる知識をインプットするのではなく、モニタリング上に必要となる知識をインプットすることに注力するべきである。もちろん、独立社外取締役側の求めに応じて、情報を隠すようなことをしてはならないが、会社側からのトレーニングは、この点を踏まえて設計する必要がある。

他方で、トレーニングの際に必ず共有すべきもっとも重要な事項は、その企業における企業理念であったり、ポリシーである。ここが共通の土台に乗っていなければ、取締役会の議論がかみ合わなくなるし、どこに向かってガバナンスをきかせていくべきなのかの指針にもならない。

問3　取締役会決議事項が多すぎないか？

執行サイドのアリバイ作りの誘惑の克服

先述したとおり、我が国の上場企業の多くが採用している監査役会設置会社においても、モニタリング重視型の取締役会へと移行していくべきであり、そのことは個々の業務執行に関わる決議事項をできる限り絞っていくことにも直結する。

コーポレートガバナンス・コードでも、取締役会の審議項目数を適切に設定することを求めているし、その前提として、何を経営陣に委ねるのかを明確に定めるべきとされている。

補充原則4―1①　取締役会は、取締役会自身として何を判断・決定し、何を経営陣に委ねるのかに関連して、経営陣に対する委任の範囲を明確に定め、その概要を開示すべきである。

補充原則4―12①　取締役会は、会議運営に関する下記の取扱いを確保しつつ、その審議の活性化を図るべきである。（略）
(iii)年間の取締役会開催スケジュールや予想される審議事項について決定しておくこと
(iv)審議項目数や開催頻度を適切に設定すること（略）

この点、指名委員会等設置会社では、会社法上、業務執行の決定を取締役会から執行役に委任することができる。これに対して、監査役会設置会社においては、法律上の取締役会の専決事項（例えば重要な財産の処分・譲受など）を取締役に委任することはできない。そのため、一部の事項については、引き続き取締役会で審議せざるを得ず、社長以下に委ねることができない部分が存在する。

しかし、多くの日本企業は、取締役会決議事項の範囲を広範に捉えすぎる傾向がある。このせいでなんでもかんでも取締役会で意思決定しなければならないこととなり、時間がかかってしまう。

また、審議事項が多すぎて一つ一つの議案について十分に議論ができず、意思決定の質も低くなってしまう。例えば決議事項と報告事項を合わせて10数個の案件を、約2時間程度の取締役会で審議しなければならない状況に陥り、一つの事案にかけられる時間は数分から10数分となってしまう。案件担当者からの説明・報告時間を加味すればほとんど議論・質疑応答にあてる時間は残っていない。しかも取締役会当日に実質的な議論をすることになればすべての決議事項を審議することができないため、事前に周到な根回しを行うことになる。結果、取締役会は予定調和の中で進行され、儀式化・形骸化してしまうのである。

しかし、時おり予定調和が乱れることこそが、ガバナンスが効いている状況である。決定事項について何の異議も意見も出ないしゃんしゃん取締役会などガバナンス上は何の意味はない。

取締役会決議事項を広く捉える原因の一つは、社長を含めた執行サイドが意思決定に関する法律上、組織上のリスクを取りたくないために、最終的には取締役会に上程してしまうことが背景にある。会社法上も取締役会さえ通しておけば手続的瑕疵はないし、組織的にも「赤信号みんなで渡れば……」ということで、みんなの共同連帯責任になって個人的責任を最小化できるのである。意思決定の先送り構造は、このようなところにも見え隠れしている。

そこで、取締役会をアリバイ作りの場とする誘惑を克服し、取締役会の監督機能、モニタリング機能の実を上げるため、監査役会設置会社の取締役会においても、何を取締役会で決定して、何を執行サイドに委ねるのかを明確にして、取締役会の決議事項は会社法の許す範囲で極力、限定するべきである。会社法には「重要な」としか書いていない。要は然るべきロジック

図表25｜意思決定の質とスピード

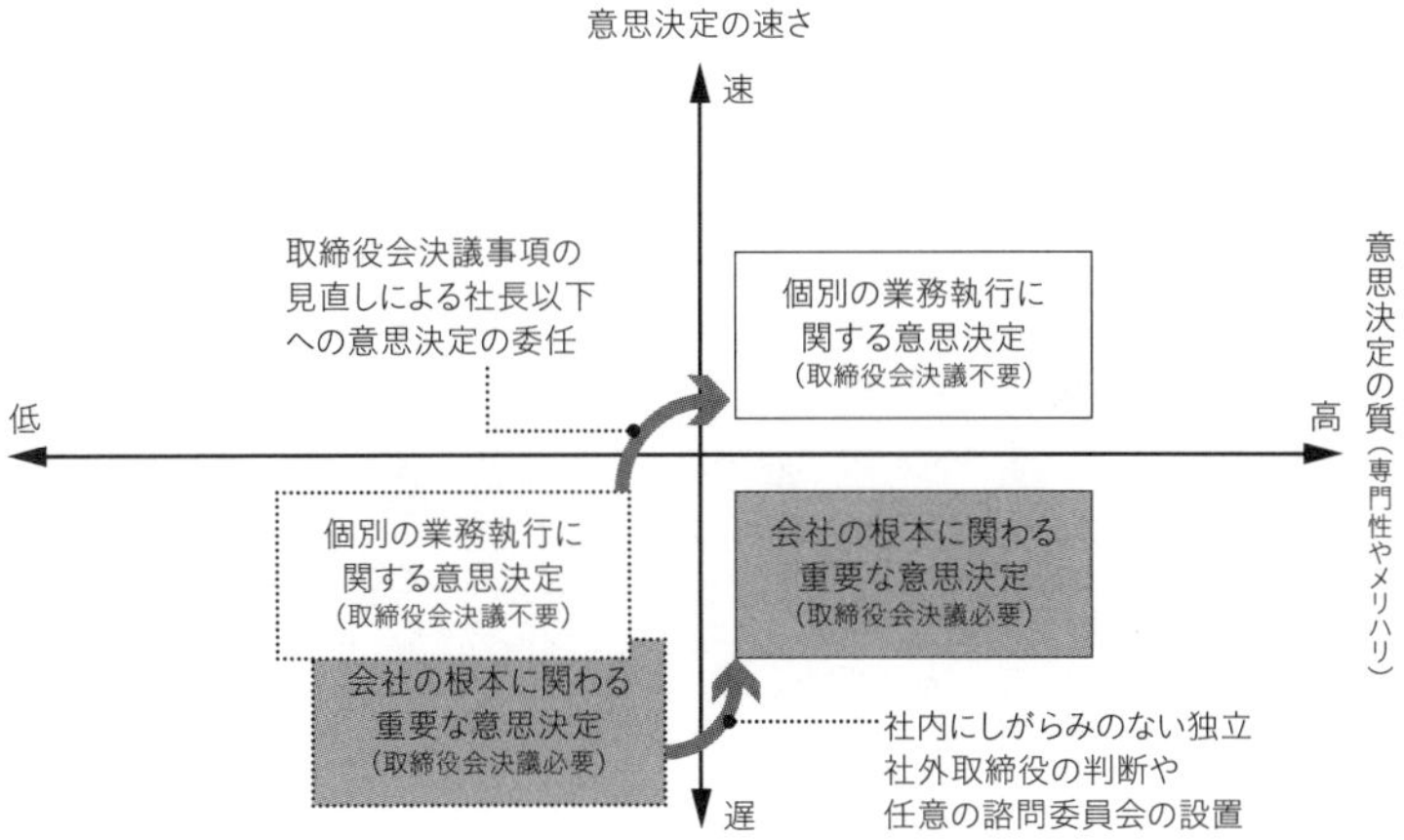

出所：筆者作成

を用意できれば、相当の裁量が認められているのだ。

まずは、今までの取締役会規定を見直して、何が重要な意思決定で、何がそうではないのかを改めて精査することが求められる。

次に、取締役会で審議する事項は、後述する経営トップの選任などの重要事項に限る一方で、限られた審議事項を「深く」議論することが重要である。特に、取締役会の専決事項が残る監査役会設置会社においては、指名・報酬などに関する任意の諮問委員会を活用していくことで取締役会とは別に議論する場を設けることで深い議論を行うことが重要である。指名・報酬委員会は、指名委員会等設置会社では必置機関とされているが、むしろ監査役会設置会社の方が、限られた独立社外取締役を活用するという観点からも、指名・報酬諮問委員会の必要性が高いということもできる。

具体的な取締役会決議事項の数は、1件当たり少なくとも20分程度の時間をかけるべきである。2時間の取締役会であれば、1回あたり多くても6件程度以内、できれば3、4件に絞り込むことが適切。そして、いくつもの巨大企業の取締役会に色々な立場で関わって来た筆者の経験に照らして言えば、この程度の絞り込みは法律上も実務上も十分に可能である。

さらに言えば、取締役会の時間が2時間では短すぎる場合もあるのである。議論する内容によっては、1日中議論に使うくらいでなければ消化しきれない場合は、当然ありうるわけで、そのときは1日かけて徹底的にやればいいのである。欧米で優れたガバナンスと評価される企業の中では、複数日かけて取締役会を行うことも珍しくない。

また、竹電の取締役会では、緊急議案と言って十分な検討時間もなく上程されてきた案件もある。このような緊急事案が出てくることも、取締役会と執行サイドの役割分担が曖昧なことに起因している。取締役会に上程される事項は、本来的には、会社の将来を左右するような重要事案である。緊急議案と言って大した議論をしなくても結論が出てしまうような内容であれば、本来的には取締役会決議事項ですらないのである。

この意味で、田中室長は独立社外取締役の選任によって、意思決定スピードが遅くなると認識しているが、取締役会決議事項の絞り込みと役割分担の明確化を行えば、むしろ意思決定のスピードは速くなる。

新規事業の開拓や中国などの海外事業には特にスピード感が求められる。そのようなスピード感を得るためには、なるべく取締役会から経営陣、特に経営トップに意思決定を委託していくべきである。

経営会議と取締役会の関係——独立社外取締役もアジェンダ設定に関与せよ

他方で、竹電では、経営会議と取締役会で重複した議論ばかりが行われるので、取締役会の実質は単なる報告会になってしまっている。このような状況は、「時間が無駄」「意見は出てこず全く議論にならない」「経営会議での議論を聞けない独立社外取締役はつまはじきに合う」などなど、いくらでも問題点が思いつく。

では、取締役会決議事項と経営会議での審議事項はどのように峻別したらいいだろうか。会社法上の「重要」性の判断定義である。企業の長期的な企業価値に影響を与えることについて取締役会で議論し、短期的な部分については経営会議で決議するということである。もちろん投資規模や経済インパクトについて、金額的に基準を設けるのが基本だが、それ以外にも定性的な点をも考慮するべきである。例えば、M&Aについて言えば、企業の存続基盤に関わる大規模なM&Aであるか、あるいは小さくても質的に戦略的方向性を大きく転換する重要性を持つM&Aかどうかなどを基準にできるだろう。また、ある程度の規模のM&Aであっても、すでに取締役会で時間をかけて十分に議論した延長線にあるような事例であれば、取締役会として一定の枠で個別に権限委譲し、意思決定のスピードを重視して、経営会議あるいはCEOの裁量で進めてしまう案件があっていい。

逆に本来、モニタリング会議であるべき取締役会に然るべき議案がなかなか上程されない場合は、独立社外取締役はそれを提案すべきである。筆者自身、そう言う経験は何度もある。そのとき、自信を持っている有能な経営陣ほど、指摘されたポイントについて、喜んで取締役会の重要アジェンダにしてくれるものだ。

事業の撤退に関わる事項、経営に関わる根本枠組みであるＲＯＩ（Return On Investment：投資収益率）などの基準に関する議論、ガバナンスのあり方に関する議論、さらには企業理念に関わる問題など、執行サイドから言い出しにくい話や、日常的な問題で頭がいっぱいになりがちな執行部が見落としがちな問題については、やや俯瞰的な立ち位置からも物事を見ている独立社外取締役の方が提起すべきアジェンダは少なくない。

問４ 取締役会と代表取締役の関係は？

代表取締役は「被」監督者

「代表取締役」という法律上のネーミングは、代表取締役のことを、取締役の代表、すなわち、取締役の中で一番偉い人という誤解を招く表現である。また、多くの企業においては、代表取締役は取締役会の議長を務めることとされていることは、取締役会において、最も重い責任を負うのが代表取締役であるという勘違いを引き起こしかねない。

しかし、代表取締役は、あくまでも会社を代表して業務執行を行うものであって、業務執行を監督する取締役会から監督される立場である。すなわち、取締役会を代表するものではないのである。これは会社法に存在するすべての組織形態に共通する。ましてや取締役会の機能は既述のとおりモニタリングに軸足を置いていくべきであるが、そのためには代表権というものは、あくまでも執行の属性であることを明確化していき、「執行と監督の分離」を図っていく必要がある。代表取締役は取締役会から監督される立場であることを踏まえた行動をとらなければならないのである。

例えば、わが国では非常に一般的である代表取締役が取締役会議長を務めるという慣行は、本来であれば望ましくない。内閣総理大臣と国会の議長を分離して権力の抑制・均衡を図るように、代表取締役と取締役会議長は別人が務めることが望ましいのである。それが三権分立の基本原則である。イギリスなどのコーポレートガバナンス・コードにおいては、取締役会議長と最高経営責任者の分離を規定しており、基本原則に忠実である。

もっとも、取締役会の議案の設定は、会社に精通した者でなければ行うことができないのも事実であるため、代表取締役が取締役会議長を務めることが一切許されないということは現実的ではない。実際に、欧米の企業で優れたコーポレートガバナンスを実践していると評価される企業の中にも、CEOが取締役会議長を務める企業は多く存在する。しかし、そのような場合には、代表取締役は、あくまでも進行役に努めるべきである。もちろん進行役というのはただ司会をするというわけではなく、独立社外取締役が発言しやすいような環境を作るとかそういうことである。言わずもがなであるが、代表取締役が自らの意見を押し付けるようなことや、ましてや他の取締役を下に見て、上から目線で怒鳴りつけたりすることは、決してあってはならないのである。

取締役会「秋の陣」
──空気の支配を打ち破れ

子供のころは9月にもなればもう秋だと思っていたけれども、最近はなかなか涼しくならない。地球温暖化も心配であるが、竹電の業績も心配である。**竹電では、ここ数年赤字が続いている最悪の状況である（問1）。**竹電の業績不調の一番の原因は、液晶テレビ事業の不振であった。竹電は約10年前に液晶テレビ事業の大拡大方針を打ち出し、大規模な工場の新設を決定した。しかしながら、その後、アジア新興国企業の攻勢にやられて、5年前に完成した新設工場の償却負担がかえって重荷となり、ここ数年は大赤字を計上していたのである。鈴木社長就任後、3年が経過したが、竹電の業績はいっこうに回復しない。

取締役会の事前説明のとき、秋月社外取締役は、田中室長に対して尋ねた。「液晶テレビ事業は誰の目から見ても赤字であるし、今から競合他社に勝っていく絵は描けているのでしょうか？　事業を他社に売却するなど検討したことはあるのでしょうか？」

田中室長は答えた。「液晶テレビ事業の大規模工場の新設を主導したのは前社長で現会長の小西でした。」

小西会長は、竹電の中興の祖である。液晶テレビ事業は長年にわたる小西会長の肝いりの案件であり、この事業が竹電の売上規模を大きく成長させた。中堅電機メーカーだった竹電が大手の一角と認められるようになったのは、ポータブル・ミュージック・プレイヤー「ランニング・マン」の大ヒットに続いて、この液晶テレビ事業での成功あってのことだった。

田中室長は続ける。「今でも現会長派の取締役は多い上に、液晶テレビ事業は竹電を急成長させた事業の柱なので、これを売却することは竹電のアイデンティティを崩壊させると思っている人も多いです。今でも利益こそ出ていないものの売上高は大きく、関与している従業員も多いため竹電の重要な事業なのです。赤字の最大の原因は、為替が予想よりも大幅に円高だったからであって、これが何とかなれば巻き返しは可能です。だから他社への売却は考えられないですね。」

竹電の取締役会には、液晶テレビ事業を維持し続けるという「空気」が蔓延していることを秋月社外取締役は察知したが、そのことには触れず、秋月社外取締役はさらに尋ねた。「売却が難しいのは分かったけれども、鈴木社長の経営責任については、皆さまはどのように考えていらっしゃるのでしょうか？」

田中室長はこう答えた。「確かに、鈴木社長は、業績が上がりませんが、竹電の社長は、代々、2年2期か3期の周期で交代することが暗黙のルールとなっています。次の人事がどうなるのかは私には分かりませんが、少なくとも液晶テレビ事業の不振は、もっぱら外部環境のせいであり、鈴木社長の責任ではないというのが社内の共通認識です。」

秋月社外取締役は、できれば避けたいけれども、いざというときには鈴木社長に退陣を詰め寄らなければならないときがくるかもしれないと感じた。

＊　＊　＊

取締役会当日、いつものように事業別の業績報告が行われ、いつものように液晶テレビ事業は赤字である。しかし、液晶テレビ事業の報告がされているときは全員がうつむき、**誰も液晶テレビ事業の整理を言い出さないでいた（問2）。**

秋月社外取締役は、こんな状況に違和感を覚えつつも、社外取締役に就任して未だ数か月、他の取締役とも信頼関係が築けていない中で何か言っても余計に話がややこしくなるだけだと考えていた。どうにかしてこの会社のガバナンスを変えていかなければともどかしさを感じつつも、今は未だそのときではないと歯を食いしばっていた。

むしろ、今取り組まなければならないのは、次の議案である「指名諮問委員会・報酬諮問委員会の設置」だ。秋月社外取締役は、竹電のガバナンスの改革の第一歩を指名諮問委員会・報酬諮問委員会の設置に据えており、就任直後から、田中室長を通じて、鈴木社長に働きかけていた。

田中室長も、コーポレートガバナンス・コードの基本精神から見て、この方向性は不可避だと考えるようになっていたのと、むしろ形式的には先手を打ってまずは形をきれいにした方が、面倒なことにならないと考えた。鈴木社長には、「形を先に整えることで、かえって実質はコントロールしやすくなりますから」と言って説得した。これはこの時点での田中室長自身のほぼ本音でもあった。

鈴木社長が説明を始めた。「コーポレートガバナンス・コードでは、独立社外取締役が取締役会の過半数に達していない場合には、任意の諮問機関として、指名諮問委員会・報酬諮問委員会を設置することが求められています。現在、竹電の取締役会には15名中2名の独立社外取締役しかおりませんので、この委員会の設置を検討する必要があります。ご意見のある方はいらっしゃいますでしょうか？」鈴木社長は意見を求めたが、実は経営会議のときにこの議論は済んでいた。結果は、全員一致で導入に反対とのことだった。

特に、事実上、今の竹電の人事権を握る小西会長とその一派は強硬に反対していた。指名諮問委員会・報酬諮問委員会など設置しては小西会長の権力の源泉を失うことになるからだ。

結局、取締役会のこの日の議案に乗ったのは、これをあえて議案にして否決することで、この議論が蒸し返されないようにトドメを刺そうという小西会長一派の術策に鈴木社長が流されたせいであった。

そんな状況を知らない秋月社外取締役は挙手して発言した。「指名諮問委員会・報酬諮問委員会の導入については真剣に議論する必要があると思っております。とくに、コーポレートガバナンス・コードにあるように、取締役会の下に独立社外取締役を主要な構成員とする諮問委員会を置くべきでないでしょうか。」

森島社外取締役がこれに対抗した。「企業経営者の立場で考えますと、指名・報酬という人事権は会社の最も重要な機能の一つです。それを『社外』の取締役に委ねるというのは、正直ピンとこないです。私自身は、そんなに重要な権限を握って竹電を乗っ取るつもりはありません。秋月さんがどういうつもりかは分かりませんが。」

もちろん秋月社外取締役にはそんなつもりはなかった。しかし、他の社内の取締役は森島社外取締役の言うことに同調する空気である。秋月社外取締役は、この件を急いで進めるのは得策でないと思いつつ、すぐさま森島社外取締役の発言に反論した。「乗っ取ろうなんていう気持ちは全くありません。ただ、諮問委員会を設置しないとしてもそのことを対外的に説明する必要があります。本件については、数回に分けて、また改めて議論する必要があると思います。少なくとも継続審議とする点については、私は譲れません。本件について、決議を取るなら私は棄権ではなく、明確に賛成の立場を取ります。」

竹電の取締役会で全会一致でない議決となるのは異例中の異例だし、テレビなどにも登場して世の中に対する影響力を持っている秋月社外取締役が暴れることを恐れた他の取締役は議論を続けることについては受け入れ、この日の結論は「否決」ではなく、「継続審議」となった。

ここで議論が終わってしまうことだけは回避できたようだ。

問1

業績悪化時の独立社外取締役の役割は?

経営トップの解任権こそがガバナンスの源泉

独立社外取締役は、業績悪化の真因を見極め、適時・適切な選解任権または発議権を武器にして、経営陣に対するガバナンスを効かせるべきだ。コーポレートガバナンス・コードにおいても、業績を踏まえた選解任権の行使が規定されている。

補充原則4―3①　取締役会は、経営陣幹部の選任や解任について、会社の業績等の評価を踏まえ、公正かつ透明性の高い手続に従い、適切に実行すべきである。
補充原則4―3②　取締役会は、CEOの選解任は、会社における最も重要な戦略的意思決定であることを踏まえ、客観性・適時性・透明性ある手続に従い、十分な時間と資源をかけて、資質を備えたCEOを選任すべきである。
補充原則4―3③　取締役会は、会社の業績等の適切な評価を踏まえ、CEOがその機能を十分発揮していないと認められる場合に、CEOを解任するための客観性・適時性・透明性ある手続を確立すべきである。

日本企業のトップマネジメントの交代は、計画的・定期的に繰り返される傾向にあると言われている。裏返して言えば、業績の向上・悪化との関係性が薄いということである。この原因も取締役会のメンバーがムラの長（社長）の部下であるというムラ型の取締役会の構造にある。経営幹部が、皆、当該トップの子飼いで、親分子分あるいは、親子のような絆で結ばれている集団において、親のクビをとるような「空気」にはなかなかならないのは、むしろ自然なことである。サクセッションプラン（後継者の計画）や指名委員会の重要性については、改めて後述するが、ガバナンスの源泉である経営トップの解任権は全く機能していない。

だからこそムラの外の住人である独立社外取締役は、まずは業績の悪化の真因が何なのかを客観的に見極めた上で、この業績悪化が本当にトップマネジメントに起因すると判断するなら、積極果敢にトップマネジメントの辞任を働きかけていくべきである。

どうしても本人が拒否するなら、取締役会で解任を提案すべきである。仮に可決できる見通しがなく、結果として否決されたとしても、かかる発議が行われた事実は、ステークホルダーへの強烈なメッセージとなり、強力な牽制力を経営トップに及ぼすことができる。さらにはそこで取締役の辞任まで敢行すればより強い影響を与えることになる。大会社で社長解任事案が提出されて取締役が辞任したとなれば、普通は新聞記者の格好のネタになって、たちまち報道されることになるだろう。

このように解任を突きつけることが究極的な取締役の役割であるから、独立社外取締役への就任を依頼されたときには、「社長が業績を上げられない場合、社長に適性がないことが明らかになった場合には、容赦なく解任を突き付ける覚悟はあるか?」と自問自答する必要がある。ゴルフ仲間のよしみだからとか、一流企業の独立社外取締役としての肩書に惹かれたからといって軽々しく独立社外取締役を引き受けていいものではない。この伝家の宝刀を抜く覚悟がないのであれば、独立社外取締役に就任してはならないのである。筆者は仕事柄、過去に何度かそういう場面に遭遇しているが、独立社外取締役の在任中にそんなことが起きる可能性は1%もないかもしれない。しかし、独立社外取締役がかかる覚悟と気迫を持っているか否かで、トップマネジメントと取締役会の間の緊張感は全く変わってくる。この緊張感こそが経営陣に対する刺激となり、効果的なガバナンスにつながるのである。

過去の解任劇での独立社外取締役の行動を見ると、解任議案に賛成も反対もできずに棄権するケースも存在している。このような独立取締役の中には、社長を解任する覚悟を持たずに就任してしまったこともあったのではないだろうか。このような独立社外取締役は、取締役が本来果たさなければならない一番重要な職務・職責を放棄したことに他ならない。そのときの独立社外取締役の「逃げ」の心境として典型的なのは、「解任議案は、会社内の紛争であるから、会社内の人間で何とかしてくれ」というものである。しかし、社外取締役は、名称こそ「社外」であるが、会社の最高機関を構成する人間である。いざというときにしっかりと当事者意識をもって、本来の職務・職責を果たさなければならない。

問2　空気の支配の中で独立社外取締役は？

空気の支配を効果的に打破して「選択と捨象」を進めよ

独立社外取締役は、客観的な立場から、サラリーマン共同体に蔓延する空気の支配を打ち破ることが期待される。想定される代表的な場面としては、日本企業、日本的経営が苦手とする「選択と捨象」の場面である。

長期持続的な成長を実現するためには、「選択と捨象」を行い、新たな成長分野へと経営資源を投入していくことが必要である。一般には「選択と集中」という言葉が使用されるが、企業価値の向上のためには、集中を進めたさらに先にある、「捨象」、すなわちノンコア事業と認定した部門を捨てることが必要なのである。そうやって新陳代謝力を高めていくことが、長期的な企業価値の向上を導くのだ。

過度なサラリーマン型ムラ社会と化した日本企業は、「選択と捨象」が進まなかったために競争力を失ってきたのが実態である。逆に競争相手のグローバル企業は、GEにしろ、SIEMENSにしろ、大胆な「選択と捨象」を常態的に継続してきた。

しかし、多くの日本企業の中では、「選択と捨象」の意思決定を先送りしてきた。「選択と捨象」の場面における「あれかこれか」の鮮烈な意思決定は、必然的に組織内の調和を乱す。重大な意思決定や重大な改革テーマはおよそこういった性格を持っている。ところが、多くの日本企業（取締役会を含む組織全体）は、その時点における支配的な「空気」、すなわち共同体の調和を破壊する人間を危険分子とみなす傾向がある。このように共同体における暗黙の掟、日の前の調和を破壊することに対する強い忌避感が、組織の意思決定を歪めてきたのである。日本人の集団はKY（空気を読めない）を極端に嫌う。だから内部昇進者で構成されている取締役会は、えてして空気を読むことが上手な人が残ってしまうことが多い。日本民族は個の自立が得意でない人が多いが、その民族が縁故によって結び付き、人間関係を最重視するゲマインシャフト（自然共同体的な情緒的結合）的な集団に帰属すれば、ある意味、当然の成り行きである。本来、営利法人である株式会社はゲゼルシャフト（利益動機による契約的な結合）的な集団なのだが、半世紀近くにわたり共同体型の日本的経営が続いたことで、日本企業の多くが過度にゲマインシャフト化してしまったのである。

このような特徴を持つ日本企業だからこそ、サラリーマン共同体の利害から離れたところで客観的な判断を行うことができる独立社外取締役には、意思決定が先送りされる際に、あえてKY発言することによって、重大な問題に対し、「あれかこれか」の鮮烈な決断をすることを促すことが期待される。

人と人とが長年にわたる濃密な関係性と協働作業の経験を共有する日本企業は「あれもこれも」のすり合わせを得意とする。既述したとおり、すり合わせ型の組織は、緻密なモノづくりや、継続的な改善プロセスにおいて非常な強みを発揮する。しかし、その強みの源泉である、共同体の絆や同質性が、「あれかこれか」のドラスティックな意思決定の局面では、重大な弱点として露呈する。だからこそ、日本企業のガバナンスを考える上では、「空気の支配」を打破するための仕組みを担保しておくことが大事なのである。そのための仕組みが独立社外取締役なのである。

また、景気も良く業績が好調なときこそ、実は「選択と捨象」を推進する絶好の機会であるが、典型的な日本企業、すなわちサラリーマン型ムラ社会において、業績好調時にリストラクチャリングを進めることはほとんど不可能である。例えば、A事業が多少うまくいっていなかったとしてもB事業が利益を出して、赤字を埋められるのであればあえて波風を立てずとも、誰も困らないし、むしろ助け合うのが美しいと考えるのが典型的な姿であろう。しかし、B事業までもが赤字に転落したときには、中途半端にA事業を残してしまっていただけにより傷が深くなり、まとめて転覆してしまうのが関の山である。だからこそ、独立社外取締役は、業績好調時にこそ、将来を見据えて、「選択と捨象」を進めるよう経営陣を後押ししていくべきである。

ちなみに、筆者も、賛否が分かれる議案を提起して、どんどん多数決で決めてしまえと思っているわけではない。全員賛成を得る方が、その後の実行段階では全社を挙げた検討が可能である。もっとも、現在の取締役会は全員賛成にこだわり過ぎている。さらに、空気に支配された取締役会では、深い議論が出来ていない。徹底的に議論することが非常に大事である。

秋月氏も、経営再生機構での経験から、このことは十分に分かっているようだが、現状の「空気」との折り合いづけとして、液晶テレビ事業からの撤退という本丸ではいきなり勝負しようとはせず、まずは指名・報酬諮問委員会の設置という、外堀を埋めるところから攻める方法を取ろうとしている。これでさえ大変な抵抗を受けたようだが、ぎりぎりのところで「空気」の圧力に屈せず踏ん張り、まずは1回戦引き分けの線までは持って行ったようだ。

権力の空白という統治機能不全

「空気の支配」による統治機能の不全状態は、「権力の空白」と「権力の暴走」と言い換えることができる。「権力の空白」は、しかるべき意思決定を先送りし、企業が極めて厳しい状態に陥るまで問題構造を放置する結果を招来する。これも権力機構の危機が生じている状態といえる。逆に権力の集中に成功した権力者が不合理な判断や行動を始めたとき、その暴走を止めることができなければ、やはり企業は破綻への道を突き進むことになる。典型的にはオーナー会社や同族企業のトップが衰えや一族の事情などで暴走してしまう状況である。最近の不祥事で言えば大王製紙の事案などがこの類型にあたる。

他方、典型的な日本の名門企業においては（例えば東芝においても）、一見、権力者のように見える経営トップがいたとしても、それは欧米の強すぎるリーダーシップによって独断でリスクを取りすぎるような経営トップとは異なり、リスクテイクについては結局、取締役会の全員賛成で進めている事案が多い。その意味では、やはり「権力の空白」が起こっているのである。

また、サラリーマン組織の上部構造では、横だけでなく縦の関係も「空気」によって支配されている。上官の命令があった場合には、部下は逆らうことが許されないという「空気」である。もし下の者が逆らおうものなら出向を命じられるというのは、『半沢直樹』が描いたとおりの世界である。結果、上下関係でも「空気」を読む者が上に引き上げられ、気が付けば社長の周りはイエスマンで固められる。トップに立った経営者はこのような出世競争を勝ち抜いてきたものであるから、「空気」を読むことにはもちろん長けている。

こうした上下左右の同調圧力は、一生、そのコミュニティーで暮らすことが前提となっている終身型組織ほど強烈に働く。権力のコアの部分が中空的であるにもかかわらず上位下達型となる、不可思議な組織状態が生まれてしまうのだ。旧帝国陸海軍の組織、そしてカネボウや東芝に共通の組織病理である。

コーポレートガバナンスがちゃんと機能しているということは、企業の権力メカニズムが健全に機能しているということである。健全な権力機構の使命は、正しい権力作用（合理的な意思決定と遂行）を行い、逆に間違った権力作用（不合理な意思決定と遂行）は行わないことである。したがって、「民主的」で一見よさそうな権力機構であったとしても、「権力の空白」が起こり、経営陣がなすべきことをなさない状態は、「権力の暴走」と同じように不健全なのである。他方、社内でどんなに人気があり、愛されている経営トップであっても、暴走して不合理な経営を始めたときには、容赦なく解任しなければならない。

空白と暴走、権力メカニズムの振り子がどちらかに振り切れて戻らなくなったとき、組織は破綻への坂道を急速に転がり落ちていく。ガバナンスのリアルな真価は、それを回避する防波堤としての役割を果たせるかにあるのだ。すなわち、会社がダメになっていくときに、致命的なところまでダメにならないための仕組みがガバナンスの真の役割なのである。リアルなガバナンスとは、最後の最後の経営行動の合理性・適法性の砦であり、ギリギリのところで状況を大転換する変革力の拠り所なのである。そして、何度も繰り返すが、それが取締役会、中でも独立社外取締役会の究極的な使命である。

取締役会「冬の陣」
――リスクテイクを後押しするガバナンス

　近くの公園の銀杏並木の葉っぱが落ちきったころ、冷たい冬の風が竹電の取締役会にも吹き付け、従業員の雇用を守るという名目で液晶テレビ事業を維持し続けるという「空気」が凍りついた。

　鈴木社長が、液晶テレビ事業を他社へ売却することを検討していると急に報告したのである。「実は、我が社の液晶テレビ事業を競合アジア電機メーカーの四星電子へ売却する方向で、先方の社長との交渉を開始している。もう少し煮詰まったところでご相談しようと思ったが、我が社の重要事項であるため、丁寧に進めたいと思った。機密事項であるため情報管理には十分に注意していただきたい。」

　液晶テレビ事業の売却話は、鈴木社長とごく少数の特命チームのメンバーだけが知っていた超機密事項である。取締役テレビ事業部長と取締役経営企画部長以外には今まで知らされていなかった。当然、田中室長も秋月社外取締役も知らなかった。

　他の取締役にとってもまさに青天の霹靂だった。取締役会は騒然とした。怒り交じりの質問が飛び交う。「なぜこんな重要事項を水面下で進めていたのか。」「交渉に入る前にまずは取締役会で議論するべきだ。」「会長には説明していたのか。」「四星電子に売却された場合従業員とその家族はどうするんだ。」「液晶テレビ事業は竹電の主力事業である。これを売却したら事業の柱がなくなってしまう。」「大幅な特損が出るリスクをどう考えているんだ。」

　反対意見が大勢を占めるようだ。社内の軋轢は凄まじい。液晶テレビ事業育ての親でもある小西会長はひっそりと息をひそめていたが、内心穏やかではないだろう。

　さらに鈴木社長は火に油を注ぐような案件も話し始めた。「これもＭ＆Ａがらみなので、一部の人間だけで進めてきたのですが、実は画期的な画像認識に関するＡＩ技術を持つ米国のベンチャーの買収を検討しています。我が社の半導体センサーと組み合わせることで、今後、成長が見込まれる自動車の自動運転技術分野での商品化を狙いたいと思っています。」

　液晶テレビ事業の撤退の話の直後に他社を買収する話である。他の取締役からは、「多くの仲間を外国の会社に売り渡すような話の直後に、今度は買収の話をするなんて信じられない」「そんな金があるなら、液晶テレビ事業の建て直しに使うべきだ」「こんなときによりによってどこの馬の骨かわからないベンチャーの買収なんて、社員は感情的に絶対に受け入れられない。」

　これまた反対意見のオンパレードだ。

その中で、森島社外取締役は、相変わらず自分の守備範囲を守り沈黙を貫いている。他方で、**秋月社外取締役はというと、他の取締役の罵声とも受け取れるような質問が飛び交う中、鈴木社長を庇うよう冷静な面持ちでこう発言した（問1）。**「こういった事業売却の手続きについては、通常秘密裏に行われるものだと思います。液晶テレビ事業については、確かにここ数年の業績が悪く、事業売却を視野に入れることは不思議なことではありません。」「今どきのエレクトロニクスメーカーにとって、常に事業ポートフォリオの新陳代謝を行うことは不可避です。液晶テレビ事業の問題と画像認識技術の話は切り離して議論すべきです。」

鈴木社長は、他の役員からの猛攻撃を受ける中で、空気を読まないで反対意見を述べた秋月社外取締役に心の底から感謝しつつ、こう述べた。

「まだ四星電子との間で最終合意に至ったわけではありません。米国のベンチャー買収の件も、本格交渉はこれからです。本日の取締役会は時間の関係もありますので、これで終わりにしますが、皆さんのご理解が得られるよう、これらの件については引き続き意見交換をしながら進めたいと思います。」ということで、この場は、取締役会として交渉継続を了承することとなった。

問1　独立社外取締役のおかげでリスクテイクしやすくなるか?

独立社外取締役の能力と姿勢次第

コーポレートガバナンス・コードでも、リスクテイクを支える環境整備を取締役会の重要な役割と位置付けている。

【原則4―2．取締役会の役割・責務(2)】

取締役会は、経営陣幹部による適切なリスクテイクを支える環境整備を行うことを主要な役割・責務の一つと捉え、経営陣からの健全な企業家精神に基づく提案を歓迎しつつ、説明責任の確保に向けて、そうした提案について独立した客観的な立場において多角的かつ十分な検討を行うとともに、承認した提案が実行される際には、経営陣幹部の迅速・果断な意思決定を支援すべきである。

また、経営陣の報酬については、中長期的な会社の業績や潜在的リスクを反映させ、健全な企業家精神の発揮に資するようなインセンティブ付けを行うべきである。

竹電の事例では、半導体センサー事業については「新陳」、液晶テレビ事業については「捨象」という方向で積極的にリスクを取りに行った社長であったが、これを支持した秋月社外取締役の行動は、社長のリスクテイクを支援する形になった。特に、社外取締役としてできることは客観的な視点から冷静な意見を述べることである。

かなり多くの企業が独立社外取締役の義務付けを嫌がった背景には、社内取締役と社外取締役との間で意思の疎通がしにくいために経営がしにくくなる、もっと言えばムラ内のあうんの呼吸が通用しないよそ者が経営の中枢部分に土足で踏み込んでくるのが面倒だ、という理由があった。しかし、こういった負の側面ばかりに目を向けるべきではない。むしろ、秋月社外取締役のように、独立社外取締役は改革派の社長にとっては強力な応援団となるのである。しかも、独立社外取締役が意思決定の議論へ参加することによって判断内容にもそのプロセスにも客観性がもたらされるのは一つの利点である。

他方で、今日的な経営環境において、戦略面、ビジネスモデル面、技術面あるいはマネジメントプロセス面のあらゆる意味においてイノベーション無くして成長はない。そしてリスクテイク無くしてイノベーションはない。企業価値の長期持続的向上のためには的確にリスクを取って行くことは不可欠である。

リスクテイクが社内に軋轢を生むものであれば社内からの抵抗が生まれ、それを乗り越えなければ、然るべき不連続な変革、イノベーションを起こすことは出来ない。また、リスクテイクのダウンサイドを最小化するには、不連続な経営行動の向こう側に生じうる様々なシナリオを想定する多角的な視点と、現実社会で何が予測可能で何が予測不可能かという経験的知見も重要となる。

裏返して執行部の立場から見ると、不連続な問題については、社内で蓄積された経験的知見が生きない場合があり、そこで異質な経験、バックグラウンドを持った独立社外取締役の知見を大いに使い倒せるチャンスがあるのだ。場合によっては企業の死命に関わる問題について、年俸1000万円そこそこで重要な役割を果たしてもらえたら、こんな安い買い物はない。

ただし、独立社外取締役がいればリスクテイクを促す環境が整うかというと、そんな単純なものではない。適切なリスクテイクを促すことができるか否かは、独立社外取締役の能力と姿勢次第である。すなわち、独立社外取締役自身が過度にリスク選好になってはならないが、逆に社外取締役があまりにもリスクに回避的すぎると、それが取締役会全体に伝染してしまう。言い換えれば、独立社外取締役がダウンサイドリスクの回避のみにバイアスされず、リスクニュートラルな形で健全に機能すれば、トップマネジメントは社内のしがらみからも解放され、合理的なリスクテイクを行いやすくなるのである。

人は自分がよく知らないことに対しては、心理的に過度にリスク回避的になる。逆に自分が得意な領域に議論の土俵を持っていきたがる。例えば典型的な弁護士や会計士ばかりが独立社外取締役になると、この両方が相まって、リスクテイクに対して必要以上に消極的な影響を与えてしまう危険性がある。しかも重箱の隅をつつくような意見ばかりでは、意思決定のスピードを遅くしてしまうことにもなる。独立社外取締役はこうしたバイアスを自覚し、心理的なストレスに耐えて、アップサイドリスクとダウンサイドリスクの両方に中立的な立場を堅持し、経営判断について合理的、客観的に関わるべきである。

然るべき善管注意義務が果たされ、リスクの性格付け（アップサイドもダウンサイドも）を的確に把握した上での経営判断には「ビジネスジャッジメント・ルール」（経営判断の原則）が適用される（これは日本の会社法運用上も、最高裁判例などでほぼ確立された原則である）べきもので、株主代表訴訟の対象になる筋合いのものではない。

取締役会「春の陣」
――鈴木社長解任クーデター

桜の花が咲いたと思ったのは一週間前のことだったが、残念なことに昨晩季節外れの台風がやってきた。桜が舞い散るように、鈴木社長の液晶テレビ事業からの撤退という決断も儚く散っていった。

それは取締役会でのことだった。鈴木社長は液晶テレビ事業からの撤退について説明を始めた。「11月に報告した取締役会で液晶テレビ事業の四星電子への売却については、先方からのデューデリジェンスを終え、これから詳細な契約交渉に入る予定です。」

これに対して専務取締役の長谷部義弘（はせべよしひろ・60歳）が猛烈に反論した。長谷部専務は今はコンシューマー事業担当であるが、かつては液晶テレビ事業部の立ち上げにも関与しており、液晶テレビ事業に精通している。そしてこう言った。「中国企業に売却して我が社の従業員が浮かばれるのか。中国企業に売却して技術が流出し、日本の国力が低下してしまわないか。そもそも、液晶テレビ事業を売却しようという議論の発端は、赤字が続いていたからだ。確かに今までは足を引っ張ってきていたが、**今年度の業績は回復している（問1）。**これからが液晶テレビ事業の本当の勝負だ。今、投げ出すことは逃げにすぎない。だから液晶テレビ事業の売却は一度棚上げにするべきである。」

さらに車載部品事業部門の担当役員がたたみかけた。「先日の画像認識技術ベンチャーの件ですが、はっきり言ってうちの事業部門としては反対です。社内でも半導体センサーの自動運転技術での応用をねらったアルゴリズム開発をやっており、現場の開発技術者たちは、わざわざ訳の分からない米国のベンチャーの技術をリスクの大きな買収で手に入れる意味はないと言っています。」

いずれのM&A案件も、以前の取締役会で交渉を進めていることについて鈴木社長からの報告を了承したあと、特に決議事項として改めて議論はされず、そのまま交渉が継続されていたが、それに横槍を投げてきたのである。

秋月社外取締役は、鈴木社長を応援するように発言した。「確かに、液晶テレビ事業の今年度の業績は回復していますが、今年の好調はたまたま円安が進んだからです。根本的な解決にはなっていないので、もし反対するなら、この事業に対する考え方を明確に示していただく必要があると思います。ここで液晶テレビ事業をどうするのか、白黒をはっきりつける戦略的な意思決定をすべきだということです。」「資料を見る限り、米国のベンチャー企業はシリコンバレー大学のトップサイエンティストたちで設立された会社のようです。技術評価も、ある意味、競合技術に取り組んでいる担当者の意見では客観性に欠けます。より第三者的立場の専門家に評価してもらったらどうでしょう。」

しかし、秋月社外取締役の発言をかき消すように、取締役経営企画部長が答えた。「私も液晶テレビ事業の売却には反対する。今までの円高こそがおかしかったのである し、今年は8Kに対応した新商品も発売する。米国のベンチャーの件も鈴木社長の知り合いルートからの紹介案件であり、持ち込み経緯が不透明だ。そこで、独断で重大なM&A交渉を進め、混乱を招いた責任を取ってもらうために、私たちは鈴木社長の代表取締役解任を提案します。」取締役経営企画部長は、鈴木社長派だったはずなのだが、いつの間にか寝返っていたのだった。これには鈴木社長も驚き、動揺を隠せない。

そこで、小西会長が割って入ってきた。「まぁまぁ、いきなり代表取締役社長を解任するというのも穏当ではないね。あまり目立った動きになると竹電自体の信用にかかわって、お客様や取引先にご迷惑をおかけすることになる。幸い液晶テレビ事業売却の件もベンチャー買収の件も、まだ外部には漏れていない。どうだろう、次の株主総会までに鈴木社長には辞任してもらって、長谷部専務に次の社長を引き継いでもらったらいいのではないか。鈴木社長は、どう思いますか。どうやら長谷部専務の方が多数派のようだし、こんなことが社外に漏れると逆に立場が悪くなると私は思いますが。」

小西会長は、自分に思い入れのある液晶テレビ事業の売却に待ったをかけるため、腹心の長谷部専務を焚き付けたようである。

鈴木社長は、うつむき考えていた。正直、解任だなんて全く兆候を感じていなかった。同じ釜の飯を食った仲間だと思っていた経営企画部長にも手のひらを返されるとは……。にわかには信じられないが、完敗だ。そう思ってこう発言した。「小西会長、承知いたしました。健康上の理由ということで、取締役社長を辞任することといたします。」

森島社外取締役は、社外取締役に誘ってくれた小西会長に反対するわけにもいかないし、他方で、社内の権力闘争に巻き込まれてはたまったもんじゃないと思い、だんまりを決め込んでいた。

秋月社外取締役も、社長本人が自ら辞めると言い出されたのでは、手の打ちようがなくなってしまった。しかし彼女は、竹電のガバナンス体制を強化するためには、まずは小西会長の影響力をどうにかして消していかなければならないなとも改めて思った。**「そういえば、鈴木社長を指名したのも小西会長だったと聞いたことがある。小西会長の権力の源泉は、その人事権にあるようだから、そこをどうにかする仕組みを入れないといけないな。そのためには、やっぱり指名諮問委員会・報酬諮問委員会の設置が必要だ。」と決意を新たにした（問3）。**

小西会長たちは、とにかく世間体が気になる人たちだし、せっかく無血クーデターに成功したのだから、さらに就任わずか1年の有名人、秋月藍子自身をも独立社外取締役から退かせるようなリスクは取らないだろう。秋月（社外取締役）としては、ここは静かに忍んで反撃のチャンスを伺うことにした。

問1

独立社外取締役は好調時には何もしないでいいの？

業績好調の真因は経営の成果か、持続的なものなのか

攻めのガバナンスがコーポレートガバナンス・コードの目的なのであれば、業績が良い企業には独立社外取締役は不要なのか？　業績好調時には独立社外取締役を選んでも意味がないのか？

もちろんそんなことはない。業績が悪化しているときには、厳しい監視・監督によって鞭を打って叱咤することと同時に、業績好調時にはその成果を評価し、もっと上を目指すべく激励すること、逆に好業績に油断することを戒めるのも社外取締役の重要な役割である。

特に、業績好調が経営努力の結果か否かかについては冷静に分析し、経営トップの評価にフィードバックしていくべきである。

例えば、為替のような自らコントロールできない要因で業績が好転した場合、その大半は経営力の成果とは言えない場合が多いし、長期的に持続的なものとも言い難いといった分析である。

経営トップの立場からすれば、日々、厳しい競争の中で業務執行を担い、必死に成果を出そうとしているのであるし、基本的には結果で評価されるのであるから、どんな原因であろうが好業績はうれしい。業績不振よりも好調の方が望ましいに決まっている。

しかし、好業績時には、当事者ほど、どうしても「緩み」が出るのが人情である。「勝ちに不思議の勝ちあり、負けに不思議の負けなし」（松浦静山）と言われるように、好業績は偶然も含めた多くの要因が重なってもたらされる場合が多いのだが、それが必然の好業績、今後も再現可能なものだと過信してしまうのが人間である。

独立社外取締役からしても好業績は喜ばしいことではあるが、監督する立場が緩んではならない。独立社外取締役は、近い場所にいる第三者的、客観的な立場から、好業績の真因について冷静な議論を提起すべきである。それが本当に経営の成果なのか、長期的に持続可能なものなのかについて客観的に評価し、好業績の中に潜むリスクや落とし穴に関する「気づき」を経営陣に与える役割を果たすべきである。

特に、撤退・売却を決めた事業であるにもかかわらず、少し業績が良くなってきたりすると、「やはり売却しなくてもいいのではないか、そうした方が従業員も幸せである」などと言いたくなってくる。その気持ちはよく分かるが、一度ノンコア事業と整理した事業なのであれば、そこからぶれてはならない。自社の中で頑張り続けても、構造的に負け戦になっている、あるいは基本的な成長戦略から外れているからノンコアと位置づけたのだ。竹電の液晶テレビ事業も、完全にコモディティー化が進んでパワーゲーム化しており、得意のすり合せ技術力の勝負ではなくなっている。加えて世界的に過当競争であり、下手をすると勝者なき産業になるリスクもある。むしろ景気循環で業績が少し良くなっているときの方が売り時かもしれないのだ。

最近ではJTが同じような発想で、飲料事業部門を見事に売却している。ノンコア事業であるにもかかわらず会社に残しておくよりも、それをコア事業と位置付ける企業に売却して、そこで活躍の場を得る方が、従業員としても幸せなのである。筆者は、今まで多くのM&Aに関与してきたが、売却対象事業に選ばれた事業部の人たちは、最初はショックを受けて拒絶するものの、売却実行後には幸せに働いていることの方が多い。

問2　経営トップの指名はどうあるべきか？

指名諮問委員会とサクセッションプラン

サラリーマン共同体的な日本企業においては、サラリーマンの出世競争の延長線上でトップマネジメントが決まる場合が少なくない。もっぱら前任社長が後任者を決めるケースが多く、前任者がコントロールしやすい後任者を選任するおそれがある。あるいは会長や相談役が力を持ち続けて後継者の選任に延々と影響力を与え続ける場合もある。前にも指摘したいわゆるOBガバナンスがまだまだ幅を利かせていて、客観的な視点が欠けているのである。

OBガバナンスの世界では、会長・社長自らが日ごろからコミュニケーションしている範囲内で次期社長が指名される。そして年次や社内の政治的なバランス、過去のトップ人事慣行なども考慮して、次期後継者が選ばれるというのが新社長誕生パターンの王道である。そうすると年功序列型組織の中では、次期社長候補の対象は前社長マイナス5歳から10歳という狭い範囲に絞られてしまいがちだ。その結果、日本では社長の選解任と企業の業績は関係が薄いと言われている上に、取締役までの経験は、往々にして短期的な組織事情で決まるといったことが起こってしまう。要は、5年から10年に一度の最も戦略的に重要な意思決定である経営トップの指名が、大した時間もエネルギーも使わない上に、極めて不透明で恣意的な方法で行われている実態があるのだ。

しかし、個人の主観的な好き・嫌いや社内政治によって社長が選任されてはならないのは当然であり、株主などの第三者に対しても説明できる透明性のある手続きを踏んで、企業価値を最大化することができると客観的に判断される人間を社長に選任しなければならない。

このようなトップマネジメントの選任にガバナンスを効かせるためには、後継者の計画（サクセッションプラン）を策定し独立社外取締役がモニタリングを実施することが重要である。そして、監査役会設置会社や監査委員会設置会社においても独立社外取締役が過半数を占める指名諮問委員会を設置し、独立社外取締役が委員長に就任することが求められる。

コーポレートガバナンス・コードでも、この点を明確に規定している。OBガバナンスには名実ともに別れを告げなくてはならない時代がやってきたのである。

補充原則4―1③　取締役会は、会社の目指すところ（経営理念等）や具体的な経営戦略を踏まえ、最高経営責任者（CEO）等の後継者計画（プランニング）の策定・運用に主体的に関与するとともに、後継者候補の育成が十分な時間と資源をかけて計画的に行われていくよう、適切に監督を行うべきである。

例えば、筆者の一人が独立社外取締役を務めるオムロンは、監査役会設置会社ではあるが、任意の指名諮問委員会に加え、同じく任意の社長指名委員会をも設置しており、いずれも独立社外取締役である筆者は委員長を務めている。社長指名委員会は、独立社外取締役2名に加えて、社内取締役も非業務執行の取締役で構成されている。こうした体制で、執行サイドと力を合わせつつ、数年単位の長い時間と手間をかけて、次期社長候補を評価・選抜していく仕組みとなっている。

そのプロセスの中では次期社長候補の業務上の成績を見るだけではなく、人となりを見るために、例えば飲み会などのプライベートな場での行動の評判までも情報収集して判断の材料とした。このときには色々なタイプの社長後継者候補をそろえることが重要である。現役社長に何かあったときのためのピンチヒッター的な社長候補をストックしておくことも重要であるし、実際に社長に就任してもらうときの経済環境・経営環境に合わせてどのような社長を登板させるべきかを想定して調整型の候補者も用意する一方で、強いリーダーシップを発揮するどちらかというとトップダウン型の候補者などあらゆるタイプをそろえておくことが重要である。

その結果、社長指名委員会は、数年前、当時49歳だった山田義仁氏をCEOに指名した。当時は「大抜擢」「驚きの人事」「17人抜き」などとニュースになっていた。終身雇用・年功序列慣行の強い日本企業的には確かにそのように報道される珍事件にうつったのかもしれない。

しかし、前任社長も私たちも、単にオムロンの企業価値の向上のために誰が一番の適任かを突き詰めただけだ。その際には、「守りの時期か、攻めの時期か」「再生期か成長期か」「グローバル化を進めている時期か、国内の基盤を固めている時期か」「産業構造の転換が生じる時期か、しばらく産業構造は変わらない時期か」「労働集約的な事業で大勢を引っ張っていくリーダーが必要か、知識集約的な事業で調整がうまいリーダーが必要か」などなどあらゆる要素を考慮して、前任社長と話し合いながら3人に絞り込み、最終的には社長指名委員会だけで最後の一人、山田氏を選んだだけのことである。もちろん「何人抜きか？」なんて要素は一顧だにしなかった。その一方でこの間、足かけ4年の年月と大変な工数をかけている。


オムロンの場合、若ければいいかというとそう単純な話ではないが、グローバル企業という特性上、その社長は全世界を飛び回るタフネスさが要求される。それに本格的な製造業においては、経営的に根本的な打ち手の効果は最低3～5年後に現れる。その意味で責任ある経営行動を取るにはやはり10年くらいの任期が望ましい。すると就任時に60歳前後というのはさすがにきついのである。武田薬品が外国人経営者クリストフ・ウェバー氏（当時47歳）を選任したのもそのタフネスさとグローバルの経営感覚を重視してのことだったと思う。

この後継者計画は、仮に40代後半でCEOに就任してもらい、10年くらいCEOをつとめる前提で考えると、30代から相当数の候補者（竹電クラスならこの時点で30名くらいだろう）を社長育成プログラムにのせ、鍛え、試しながらリシャッフルを繰り返していく必要がある。そして10年くらいをかけて適性を見極めつつ絞り込んでいく。このようなスパンで明確な社長育成プランを策定している日本企業はほとんどない。

日本企業における現在の部長の平均年齢52歳、課長48歳、係長44歳であるが、これよりも若い年齢層がターゲットになるのである。裏返して言えば、44歳で係長というのは遅すぎるということである。

また、サクセッションプランを策定していくと、次期社長後継者たちにどのタイミングでどのような経験をさせていくかというのが非常に重要となってくる。今の日本企業では、子会社の社長ポジションが、「上がり」のポジションになっていることも多い。年功序列の組織の中では、ポストを用意することが重要になってしまうからである。しかし、子会社の社長となって一つの組織を引っ張っていくことはリーダーシップを体得させる上で非常に重要な経験である。特に負け戦を戦わせることは重要で、グローバルメーカーなら、新興国のボロボロの子会社の社長などは最高の舞台である。だから、これを上りのポジション、あるいは左遷ポストではなく、次の社長育成に向けた重要なポジションに変えていくことが重要である。そして、次期社長の要件定義を取締役会と執行部が協力して行い、次期社長候補が経験するべき事項をリストアップしていくことが重要である。

さらに社長の任期に関しても、年功制サラリーマンの究極の上がりポストとしては、順番待ちの人もいるのだから2期4年くらいで後進に道を譲るというのが、組織内に波風が立たず落ち着きがいいという感覚がまだまだ一般的である。しかし、既に指摘したように、今どき、トップ経営者の能力は、企業全体の死命に関わる。はっきり言って社長ポスト、CEOポストは順番待ちで担えるような役職ではない。ましてや長年、頑張ってきた報酬などではまったくありえない。その観点からは、極端な話、当該トップが良いパフォーマンスを続ける限り、死ぬまでやってもらって構わない。こういう話をすると後継者リスクを言い立てる人々が出てくるが、それを長年、指摘されてきた企業に限って、長年にわたり好業績を維持しているのが現実だ。

取締役会からのガバナンスが効いていることを前提に、最も有能な人材がトップとなり、将来のトップとなるべき人材候補を真剣かつ公明正大に選び、鍛え、絞り込んでいく仕組みこそが大事なのである。2期4年だかで交代するルールなどはガバナンスでもなんでもない。

かつての日本企業では、社長は上がりポストになっていて、社長がリーダーシップを発揮できないとしても、社員が現場で一丸となって一生懸命働けば、会社が存続・成長できた時代があったかもしれない。しかし、今は、社長が24時間365日、誰よりも真剣に働かなければならない時代になっている。だからこそ社長指名は真剣勝負である。

経営トップの選任手続きに客観性、透明性をもたせる上で開示を活用することも重要

経営トップの選任について、客観性、透明性を持たせるためには、経営者幹部選解任の基準

とプロセスを、社内外にできるだけ開示すべきである。例えば、オムロンでは、山田氏を社長に指名した経緯や資質、期待する役割などについて、前社長である作田久男氏と筆者が対談形式で語ったものを、詳細に開示している。

日本企業の経営トップ選任プロセスをさらに不透明にしている一つの要因は、院政をしいている相談役や会長の存在である。経営トップである取締役社長から会長に退いたにもかかわらず、経営の実権を保持し続けている場合も少なくない。竹電の場合も会長が実権を握った状態に陥ってしまっている。このような状態では、経営トップの権限と責任の所在が不明確になる。それが権力闘争の火種になったり、重要な意思決定が密室で行われるなどの弊害が生ずるおそれがある。鈴木社長の解任劇や、それに伴う液晶テレビ撤退方針の凍結は、こうした闇の権力構造と密室劇の典型である。

筆者は、引退した社長は、できるだけ会長や相談役といった形でその会社には残らず、次の活躍の機会を求めて別の会社の社長や社外取締役などを務めるようにするべきであり、会長職を設置する企業は、その権限や責任を明文化すべきと考える。

例えば、会長になったら、代表権は返上して執行への関与は一切せず、取締役会議長として、ガバナンスの側に徹するという選択もありうる。ただし、もしこのように取締役会議長を兼任する前提で会長職を位置づけるとすると、ここでも本来はその要件を明確に定義する必要がある。社長退任後の宛て職ではなく、ガバナンスの要としての役職にふさわしい人物の要件に当てはまる人物を社内外から選抜する手順をしっかりと決め、それに基づいた指名を、これまた指名委員会、指名諮問委員会のような場所で客観的に選定するのが、本来、あるべき姿なのだ。

したがって社長を辞めたら当然に取締役会議長を兼務する会長となるわけではないということになる。

こうした事柄は、現在のコードでは明記されていないが、そこで体系的に示されているガバナンスの考え方を推し進めていくと、こうした方向で進んでいくのが筋なのである。いずれにせよ指名に関して、客観的で透明な選定手続きを取ること、すなわち監査役会設置会社でも、本格的な指名諮問委員会方式で社長を含む指名を行うことが標準的になるのは時間の問題だろう。

いずれにせよこの時点での竹電の実態は、そこからはかけ離れているということである。

取締役会「決戦」
――指名・報酬諮問委員会の設置

チャンスというものはいつも急に舞い込んでくるものである。しかし、フランスの大生化学者パスツールの名言にもある通り、そのチャンスをつかむことができるかは、その日に備えていつでも戦える準備をしているか否かにかかっている。秋月社外取締役は、その準備を怠ることがなかった。

秋月社外取締役がいつものようにコーヒーを片手に朝刊を読んでいると、衝撃的なニュースが目に飛び込んできた。

「西浦電気！不適切会計か！」

西浦電気は、2013年度の決算で、インフラ事業の一部案件の会計処理が適切でなかった疑いがあると発表した。事実関係の調査を行うため第三者委員会を設置し、1カ月をめどに結果を得る。

インフラ事業の受注案件の会計処理で、費用が過少に見積もられていた可能性があるという。会計処理の疑いは3月に判明し、第三者委員会を設置。委員会は、社外の弁護士と公認会計士を含めた計3人の委員で構成。調査結果を踏まえて、改善や再発防止策を検討する。

西浦電気のニュースを見て、秋月社外取締役は同じ総合電機メーカーである竹電でも同じことが起きないか心配になった。早速、田中室長へと電話を掛けた。「今回の西浦電気のニュースをご覧になりましたか？　これに関して、長谷部新社長と打ち合わせをセッティングしていただけますでしょうか？」

鈴木社長は辞任することとなり、新社長には小西会長の思惑どおり長谷部専務、もとい長谷部社長が就任することになったのであった。

田中室長も秋月社外取締役と同じことを考えていて、田中室長からも秋月社外取締役に電話しようと思っていたところだった。田中室長は取締役会での秋月社外取締役の行動を見ていていつの間にか秋月社外取締役に頼るようになっていたのである。田中室長は答えた。「承知いたしました。ぜひよろしくお願いいたします。1週間後の夕方にちょうど長谷部新社長と私が打ち合わせを行う予定でした。その時間を使っていただければと思います。」

＊　＊　＊

1週間後の夕方、秋月社外取締役は竹電の社長室で長谷部社長に詰め寄った。「今回の西浦のニュースを受けて、念のため竹電でも社内調査を実施するべきです。」

秋月社外取締役の真剣な面持ちとは対照的に、長谷部社長は呑気に構えている。

「秋月さん、意図は分かりますが、我が社に限って不適切会計なんて行われているわけがありません。」

秋月社外取締役は食い下がる。「こういった事態は熱が冷めないうちに早め早めに対応することが肝心です。」

同席していた小西会長が横から割って入ってきた。小西会長は当初打ち合わせに入る予定はなかったけれども、どこからか長谷部社長と秋月社外取締役が打ち合わせすると聞きつけて、同席してきたのだった。こういうときの嗅覚は本当に鋭い。「長谷部社長、私は秋月さんの懸念も、もっともだと思いますよ。ただね、秋月さん、西浦の件も未だどうなるか分からない。そんなに性急に対応しないでもいいではないでしょうか。まずは状況を注視しつつ、今後の対応を考えることとしましょう。」

秋月社外取締役は強硬に社内調査の必要性を主張したが、水掛け論にしかならない。今日はいったん引き下がるが作戦を練ってから出直すことにしよう。こういうときは、まずは味方を探す必要があるな……。

＊　＊　＊

秋月社外取締役は、誰を味方につけるか考えていた。結局、社内の人間だと自分がやっている不正を暴くことになるかも知れないから協力してはくれないだろう。森島氏は社外取締役ではあるが、小西会長との間柄を考えると難しいだろう。社外監査役で弁護士の赤石学（あかいしまなぶ）は頼りになりそうだ。しかし味方が1名では分が悪い……。

秋月社外取締役が自分の執務室でため息をついたとき、彼女の秘書が入ってきた。手には一枚の手紙を持っている。「秋月さん、こんな手紙が来ています。なんだか気持ちが悪い文章ですが、いたずらでしょうか？」

秋月社外取締役は全10ページにわたる手紙を受け取り、一行一行、読み始めた。

内部告発状

２０XX年X月X日

拝啓　竹電社外取締役・社外監査役の皆様

私は竹上電器株式会社の経営実態をここに告発したく、お手紙を差し上げます。小西会長の社長時代から続く粉飾決算によって、竹電は実は瀕死の状態です。私はこの実体を告発いたします。皆様のお力をお借りして竹電を救いたいと思っている次第です。

記

少々長いですが、まず同社の背景から、そして粉飾決算の実体を説明させて下さい。

（竹電の概要）

……

（粉飾決算①）

……

……

以上

簡単に要約すると、竹電では液晶テレビ事業の赤字を埋めるために粉飾決算が行われている。その手段は、取引先に液晶テレビの在庫を販売したことにして決算後に買い戻す、いわゆる「押し込み」と言われる方法だ。金額は200億円と西浦の粉飾決算に比べたら微々たるものであるが、粉飾は粉飾だ。そして、これを主導したのは当時社長だった小西会長だというのだ。

秋月社外取締役は、最初は眉唾ものだと思って手紙を読み始めたが、手紙を読み終えて、これは本物であると確信した。告発内容は、かなり個別具体的であり、秋月社外取締役が経営再生機構で経験したスズボウ粉飾事件でも使われていた手口だった。

そのとき、秋月社外取締役の携帯電話が突然鳴った。森島社外取締役からだ。彼女が電話に出ると、森島社外取締役は切り出した。「私のところにふざけた告発状というものが届きました。秋月さんのところにも届きましたか?」彼女が届いていると答えると、森島社外取締役は「とりあえず届いているかを確認したかったんだ。」と言って急いで電話を切った。

この手紙をもって長谷部社長と打ち合わせをセッティングしよう。さっきの電話からすると森島社外取締役は告発状のことを真剣に考えていないのではないか。そうだ、今ではすっかり改革派になった田中室長にも同席してもらおう。おっとその前に赤石社外監査役との作戦会議だな。

＊　＊　＊

数日後、竹電の社長室に、長谷部社長、赤石社外監査役、田中室長、そして秋月社外取締役が揃っていた。事前に赤石社外監査役と田中室長が手を回してくれたおかげで、今日の打ち合わせは小西会長の耳には入っていなかった。4人は内部告発文書を眺め終わった後、目を見合わせずにうつむいていた。

沈黙を破ったのは長谷部社長の一言だった。「確かにこれはまずいね……。秋月さん、先日はせっかくアドバイスをもらったのにすみませんでした。赤石さん、こういったときはどう対応しなければならないでしょうか?」

赤石社外監査役は、答えた。「ただちに真相を解明することを取締役会で決議してください。そのあとは、過去の決算を訂正する必要があるかもしれません。」さらに秋月社外取締役も「私は経営再生機構でスズボウの巨額粉飾事件に関わりましたが、結局、あの事件では、こうした内部告発を握りつぶして問題を先送りした経営者たちが逮捕され、有罪判決を受けています。長谷部社長ご自身が過去の不適正な会計処理に関わっていなくても、ここでの対応いかんでは、不作為責任を問われるかもしれませんよ。」と追い打ちをかけた。

＊　＊　＊

決戦の取締役会がやってきた。秋月社外取締役が内部告発状の内容を説明し、告発された張本人である小西会長に説明を求めた。

実は、小西会長は取締役会前日、森島社外取締役とゴルフで一緒だったとき、彼から「ふざけた」内部告発状のことを聞いていた。森島社外取締役は全く真剣にとらえていなかったようであるが、小西会長は気になったので今日の取締役会の後に森島から内部告発状を見せてもらおうと思っていたところだった。しかし、秋月社外取締役に先手を打たれた形だった。これほどまでに秋月社外取締役が速く動くとは……。

小西会長はもう逃げ場はないと思ったのかこう答えた。「真相解明と信頼回復に向けて全力で協力いたします。」

秋月社外取締役は畳み掛けた。「今回の不適切会計の根本的な原因は、社内のガバナンスが効いていないことにあります。この不適切会計を公表すれば、ガバナンス体制の不備を指摘するマスコミが必ず出てきます。だからこそ先手を打って、**今回の公表に合わせて、指名諮問委員会・報酬諮問委員会を導入しましょう！」（問1）**。秋月社外取締役の顔からはいつもの笑顔が消えていた。ものすごい気迫だ。さらには、長谷部社長に対して、会計不祥事の原因にもなった液晶テレビ事業についてはっきりした方針を打ち出すべく直ちに検討を始めること、そして数か月以内に取締役会で議論することを迫り、約束させた。

これに対し、かつては強硬に反対した小西会長も今は何も言えなかった。ついに秋月社外取締役は念願の指名諮問委員会・報酬諮問委員会の導入に成功し、加えて液晶テレビ事業問題への再着手の道筋も開いたのだった。しかし、秋月社外取締役は思っていた、これは未だ始まりにすぎないと。本番はこれから。指名諮問委員会・報酬諮問委員会が形だけに終わらず、実体として機能させることができるか、液晶テレビ事業について聖域もタブーもない議論ができるか、本当の勝負はこれからなのだ。

問1　指名諮問委員会・報酬諮問委員会は必置機関か？

基本的にはいずれも設置すべき

コーポレートガバナンス・コードでは、任意の委員会の仕組みを活用することによって、統治機能の充実を図るべきとされている。指名委員会等設置会社においては、指名・報酬委員会が必置機関とされているが、近年、監査役会設置会社においても、任意に指名・報酬に関する諮問委員会を設置している企業が増えてきている。このような企業は、優れたガバナンスモデルとして評価されている。

【原則4―10．任意の仕組みの活用】上場会社は、会社法が定める会社の機関設計のうち会社の特性に応じて最も適切な形態を採用するに当たり、必要に応じて任意の仕組みを活用することにより、統治機能の更なる充実を図るべきである。

言うまでもなく、任意の諮問機関が必要とされる理由は、取締役会のモニタリング機能を強化するためである。ガバナンスとはすなわち権力メカニズムのことであり、企業における究極のそれは経営トップを含む幹部の人事と報酬である。その意味で経営トップや経営幹部の指名と報酬の仕組みはガバナンス上極めて重要な意味を持つ。これが適正に機能することがガバナンスのすべてを左右するといっても過言ではない。

特に、業務執行兼務の取締役が過半数を占める取締役会においては、独立社外取締役だけではトップマネジメントの選解任を行うことは困難であるため、指名・報酬に関する任意の諮問委員会を設置することによって、モニタリング機能を強化していく必要性が高い。

独立社外取締役の人数が多い場合、過半数を超えている場合には？

ところで、コーポレートガバナンス・コードでは、独立社外取締役が「過半数に達していない」場合には、任意の諮問委員会を設置するべきとする。

> **補充原則4―10①　上場会社が監査役会設置会社または監査等委員会設置会社であって、独立社外取締役が取締役会の過半数に達していない場合には、経営陣幹部・取締役の指名・報酬などに係る取締役会の機能の独立性・客観性と説明責任を強化するため、取締役会の下に独立社外取締役を主要な構成員とする任意の指名委員会・報酬委員会など、独立した諮問委員会を設置することにより、指名・報酬などの特に重要な事項に関する検討に当たり独立社外取締役の適切な関与・助言を得るべきである。**

とすると、独立社外取締役が過半数を超えている場合にも任意の委員会の設置が必要なのかという疑問も生じる。確かに、監査役会設置会社や監査等委員会設置会社において、取締役会自体の過半数が独立社外取締役で構成されている場合には、任意の諮問委員会がなくとも独立社外取締役の意見を反映させやすい。

しかしながら、任意の委員会を設置することの利点は大きい。効率的な取締役会の運営や独立社外取締役の役割分担のために、比較的少人数でじっくりと議論ができる任意の諮問機関を設置することは非常に効果的だからである。例えば、取締役会全体で前述の後継者計画（サクセッションプラン）を策定すると、人数が多くて責任の所在が不明確になりやすい。また、サクセッションプランの作成とそのモニタリングには時間を要するので、取締役会で行うには限界がある。

したがって、監査等委員会設置会社、監査役会設置会社においても、任意の諮問委員会、中でも日本企業の権力作用上、より重大な課題である指名について、諮問委員会の設置は非常に強く推奨されるべきである。

結局、取締役会の機関設計の如何、独立社外取締役の数や比率の如何にかかわらず、よりガバナンスの真髄部分に関わる「指名」については、社外取締役を中心に何らかの委員会を設置して、そこを舞台に真剣勝負で次期トップの選定を行うことは、もはや不可避の流れとなっていくだろう。

ちなみに社長が後任の指名権を失うと求心力を失う、その結果、会社がバラバラになってしまっては本末転倒だという人もいるが、後継人事権を盾にしなければ経営ができないような人間であれば、そもそも社長として相応しくない人材である。社長の職責はリーダーシップを発揮して、実績をあげて会社を引っ張ることだ。だからこの人について行ったら大丈夫だと思えるような人を選ばなければ、その会社に未来はない。

そして、この任意の委員会では、独立社外取締役を十分に機能させるには、社外だからといってお客様扱いしてはならない。むしろ、できるだけ時間とエネルギーを使わせ、大いに利用してやろうと思うくらいのしたたかさが必要である。

また、独立社外取締役がこの社長指名に実効的に関与できるようにするため、できる限り社長候補者たちと独立社外取締役を引き合わせる機会を設けるべきである。例えば、毎月の取締役会の前後に社長候補者との時間を意識的に設けるとか、独立社外取締役から社長候補者に対していつでも事業について質疑応答できるようにすることも重要である。リーダー候補研修の講師を独立社外取締役に引き受けてもらうなど、色々な工夫をすべきである。

監査等委員会設置会社の位置づけ

新たに会社法によって、指名委員会等設置会社と監査役会設置会社ではない、第三の機関設計である監査等委員会設置会社が認められるようになった。この監査等委員会設置会社に移行したにもかかわらず、任意の諮問機関としての指名委員会や報酬委員会を置いていない企業は要注意である。なぜならば、監査等委員会設置会社においては、監査役会は置かれず、社外取締役半数以上によって構成される監査委員会が設置されるのみだからである。

しかも、監査等委員会設置会社においては、社外役員は、監査委員会に入る社外取締役2名で足りる。他方で、監査役会設置会社では、社外監査役2名に加えて社外取締役2名であるから、合計4名の社外役員が選任されることになる。したがって、前述したように独立社外取締役の2名の確保を監査役から取締役への看板掛け替えですませたい、あるいは社外の役員の数を少なくしたいがゆえに監査等委員会設置会社に移行する会社が隠されているかもしれないのである。監査等委員会設置会社に移行しつつも、独立社外取締役の数が取締役会の半数未満、さらには3分の1を超えないような企業は、ガバナンスを強化することに躊躇しているのではないか、という疑義を市場関係者からも指摘されている。

そもそも監査等委員会設置会社は、監査役会設置会社の社外監査役には代表取締役の解任権が認められないという問題点を克服する一方で、指名委員会・報酬委員会を設置したくない企業のために、妥協点として生み出されたガバナンス体制である。こうした「逃げ場」があったことが、今回のコーポレートガバナンス・コード策定に対する抵抗を和らげた側面は否定しないが、裏返して言えば、この妥協の産物を利用しているということ自体が、形だけを整える「逃げ場」として監査等委員会設置会社を選択したのではないかとも言えるのである。

今年（2015年）の株主総会で監査等委員会設置会社に移行した企業が、従前の社外監査役を社外取締役に横滑りさせたという報道もあった。「守り」のガバナンスを担当する社外監査役と「攻め」のガバナンスを担う社外取締役とでは、求められる役割が異なる。もちろん守りの担当者がいなくなってしまうのも困るが、攻めの社外取締役を選任していない企業は、実質論として今回のコーポレートガバナンス・コードにコンプライしているとはいえず、なぜそういう体制を取るのかについてエクスプレインするべきである。

誰がための諮問機関か？　社長？　それとも取締役会？

ちなみに、諮問委員会というのは、社長に対する諮問機関と認識している企業も多いようである。ある企業の指名諮問委員会の目的は、「代表取締役による役員指名の適切な行使を監督し助言すること」と規定されている。日本を代表する企業である。

しかし、この役割は、取締役会に対する諮問機関として位置付けなければならない。これは会社法上の構成上も、株主総会決議事項である取締役や監査役については当然であるし、取締役会決議事項である代表取締役、すなわち経営トップに関しても同様である。コード以前の会社法の要請として、社長人事を含めたこれらの人事権を代表取締役は有していないのであるから、代表取締役に対して「諮問」するのはナンセンスなのだ。

裏返して言えば、任意の指名諮問委員会や報酬諮問委員会は、代表取締役の諮問機関ではなく、取締役会の諮問機関として位置付けられることは当然である。ちなみに、指名委員会等設置会社においては、委員会の決定に対して取締役会の承認さえ不要とし、いきなりその上位機関である株主総会に提議することとしているのである。

また、任意の諮問機関においては、独立社外取締役の意見が色濃く反映されるよう、その実質過半数は独立社外取締役によって占められるよう設計しなければならないことも、これまで何度も繰り返してきた通りである。

第6章

外部ガバナンス

株主とステークホルダー

株価ばかりを気にする社長
——株主との正しい付き合い方

先般の竹電内での不正会計事件は対外的に公表され、外部の専門家に委託した第三者調査会によって内部調査が実施されることとなった。竹電の利益額に比べると大きな影響はないと判断されているため、上場廃止は免れそうであるが、当然のことながら、竹電の株価は大きく下落することとなった。このような状況にあるからかはわからないが、**長谷部社長は株価をやたらと気にしている（問1）。**田中室長は長谷部社長から取締役会において、毎回、当月の株価と競合他社の株価を比較する資料を提出するよう指示を受けた。

ちなみに、長谷部社長は先進的な経営手法を取り入れることを自称している。ブルーバード大学ビジネススクールを卒業し、竹電の米国法人「TAKEDEN USA」の社長を5年務めた。そのため、米国型コーポレートガバナンスの影響を強く受けている。日本企業の経営者には珍しく(?)、頭の中は、妙に株主主権型のコーポレートガバナンス論に傾倒しているようだ。

長谷部社長はさらに田中室長にこう話した。「ROEを向上し、株価を高めて、離れていった株主に帰ってきてもらうため、**来期から自社株買いを行おうと思っている(問2)。最近ではマスコミも、企業は内部留保をため込みすぎているので、この内部留保を取り崩して、配当・自社株買いや従業員への報酬にまわすべきだと報道することが多い。このような批判を受けないためにも、自社株買いは極めて有効だと思う(問3)。**」

＊　＊　＊

長谷部社長から自社株買いの意向を聞いたのは昨日のことだったが、そのさなか、田中室長は、ＩＲ担当者から電話を貰った。ＩＲ担当者いわく「悪名高いハゲタカファンド『プラチナ・パートナーズ』が、自社株買いと増配を求めてきた。」とのことである。

プラチナ・パートナーズは、米国の有名なアクティビストファンドであり、株式を高値で引き取らせることを要求するいわゆるグリーンメーラーである。先日、会計不祥事に関連して竹電の株価が下落したことに乗じて、竹電株を5％保有したことで社内では大きなニュースとなっていたが、ついに、直接、竹電に対して、「自社株買いを行え！」などの要求を突き付けてきたのである。

グリーンメーラーとはいえ、大株主である。長谷部社長は、流石に無視することはできないと考え、田中室長に対して、プラチナ・パートナーズの代表である村山茂樹（むらやましげき・45歳）とのミーティングのセットを命じた。
当日、村山氏の説明資料には次の点が記載されている。

- **株主は企業価値を高める意味で同じ船に乗っているので、利害関係は一致している**
- **会社法では、株主は会社の所有者とされている。だから、ガバナンス上の主導権も株主が担うべきである**
- **プラチナ・パートナーズは過去にも総合電機メーカーに対して投資しており、我々が投資することは竹電にとっても大きなメリットになる**

長谷部社長は、村山の勢いにたじろいでいるようだった。しかも、もともと米国型株主主権ガバナンスに傾倒している長谷部社長である。**村山の言うことを無視できるわけもなく（問4）、基本的には受け入れると回答してしまった（問5）。**

ミーティング後、長谷部社長は田中室長に対してこういった。「これからは株主を大事にした経営を実現しなければならない。株主こそガバナンスの中心である。米国では株主を重視する経営が評価されている。我が国も間違いなくそっちの方向に行くだろう。」

田中室長は、長年にわたる本業の不振で財務体質もかなり悪化している中で、みかけのＲＯＥや一株当たり利益を増やすために増配や自己株買いをやることには大きな疑問を感じていた。

　秋月社外取締役にアポを入れ、「業績悪化は円安で一息ついているが、これとていつまで続くか分からないし、中国経済の減速も心配」「いつ何時、リーマンショックのような経済危機が起きるか予断を許さないような気がするが、秋月さんはどう思われますか」と聞いてみた。秋月社外取締役も「私も同じような懸念を持っています。ただ竹電のＲＯＥ水準が長年にわたり2～3％前後に低迷しているのも事実なので、それを持続的に高める方策については真剣に検討する必要があります。私は資本市場の専門家ではありませんが、できるだけ田中さんの力になりますよ」と言ってくれた。

　田中室長としては、今のところ長谷部社長や村山氏の言い分を完全に論破できるような強いロジックを持っていないし、まずは長谷部社長の顔も立てつつ、あまり財務体質が傷まないよう、できるだけ小規模の自社株買いにとどめる線でまとめるつもりでいる。

問1

株価は適切なガバナンスとして機能するか？

株価形成が効率的になると長期ガバナンスは弱まるという市場のパラドックス

米国式の経営者は、株価を高めることを重視して経営する。経営者は、株主から経営を委託されていると認識しており、株価を最大化することこそが、経営者の一番の責務と考えているからである。いかにも米国で企業経営を学んだインテリの長谷部社長らしく株価を気にしている。株価を追い求める経営は正しいのか？

株価は、需要と供給によって決まる。売りたい人が多いけれども買いたい人が少なければ株価が下がる。したがって、株価を気にすることは原則的には正しい。「Wall Street Rule」(投資先企業の経営に関して不満があれば、その企業の株式を売却することで不満は解消される)という市場原理を利用したガバナンスが機能しているということである。また、株式が売却されることによって株価が下がり、(敵対的)買収される可能性が高まる。理屈上は、これが経営者に対するガバナンスとして働くということである。加えて、株主価値を高めるためには、基本的には企業価値を高める必要があるため、株価を高める経営は長期持続的な成長の実現にとって望ましい場合があるとも言える。

ところが、そう単純には行かない事情が存在する。つまり、株価によるガバナンスが適切に働くためには、当然のことながら株価が企業価値を適切に反映している必要がある。すなわち、企業価値が高まったときには株式価値が同じく高まり、企業価値が低くなったときには株式価値が低くなるということである。企業価値と株主価値は通常は連動する。しかし、企業価値が低くなっているにもかかわらず、株式価値が高くなることも起こりうる。

株価が適切に形成されるためには、十分な数の売り手、買い手がいて、頻繁に売り買いがなされることが重要である。世界の主要市場の株式の回転数、すなわち株式の売買頻度は基本的に多くなる傾向にあり、多くの売り手、買い手が活発に市場取引を行っていることが窺える。このことから、株価は適正な価格へと収斂しているとも思える。高い流動性のもとで形成された適正な株価をシグナルとして、株主ガバナンスが働くことは一般論としては、企業価値と株式価値を同じ方向に動かすものであり、一見、望ましい。

しかし、回転数が大きくなるということは、その逆数である、株式保有期間がどんどん短くなることを意味している。平均値で見ると、株式保有期間は約1年間にすぎない。このような短期的な株主が長期的な企業価値の向上にどのように寄与することができるかは疑問である。このような短期的な株主は、企業価値を長期的に向上させるインセンティブもないし、能力もないことが通常だからである。1年間という短期間では、どれだけその企業のことを知ることができるか、どれだけその企業を成長させることに関心を持つことができるか疑問がある。さらに言えば、短期志向の株主は長期的な企業価値を犠牲にして自らの利益を確保しようとするなど間違った方向へと会社を導いてしまう可能性があることがある。短期でリターンを得ようとするために、見かけ上の株式価値の向上に強い関心を示してしまうリスクがあるのだ。

また、統治される側（すなわち企業の経営者や従業員）が1年しか株式を保有していない株主の主張に納得感を持つことができるかという疑問点も存在する。ガバナンスとは、現実の統治作用であり、リアルな人間関係や力関係によって効果が作用されるものである。つまり、統治される側が正統性を感じられない統治権者が統治権を行使しようとすると、大変な統治コストがかかり、その効果も著しく減衰する。これが、株価によるガバナンスの限界である。

また、いくら株式回転数が高まったとしても、実際のマーケットは、短期的には非効率で不完全であり、株主持ち分の現実的な価格である「株価」は経営行動や業績とは関係無いところでも、ランダムに変動する。株価はあくまでもこの瞬間の株式の値段にすぎない。そんなものが企業の本質的な価値を反映しているなどと真面目に考えるのは、まったく非現実的だ。

他方、30年位の長期的なタイムスケールで見ると、株価はかなり効率的に形成されているとも言われているが、これでは株主側も経営者側の行動基準・判断基準とするには逆に長すぎるのである。いずれにせよ株価を企業統治における判断基準にすることはリアリティに乏しい。

経営者と取締役会は、数年単位での長期的な指標としての株価は意識すべきだが、短期的な価格変動に一喜一憂すべきではない。その点で長谷部社長の行動様式は感心できない。

問2

自社株買い・増配は企業価値向上に資するのか？ROEは？

企業価値はあくまでも将来キャッシュフローの現在価値で決まる

会社の所有者である株主の利益に報いるために、自社株買いや配当を増やすといった方策をとる企業・経営者も今では珍しくない。一般に配当性向が高い場合には、株価も上昇し、減配すると株価が下落すると言われている。竹電では、株価を追い求める長谷部社長らしく、株価を維持・上昇させるために、高い配当性向を目指すことが決定されている。

今回のコーポレートガバナンス・コードの目的を、配当や自社株買いによる株主還元を促すものと捉えている方も少なからずいるのではないだろうか。

増配や自社株買いを行うことは、一見、株主に報いるという意味でもっともらしく見えるが、ガバナンスを効かすことによって本質的な企業価値、すなわち持続的、長期的に企業価値を高めるという観点からすれば、いかにも筋が悪い。

まず、一般論として、企業価値というのは、その企業が将来にわたって生み出すキャッシュフローの現在価値に手元に持っている余剰資産価値を加えたものである。したがって、手元に持っている現金（及びその同等物）の一部が余剰資産であれば、それは企業価値に組み込まれていて、既に株価に反映されているはずだ。裏返せば、増配の場合、配当を増やすことで現金の一部が株主に移動する代わり、その分、株価は下がることになる。自社株買いの場合、株式数が減るためにレバレッジ効果で一株当たりの価値が上がるという現象が起きるが、企業全体としての価値が高まっているわけではない点では本質的な違いはない。

あえて言えば「もし自分たちに配当として還元してくれればより効率的な運用ができる」「より少ないリスクでより高いリターンを実現できる」というかも知れない。しかし、このような主張にも、なぜそんな非効率な運用しかできない馬鹿な経営者の会社の株式を保有しているのかという自己矛盾が生じる。投資家には、株式を第三者に売却することによって現金化する手段が残されているのだから、そんな経営者の株式を保有し続ける必要はない。

また、市場が効率的で企業価値が株価に正しく反映されているのであれば、配当や自社株買いによって、会社が現金を吐き出せば、その分、企業価値が下がるはずである。それなのに、そのような調整が起きず、むしろ株価が上昇するとすれば、やはり市場が不完全で非効率的なのである。

もちろん既述のとおり、短期的に見れば市場は非効率であり、企業価値は株価には反映されない。しかし、長期的には、企業価値は、適切な株価に収斂していくのもまた既述のとおりである。すなわち、長期的な投資をする株主にとってみれば、増配だろうが、株価上昇だろうが、結局は得られる利益は変わらないのである。裏返して言えば、ただひたすらに増配しろ、自社株買いをしろとしか言わないタイプの株主たちは、いずれも資本市場が不完全で非効率的であることを、暗黙の前提にしているのである。内部留保の増減がすぐには株価に反映されないことを知っているから、そこでの裁定取引を狙っているのだ。市場が不完全で非効率であることを利用して、増配による利益と株価の上昇の二重の利益を手に入れようとしているとも言える。要は長期間企業経営にコミットすることを放棄している者たちなのである。

いずれにせよ企業価値は事業が生み出す将来キャッシュフローの現在価値で決まるのであり、静態的な現金資産を弄り回すとか、株主資本と負債の比率を弄り回すといった操作を行うことに本質的な意味はない。

株主資本なのに自己資本とはこれいかに?——ROE（Ⅳ資本コスト）が重要な真の理由

一連のコーポレートガバナンス改革においても、ROE経営の重視が強調され、実際、多くの企業がROE指標を経営上の重要なベンチマークとする動きが出てきた。ところが、ROEを高めることの本当の意義が必ずしも正確に理解されていない印象がある。

株式会社は、株主や債権者（これには労働債権者である従業員も含む）が、色々な立場で資源を出し合い、それを有機的に結合して継続的に経済価値を生み出している。そこでそれぞれに拠出したコストに見合ったリターンを得られなければ、この仕組みを持続することはできない。株主は最劣後の資金拠出者としてリスクマネーを出している立場であり、そのコストはリスクとの見合いで期待利回りとして計算され、それを資本コストと呼ぶ。

バランスシート（BS）上の資本の部には、過去、株主が拠出した金額、そして本来は自分の取り分である残余利益のうち配当や自社株買いに回されずに留保されている利益準備金が積算されている。すなわち株主が実質的に企業に拠出している金額の総額が株主資本の部の合計値なのだ。するとその金額に対して、資本コストに見合ったリターンを長期的に求めるのは、まったく正当な権利主張である。

伊藤レポートに提示されたROE水準8%という数字は、我が国の株式市場のリスクプレミアムとして長期的な平均値としてはじき出された資本コストのことなのである。これをクリアすることは株主至上主義とは全く関係ない。せめて平均的にこの水準をクリアしてやらなければ、株価が下がっても返品要求もできない立場でリスクマネーを出してくれている株主が、まったく報われないという話である。この状態が一般化すれば（実はこの20年ほどの日本はそうであった）長期的にリスクマネー拠出者がいなくなることを意味し、そうなるとリスクテイクが前提となるイノベーション力を経済社会が失うことをも意味する。

その意味で、BSの「資本の部」を自己資本と呼ぶのはかなり筋違いなのだ。株式会社のBSの右側はすべて他人資本であり、それが債権者に由来すれば「負債の部」となり、株主に由来すれば「資本の部」となる。その意味で、「資本の部」は自己資本というより株主資本という方が正しい。「自己」という翻訳を誰がしたのかは知らないが、株主は債権者とは異なり、原則として元本返還請求ができない立場なので、会社がずっと手元に置いておけるイメージから「自己」資本という表現が定着したのではないか。特に戦後の日本のように会社がゲマインシャフト的により擬人化、実在化すると、会社という人格にとって「自己」の資本という表現がますますフィットしていったのかもしれない。

資本コスト相当のROEをクリアすることは、資金の出し手の「他人様」の一人である株主にも、そのリスクとコストに応じたリターンをお返ししようという、極めてまっとうな話なのだ。金を借りたら金利を払うのと同じ理屈である。

そして、過剰な現金を手元に溜め込み過ぎるべきではないという議論はこの脈絡で正当性を持ちうる。予想しうる未来において必要のないレベルの現金、あるいは後で述べるような経済危機などのイベントリスクに備えて手元に持っておくべき流動性を超える現金については、自己株買いや増配などの方法で株主に移転し、ROEを資本コストレベル以上に高めることは間違いではない。もちろん株主の持ち分相当の範囲、すなわち利益準備金の範囲での話だが。

正しいROE経営は人材を大事にする経営と矛盾しない

また、ROEは売上高純利益率×総資産回転率×負債比率で計算されるので、負債比率（レバレッジ）を使わずにそれを長期的に高めるということは、基盤的な付加価値創出力を強化して利益率を高め、リーンな贅肉をそぎ落としたモノづくりやSCM（Supply Chain Management）を行って資産回転を上げるという、経営の王道、企業価値向上の王道を進むこととほぼ同義なのである。そもそも資本コストもクリアできないROE水準の企業では、長期持続的な研究開発投資も、人材投資も不可能であり、それなしに長期的な企業価値向上はできない。また、長期的にROE基準をクリアできない事業や設備、機能について、早めの新陳代謝を促す効果もある。ROE基準を下回った段階では、まだPL的には黒字の場合が多い。赤字続きで事業が決定的に傷んでしまう前にM&Aなどで撤退することで、当該事業や機能に関連した人材、技術、設備が売却先で活躍するチャンスが生まれるのだ。これは筆者が幾度となく目撃してきた厳然たる事実である。

逆に短期的なROE引き上げのために現金を過剰に吐き出す、あるいは借金をして負債比率を高めたり、研究開発費を絞ったりするような経営は、全くの邪道であり長続きはしない。また、ROEを際限なく高めようとする経営は、長期的な成長性を犠牲にするリスクをはらんでしまう。

あくまでも長期持続性を前提として安定的にROEを高めていくこと、少なくとも自社のリスクに応じた資本コスト相当のROE達成を長期的な経営指標に掲げ、負債比率（レバレッジ）に頼らずにそれを持続することが正しいROE経営であり、長期的な企業価値の向上に資するのである。そして正しいROE経営は、本当の意味で人材を大事にし、企業の枠を超えて活躍する可能性を大きく広げるのである。

問3　内部留保を取り崩せとはこれいかに？

内部留保は現金のことではない

マスコミの一部は、「企業は内部留保を貯め込み過ぎている、内部留保を取り崩せ。企業は株主に増配するだとか、従業員の給料を増やすなどして、もっと株主・従業員に利益を分配するべきである」などと書きたてている。このように、内部留保という字面から、内部留保をすべて現預金で持っていると勘違いしている場合も少なくないのではないだろうか。我が国の大臣も同じような発言をしていたが、それほどまでに勘違いされやすいことなのである。

内部留保とは、利益剰余金のことである。利益剰余金は、大雑把に言えば、読んで字のごとく、企業の毎年の利益から配当で株主に吐き出した残りの部分を積み上げていったものである。バランスシート（BS）上は、右側（資本の部）に組み込まれている。BSの右側にあるということは、借り入れや増資と同様に、利益剰余金は資金の出元がどこかを表しているにすぎない。だからその額が、そのままBSの左側（こちらは資金の使途を表している）に現預金として残っているわけではないのである。

借入や増資をして何にも使わずに現預金として残しておくことはないことと同じように、利益剰余金（すなわち内部留保）を現預金としてそのまま残しておくことはない。通常は、新たな設備投資へと回ったり、翌年の従業員に対する給与として支払われたりしているのである。したがって、内部留保を使って直接従業員の給料を増やすことはできないのである。

内部留保を減らす、すなわち利益剰余金を取り崩す方法は、株主への配当を増やしていくとか、赤字経営になるまで従業員給与を増額して利益剰余金を減少させていくしかない。前者のガバナンス上の疑問点は前述したとおりであるし、後者については意図的に赤字経営を行えということになり、「稼ぐ力」を取り戻すという本来のガバナンス上の目的に合致しないし、意図的に赤字経営を行うのは下手をすると特別背任ものである。

したがって、経営上、ガバナンス上の真面目な議論としては、内部留保を取り崩せという主張が受け入れられないのは明らかである。

企業経営のリアルと負債比率によるROE押し上げが邪道な理由

また、仮に内部留保を現預金として残していたとしても、企業経営の現実的な側面として、その現預金を配当して株主に還元することが、必ずしも株主自身の利益にならない事情がある。つまり、手元の現預金が少ないときに何らかの不測の事態が起きて、資金ショートすることになれば、倒産するほか道は残されていない。

もちろんいわゆる会社更生法などの再生型倒産手続を上手く使えば、企業の持っている事業資産（ヒト、モノ、技術）は経済社会で再活用できるが、巨大な倒産コストが発生するのは事実であり、株主価値は不可逆的にゼロになってしまうのである。

そもそも企業というものは、将来にわたって持続的に存在していくことを前提としている。企業には将来にわたり存続し続けること自体が経済社会的な価値、「将来」価値がある。したがって、企業を持続させるための安全弁としてのキャッシュ、すなわち適正レベルでの手元流動性は、持っておかなければならない。むしろ、相応のキャッシュを積んでおくことは、長期的な意味では株主の利益に資するのである。

効率的な市場であれば、必要なキャッシュは競争力のある会社ならいつでも調達できると言えるかもしれないが、実際、金融危機などが起きると、いわゆるクレジットクランチが起きて、市場は機能不全に陥り、消費や投資も収縮して収入も激減する。そこではどんな企業であっても市場からの資金調達は困難であり、本来は競争力のある企業でも資金ショートによる突然死のリスクに直面する。だから手元現預金のバッファーと、銀行との良好な関係は重要な意味をもつのである。

またBSの右側における「自己」資本の厚みも、こういう局面では重要な意味を持つ。いざというときにローンの形で流動性を供給する銀行の立場からすれば、株主（自己）資本はバッファーになるので、それが厚いほど資金供給をしやすくなる。また、本業の収入も減って損益計算書（PL）が大赤字になって株主資本を食い潰すことになっても、元の厚みがあれば、直ちに債務超過に陥ることはないのだ。

これが経営のリアリズムである。その意味で、バランスシートの右側、すなわち資本の部に十分な余裕を持たせて、いざというときの借り入れ調達余力を残しておくこと、そしてバランスシートの左側には現預金をいざというときのリスクバッファー分も含めて持っておくことは、長期的な企業価値の維持・向上には明確にプラスなのである。

先般のリーマンショックが典型例だが、結局、ああいう局面で同じ業種、同じ地域において、潰れた大企業と潰れなかった大企業の命運を分けたもの、米国で言えばGM、クライスラー対フォード、日本で言えばJAL対ANAの違いは、つまるところこうしたバッファーの厚みの違いなのである。そして当たり前の話だが、バッファーを実力で積み上げられるということは、日頃の本業の競争力が高いということも意味している。

裏返して言うと、負債比率を上げるレバレッジ効果でROEや一株当たり利益を高めても、長期的に見るといざというときの危機耐性を弱めて破綻リスクが高まり、肝心の株主価値を毀損する危険性を高めてしまうのである。さすがに米国企業もリーマンショックで懲りたのか、最近の負債比率は日本企業と大差ないレベルまで下がっている（伊藤レポート参照）。しかし、成長力に陰りが見え始めると、またぞろ株主主権論を盾に、「借り入れを使った自己株買いでROEを上げろ」といった、邪道中の邪道の財務的マニピュレーション（私はこれを一種の粉飾だと考えている）を要求する連中が出てくるかもしれない。要注意である。

適正な手元流動性、株主（自己）資本の厚みの設定について有効なアプローチは、過去のイベントリスク発生時の資金繰り状況の変化についてレビューしておくことである。リーマンショックや東日本大震災のようにマクロ的に発生する危機イベントもあるし、最近のフォルクスワーゲンのような不祥事から発生するミクロ的な危機もある。自社及び他社の事例から、大きなイベントリスクが顕在化したときに、今の自分たちなら最大どの程度のバッファーを持っておけば、少なくとも経営破綻しないですむのか、これが一つの基準になることは間違いない。

また、適正なROEについても会社としてのしっかりした考察が必要で、既に示唆したように目先のROEを単純に引き上げることが、長い目で企業価値を高めることには必ずしもつながらない。まず、当然ながら、適正なBS上のバッファーを持った上でのROEでなくてはならない。それを犠牲にしたROE押し上げはご法度中のご法度で、当たり前だが、破綻時に真っ先に株が紙切れになることを心配するまともな株主も、そんな無謀な冒険は望んでいない。その上で当該企業の事業群が抱えているリスクに応じた資本コストを下限としつつ、今後の成長に必要な投資を阻害しない範囲で、最適な目標ROE水準を設定する必要がある。

長谷部社長の言い出した自社株買いやROE向上策も、深い見識と考察に立脚し、竹電の長期戦略とも連動したしっかりしたポリシーに立脚していれば結構なことであるが、どうも単なる舶来かぶれと、声の大きい株主とそのお先棒を担ぐ一部のメディアへの迎合にすぎないように聞こえてならない。

問4　大事にすべき株主は誰か？　逆に無視していい株主はいるのか？

株主至上主義的なプロパガンダは正々堂々と論破すべし

株主はガバナンス上、重要な役割を果たすことは間違いない。コーポレートガバナンス・コードにおいても、その重要性を大前提として、原則1—1では、株主の権利を確保することが定められている。

【原則1—1．株主の権利の確保】
上場会社は、株主総会における議決権をはじめとする株主の権利が実質的に確保されるよう、適切な対応を行うべきである。

ガバナンスという観点からは、株主の意見を取り入れることは非常に重要である。今まで、典型的な日本企業においては、株主の意見よりも社内の事情を優先してきたきらいがあり、株主の権利が無視されているという声が強かった。だからこそ、今までの企業統治改革の議論では、この点について企業側の改革を進めることが議論の中心だった。

しかし、企業側の努力だけで企業統治がうまくいくのかと言えば、必ずしもそうではない。同時に株主側のレベルも上がらなければならないのだ。

一昔前に、株主の権利の重要性を声高に叫んで注目されたのが、村上ファンドやスティール・パートナーズに代表されるアクティビストファンド（活動的投資家）である。

一般にアクティビストと呼ばれる投資家は、80年代以降の米国で盛んになった株主主権論やプリンシパル・エージェント理論の考え方に立脚して、ガバナンス強化を主張する。具体的には、手元キャッシュを取り崩して自社株買いと増資を迫る、あるいは売れそうな資産や事業を切り売りしてキャッシュ化し、やはり自社株買いか配当に回せと迫ってくる。

しかし、既述のとおり、自社株買い・増配では企業価値は向上しない。加えて、彼らのよって立つ理論にはかなり無理があり、母国米国でもたくさんの矛盾するプラクティスが存在すること、そして現在のガバナンス論に関する世界的な潮流はもっと先に進んでいることも第一部で詳しく述べたとおりである。

今回のコーポレートガバナンス・コードは株主至上主義とは明確に一線を画しており、コードの精神に基づいた株主対応とは、この手の短期志向、株主エゴ剥きだしのアクティビストの言いなりになることではない。無視していいとは言わないが、然るべきロジックとポリシーを持って正々堂々と対峙し、必要ならば粘り強く論破していく姿勢が正しい。色々ときれいごとを言っていても、じきに地金が出て、彼らは企業の長期的な未来には全く関心がなく、手持ちのキャッシュを吐き出させることと、その後は市場の歪みに乗じて売り抜けるアービトラージの機会を伺うことしか関心がないことはすぐに露呈する。

最近でいうと、非上場ではあるが、西武鉄道と某ファンドとの間で経営支配権を巡る攻防戦が行われたが、西武鉄道の経営陣はしっかりした理論武装をした上で粘り強く正々堂々とした対応を展開した。まさに「株主一般の長期的利益」のために誰の言い分が正しいかを真正面から問い続けたのだ。その結果、ファンド側の仕掛けたＴＯＢに対して、太宗の株主は応ずることなく、現経営陣支持に回った。その後、西武鉄道は再上場を果たし、業績も株価も安定的に上向いている。

これに対し、然るべき理論武装をせずにプラチナ・パートナーズの土俵に乗ろうとしている長谷部社長の姿勢は感心できない。

ちなみにハゲタカ型のアクティビストファンドが日本企業を狙う背景には、コーポレートガバナンスに関する日本企業のこういうナイーブさに加え、会社法体系の脇の甘さがある。第一編でも紹介した、支配株主の少数株主に対する忠実義務法理（fiduciary duty）が、実定法上も判例法上も確立していないことである。もともと日本の会社法の方が株主総会の権能が強力であることも相まって、上場企業の場合、相当数（半数近く）の株式を握ってしまえば、やりたい放題になってしまうのだ。

大株主に株主一般（非少数株主）の利益に対する忠実義務を負わせる法制度改革は、日本でも以前から議論されているのだが、経済界の一部の反対で見送られてきた経緯がある。我が国は、上場企業の子会社も上場している二重上場が珍しくなく、そういった企業グループ間で複雑に株式持ち合いをやっているケースも少なくない。そこでかかる忠実義務を課されると、親会社の側が、自らの利益のために子会社に対する経営支配権を自由に使えなくなるからである。

だいたいそれならば１００％子会社化、非上場化すれば良いのだが、子会社といえども上場会社の社長ポストを本体の社長レースに負けた人用のポストにしたいとか、子会社は子会社で上場していることで微妙なプライドを守りたいとか、要するにクソサラリーマン根性丸出しの不純な動機が、この中途半端な状態を心地よいものにしている。

そして皮肉なことに、こうした不純な動機が、廻り回ってハゲタカ的アクティビストが自由に跳梁跋扈しやすい法環境をこの国に作ってしまっているのだ。

経営と事業に対する真摯な関心の有無で株主を見極める

重視すべき株主とは、要するに、資本民主制に立脚する株式会社の統治機構において、重要なガバナンスの担い手の一つである有権者として企業価値の長期的向上に貢献してくれる株主である。

少し具体的に言えば、企業の経営実態、事業実態を真面目に分析し、長期保有型で責任ある投資を行い、株主総会議決権などの株主権を真摯に行使してくれるタイプの機関投資家、個人投資家である。彼らの声にこそ誠実に耳を傾けるべきである。

ということは、株式投資家であればせめて5年以上の長期保有型、バイアンドホールド型の株主がより適格性がある。例えば、ウォーレン・バフェットのような投資家こそがガバナンス主体としての適格性を有しているのだ。彼は、いったん投資したら株式の予定保有期間は永遠であるからこそ、投資先に対して厳しいガバナンスを行うのである。そして、彼の的確なガバナンスが結果として、投資家としての実績、高いパフォーマンスを導き出しているのである。

他方で、前述のハゲタカ型アクティビストやデイトレーダー的な株式投資家もガバナンスの担い手としての適格性が乏しいのである。

政策的には、会社の解散のような特殊なケースは除き、株式の保有期間によって株主総会の議決権格差をつけることは、認められるようにしていいと思う。このような格差があれば、長期保有をより促すことになるからである。現に、フランスでは、原則として2年以上の長期株主に2倍の議決権を与えることとなっている。また、筆者は、特別決議事項のような重大意思決定が可決された場合、数年間程度は、賛成株主の譲渡を禁じられるようにしてもいいと考えている。重大意思決定にコミットした株主には、しばらくはその会社に対してもコミットしてもらうことは、ごく自然である。

この観点からは、今年の株主総会シーズンに話題になった、長期保有インセンティブを組み込んだトヨタの種類株発行スキームは高く評価されるべきである。

企業側も、良質な株主に少しでも多くの株式を長期保有してもらうための努力を真摯に行うべきなのだ。よく「企業は株主を選べない」というが、次に述べる「株主との建設的対話」を含めて、ガバナンス上、適確な役割を果たしてくる株主を呼び込む努力を粘り強く継続することで、長期的には「企業が株主を選べる」状況を作りうるのである。

ちなみに我が国の機関投資家の中にも、ウォーレン・バフェットのように経営と事業に真摯な関心を持ち、上質な経営陣としっかりした競争基盤を持つ企業に投資して、バイアンドホールド型の長期保有を行うとともに、ＩＲの機会などを通じて真面目な経営提言を行う、「エンゲージメント」型ファンドが登場してきた。筆者のかつての同僚であった中神康議氏が率いる「みさき投資」などはその代表選手である。このような良質な投資家、ガバナンスの担い手に値する株主が増えることは、今後の我が国のコーポレートガバナンスの質を大きく底上げすることになるだろう。国家における民主主義も、企業における資本民主主義も、有権者の民度が、そのパフォーマンスを規定するのだ。

問５　株主との対話はどうしたら建設的になる？

経営者はもっと資本市場を語れ——固有な事業、固有な会社を、資本市場の共通言語で語るべし

コーポレートガバナンス・コードにおいては、前向きに株主との対話に応じていくべきであり、必要に応じて、独立社外取締役も面談に臨むべきであることが規定されている。企業価値の増減の影響を最も直接的に受ける立場にあり、ステークホルダーを代表して共益権を行使する「有権者」である株主を、経営者や取締役会と共に長期的な企業価値創造を行う、いわば「共創パートナー」として位置付けているのだ。

【原則5―1．株主との建設的な対話に関する方針】
上場会社は、株主からの対話（面談）の申込みに対しては、会社の持続的な成長と中長期的な企業価値の向上に資するよう、合理的な範囲で前向きに対応すべきである。取締役会は、株主との建設的な対話を促進するための体制整備・取組みに関する方針を検討・承認し、開示すべきである。

補充原則5―1①　株主との実際の対話（面談）の対応者については、株主の希望と面談の主な関心事項も踏まえた上で、合理的な範囲で、経営陣幹部または取締役（社外取締役を含む）が面談に臨むことを基本とすべきである。

その共創の鍵となるのが、株主との建設的な対話であり、会社の経営陣側から見れば、建設的な対話が成り立つ株主、すなわち長期持続的な成長を目指す株主とどのように付き合っていくべきかを真剣に考えなければならない。言い換えれば、このような長期保有型の株主に評価してもらって、株式を持ち続けてもらうようになるためにはどうしたらいいかを考えなければならないのである。

まず、情報開示の在り方について、長期保有型株主の存在を意識した内容に進化させるべきである。例えば、現在、統合報告書の作成が世界的なムーブメントになりつつあるが、この統合報告書の中に記載されている非財務情報、すなわち定性的な情報（例えば、ガバナンス体制や企業理念など）については、まさに長期に保有する株主が関心を持つ重要な情報である。

最近では銀行が貸付を行うときにも、経営者や事業の中身よりも財務数値の方ばかりを見る傾向が強くなってきているが、投資家もまた然りである。しかし、企業の本質的な競争力の源泉は、事業の持つ差異性、固有性であり、その背後には組織の持つ固有性がある。独特だからこそ、持続的な超過利潤の創出が可能となるのだ。固有性を財務数値だけで表現することは難しい。非財務情報にこそ重要な情報が埋まっているのだ。

しかし、固有性について独りよがりのムラの固有言語で語っても株主との建設的な対話にはならない。投資家は、様々な産業、地域の企業群を横並びにして比較評価し、より良い投資先を探索する世界に生きている。共通言語で考え、判断する宿命を背負っているのだ。だからどうしてもＲＯＥ、ＥＰＳ（一株当たり利益）、ＰＥＲ（株価収益率）といった「財務数値」がコアボキャブラリーとなってしまう。

建設的対話とは、財務情報を軸とした資本市場的な共通言語と、非財務情報を軸とした事業経営的な固有言語との間に橋を架ける作業に他ならない。

統合報告書、ＩＲ誌、ＩＲ活動など、あらゆる局面で、経営者は自社の固有性を、資本市場の共通言語で語ることにつとめなければならない。例えばＲＯＥについても、因数分解すれば、売上高純利益率と総資産回転率と負債比率の掛け算となる。この中で、売上高利益率は基本的に粗利率と経費率で決まるわけで、そこまで行けば完全に経営と事業の言葉に結節できる。総資産回転率も同様で、例えばジャストインタイムで在庫を減らし、生産設備をフレキシブルにして稼働率を上げることでそれを押し上げるという議論は投資家でも理解できる。実は取締役会は、まさに常態的にこの両言語の間に位置しているわけで、特に独立社外取締役には、日常的に架け橋としての機能が期待されている。コードの補充原則が独立社外取締役にも建設的な対話への参加を求めているのはかかる趣旨からである。

言い換えれば、これからの時代の経営陣、取締役会の構成メンバーには、ここで求められている程度の資本市場の言語をそれなりに使いこなすリテラシーが求められるのだ。

ところが、今でも多くの日本企業は、情報開示における横並び、ひな形主義に陥っており、コーポレートガバナンス報告書などを見ていても、どれもこれも代わり映えがないと感じざるを得ない。自らの「固有性」「差異性」を語る姿勢が鮮明な企業は少数派で、むしろ余計なことを言って株主から突っ込まれるリスクを最小化したいという「守りのＩＲ」が大多数である。

これからは、そこから一歩抜け出した積極的な情報開示、「攻めのＩＲ」に転換すべきだし、筆者の経験上も、「攻めのＩＲ」を継続することで、良質な長期保有型の投資家が自社の株式を保有してくれる可能性は高まる。

当然のことながら言語能力を高めるには、ハイレベルのネイティブスピーカーとコミュニケーションを重ねることである。経営者は、国内外のトップレベルの投資家、アナリストと対話する機会をむしろ積極的に求めていくべきなのだ。

実は一流の投資家は、経営の言葉、事業の言葉を理解する高い言語能力を持っている。彼ら彼女らとの対話からは、経営者としても、きっと素晴らしい気づきがあるはずだ。

株主総会
――独立社外取締役選任と株式持ち合い

今年もまた株主総会の時期がやってきた。竹電ではいわゆる集中日に株主総会を開催している。田中室長は、こういった慣行も見直していかないといけないなとつぶやいた。今ではすっかり田中室長もガバナンス改革派である。

それはそうとして、独立社外取締役選任の株主総会シーンで田中室長が冷や汗をかく事件が発生した。大株主の一つが、秋月社外取締役と森島社外取締役の取締役選任に反対したのである。田中室長は全く予想していなかった。

大株主が秋月社外取締役の選任に反対した理由は、議決権行使助言会社の助言を受けたからだ。その議決権行使助言会社が言うには、**竹電と秋月社外取締役のマッカートニー・アンド・カンパニーの間に、アドバイザリー契約があるため、独立社外取締役としての独立性を欠くというのである（問1）。**この議決権行使助言会社の基準では、「議決権行使基準を見ると、400万円以上の取引があると独立性基準を満たさない」と規定されているのである。確かにマッカートニー・アンド・カンパニーとの間では、1000万円の取引がある。田中室長は思った。「巨大コンサルティング・ファームの全体からしてみれば微々たる金額にすぎないし、コンサルティングの担当責任者は秋月社外取締役とは全く別の人物だ。秋月社外取締役の貢献を考えたらありえない反対だな。」

一方で、森島社外取締役を反対する理由は、彼の任期が9年目に突入したことが理由のようだ。確かに、社外取締役の任期についても考えておかないといけない。今後の取締役会で議論してもらおう（問2）。田中室長は、いつのまにか取締役会決議事項を積極的に仕込んでいく自分に気が付き少し気恥ずかしくなった。取締役会室長に任命されたころには、なんとなくこなしていればいいかと思っていた自分を思い出したからだ。今では取締役会室長の仕事が楽しくなってきている。

他の議決権行使助言会社は、秋月社外取締役と森島社外取締役の選任に賛成しており、今回は否決されるまでには至らなかった。とりあえずは一安心である。

＊　＊　＊

竹電の株主総会は、何とかつつがなく終了した。今度は、竹電が議決権を持つ他社の株主総会のことを考えなければならない。つまり竹電がいわゆる政策株を保有している「ハードテレコム」の株主総会である。

ハードテレコムは日本一の通信事業者である。竹電がハードテレコムの株式を5％取得しているのに対して、ハードテレコムは竹電の株式を、グループ合計で10％を保有している。名目上、通信機器開発に関わる資本業務提携とか言っているが、竹電は携帯電話端末事業などからは既に撤退しており、実態は、株主総会ではお互いに「物言わぬ与党株主」になり、いざというときは敵対的買収からお互いを守りあうという安定株主工作が主目的となっている。**いわゆる株式の持ち合いである（問3）。**

ハードテレコムと竹電の株式持ち合い比率がここまで高くなったのは、そんなに古い話ではない。もともとは、1985年にハードテレコムが民営化・上場したときに、以前からのお得意先の安定株主となるべく、ハードテレコムの了解も得て若干の株式を市場で取得した。そのお返しとして、先方もこちらの株をほぼ同じ金額分、取得してくれた。いずれも1％に満たない保有比率である。当時、ハードテレコムは飛ぶ鳥を落とす勢いで、株価の上昇も見込まれたので、営業経費としては安い買い物だったのだ。

それが今のような大きな比率に増えたのは2005年のITバブルの頃だった。当時、時代の寵児と言われた「ナカエモン」こと中江拓郎（なかえたくろう・36歳）が率いるライフウィンドウが竹電に対して敵対的買収を仕掛けた。そのときに事実上のホワイトナイトの一つとして株の買い増しをやってくれたのが、ハードテレコムだったのである。当時、次のターゲットはハードテレコムではないかという噂もあり、事前にその芽を摘んでおきたいという思惑もあったのかもしれない。そして買い増しに際して、何か名目がいるだろうということで資本業務提携をからませたのである。他方で、竹電はハードテレコムの株式を5%まで買い増した。

田中室長が総務部の担当者から話を聞いたところによると、今までのハードテレコムの株主総会時には、特に議案を確認することもなく、白紙委任状を提出することとなっている。逆に竹電の株主総会ではハードテレコムには白紙委任状を提出してもらっているとのことだ。先日の株主総会でもそんな状況だったようである。

しかし、田中室長は、考えていた。株式会社自体は株主から資金を集めてそれを運用しているのであるから、機関投資家と同じように受託者責任を負うのではないか？だから責任を果たすために適切な議決権行使を行い、ハードテレコムの株式価値を高めるか、持ち合いを解消していかなければならないのではないか？

ハードテレコムとの関係は、名ばかりであっても資本業務提携と紐づいているので、直ちに持ち合いの解消を議論するわけには行かない。しかし田中室長としては、まずは、議決権行使をちゃんと是々非々で行う方針の提示については、ハードテレコムにも理解してもらえるよう、長谷部社長を使って一歩ずつでも改革を進めて行こうと考えている。

問1　議決権行使会社のアドバイスの妥当性は？

議決権行使会社の一部の助言行為にはスチュワードシップ・コード上の疑義あり!?

竹電の株主総会において、議決権行使助言会社が、独立社外取締役選任議案に反対している。これと同じことが、筆者にも起こった。筆者はオムロンの独立社外取締役を務めているが、議決権行使会社の一つグラス・ルイス社によると、筆者は独立社外取締役として失格とのことである。理由は筆者が代表取締役を務める経営共創基盤（ＩＧＰＩ）がオムロンとコンサルティングの取引があるから独立性を欠くというものだった。

確かに、客観的な視点から実行力ある監督を果たすためには、独立性は非常に重要な要件の一つである。コーポレートガバナンス・コードでは、独立性を担保するための独立性判断基準を策定・開示することが求められている。

【原則４―９．独立社外取締役の独立性判断基準及び資質】
取締役会は、金融商品取引所が定める独立性基準を踏まえ、独立社外取締役となる者の独立性をその実質面において担保することに主眼を置いた独立性判断基準を策定・開示すべきである。（略）

しかし、これは形式的な基準ではなく、あくまでも「実質面」において担保することが求められているのである。筆者の例で言えば、オムロンとＩＧＰＩの取引額はこちら側の連結売上比でわずか約０・１％、オムロン側からはさらに微小である。しかも、筆者自身はそのコンサル業務に関与せず、もちろんお互いに適正な手続きも踏んでいる。要は極めて形式的な理由で社外取締役失格ということらしい。実は、筆者の周りにも、ご本人の経験、識見抜群で、独立社外取締役としてこれ以上の人物はそうは見つかりそうにないのに、やはり議決権行使助言会社の形式主義のために反対推奨をされた方が相当数いる。

この議決権行使助言会社の、議決権行使基準を見ると、４００万円以上の取引がある（又はその金額が非開示の場合）と独立性基準を満たさないということにしているようだ。議決権行使会社は、コーポレートガバナンスの要の一つである株主たる「有権者」の代理人である。貴重な議決権が真に企業価値の向上に資するべく、真摯に助言行為を行う重大な責任を負っている。その責任をこのような形式的な基準に当てはめて〇×を付けるだけの作業で果たせるのだろうか。

この助言会社は、筆者が取締役でいると、オムロンの長期的な企業価値向上にマイナスになると判断したことになる。筆者が取締役になってからのオムロンの長期的な業績や株価の推移、最近の「企業価値向上表彰」大賞受賞などの実績から見て、大半の市場関係者から見るとかなりユニークな判断ということになろう。実際、議決権行使助言会社として、我が国で長い活動実績を持っているＩＳＳ社は再任に賛成し、筆者は約９割の賛成率で再任された。

助言会社によって意見が分かれること自体は望ましい。助言の質を競いあうことで、企業統治の質も向上する。

しかし、グラス・ルイス社は日本版スチュワードシップ・コード（責任ある投資家の諸原則）に同意しており、企業との「建設的対話」を通じて「責任ある」議決権行使助言を行う責任がある。また、同コードの原則5には、「議決権行使の方針については、単に形式的な判断基準にとどまるのではなく、投資先企業の持続的成長に資するものとなるよう工夫すべきである」と実質的な判断の重要性が明記されている。当然、「形式基準だけで判断することが公平だ」などという、子供だましは通用しない。今回の助言がその責任に叶うか否か、今度は彼ら自身がその顧客である機関投資家による選別にさらされることになる。興味津々だ。

反対票の分析も実質面を捉えよ

コーポレートガバナンス・コードでは、反対票を分析することが求められている。

> **補充原則1―1①　取締役会は、株主総会において可決には至ったものの相当数の反対票が投じられた会社提案議案があったと認めるときは、反対の理由や反対票が多くなった原因の分析を行い、株主との対話その他の対応の要否について検討を行うべきである。**

我が国で発生した不祥事事件を受けて、コーポレートガバナンスに関する議論が活発になった結果、2010年3月以降、上場企業は、所有株式数に応じて持つ議決権の行使結果を開示することとなった。これを開示しなければならないことになってから以降、各企業は反対票の有無及びその規模についても大きな関心を払うようになってきている。

これ自体は、株主との対話のきっかけを作る上でも、さらには、企業価値の向上を実現するためにも極めて重要である。

しかし、前述のような理由によって反対票を投じる者もいるのである。ガバナンスコードでは、「相当数」の反対があったときに分析しろと規定されているが、これも、絶対的な割合ではない。例えば、5%程度の反対であれば、相当数には含まれないと考えている解説もあるようであるが、このような絶対的な割合には大した意味はない。それよりも、どのような株主が反対しているかの方が重要である。

企業側は、反対票を投じる方が誤っているというのであれば、正々堂々とその理由をもって対応しなければならない。もちろん議決権行使助言会社に対しても同様である。粘り強く時間をかけながら、企業側が株主を選び、鍛えていく努力を行うこともまたガバナンス上極めて重要な行動である。まさに「建設的な対話」である。

問2　独立社外取締役は何年任期が妥当か？

竹電の森島社外取締役はすでに9年目とのことである。今回のコーポレートガバナンス・コードでは、独立社外取締役の任期に関する規定は定められなかったが、田中室長の考えるとおり、独立社外取締役の任期についても注意する必要がある。

イギリスのコードでは、非業務執行取締役の就任期間が6年を超える場合には、特に厳格なレビューに服するべきと規定され、9年を超える者は毎年選任の対象となるべきとされている。シンガポールのコードでも、9年を超える取締役の独立性については、特に厳格な評価の対象とするべきとされている。

このように、独立社外取締役の任期については、あまり長くなりすぎないよう注意しなければならない。独立社外取締役の独立性という性質上、長期間会社に関与していくことは、客観性が失われてしまう危険性があるからである。

他方で、任期の下限については特段明記される必要はないが、実態としては、1年や2年で実績を出すことは不可能である。独立社外取締役が担う職務の結果が企業価値に反映されるまでには、相当の時間を要する。また、最初は全くの社外で何の情報も持っていない状況であるから、会社の問題の本質に気が付くまでには、それなりの時間を要する。筆者の経験から言っても、3～4年たったころぐらいから慣れてきたという印象を持っている。ましてや社長指名に真剣勝負で関わるということになると、当該企業の候補者の能力や人となりなどについてそれなりに理解している必要が出てくる。これまた相当な時間をかける必要がある。

以上に鑑みれば、よっぽど不適切な社外取締役でない限りは、最大8年から10年程度が一つの目安になると考える。

問3 株式持ち合いは悪なのか？

株式会社とスチュワードシップ責任――「政策保有株」の存在余地は小さい

上場企業同士（上場企業の非上場グループ企業による場合も含む）の株式の持ち合いは、コーポレートガバナンスを弱体化する一因として指摘される。なぜならば、株式の持ち合いは、竹電の事例でも見られるように、持ち合い先の企業の会社提案に賛成する「物言わぬ安定与党株主」を前提としており、構造上、ガバナンスの空洞を生み出す宿命にあるからである。

ドイツでは、このような株式の持ち合いがコーポレートガバナンスを弱めているという認識のもと、シュレーダー改革の一環としてキャピタルゲイン課税を非課税といった措置を講じた結果として、持合いの解消が進んでいった。

我が国においても株式持ち合い解消を求める声は大きい。この点、コーポレートガバナンス・コードでは、持ち合い先によるリスクとリターンを説明することや、持ち合い先の株式の議決権行使の基準を策定し、開示することを求めている。政策保有株式とは、純投資目的以外の目的で保有する株式を言うが、それが片持ちであっても実質的には「物言わぬ安定与党株主」として現行経営陣の味方になることを前提としている点で「株式持ち合い」と同じ問題を抱えている。

【原則1―4．政策保有株式】

上場会社が政策保有株式として上場株式を保有する場合には、政策保有株式の縮減に関する方針・考え方など、政策保有に関する方針を開示すべきである。また、毎年、取締役会で個別の政策保有株式について、保有目的が適切か、保有に伴う便益やリスクが資本コストに見合っているか等を具体的に精査し、保有の適否を検証するとともに、そうした検証の内容について開示すべきである。上場会社は、政策保有株式に係る議決権の行使について、適切な対応を確保するための具体的な基準を策定・開示し、その基準に沿った対応を行うべきである。

補充原則1―4①　上場会社は、自社の株式を政策保有株式として保有している会社（政策保有株主）からその株式の売却等の意向が示された場合には、取引の縮減を示唆することなどにより、売却等を妨げるべきではない。

補充原則1―4②　上場会社は、政策保有株主との間で、取引の経済合理性を十分に検証しないまま取引を継続するなど、会社や株主共同の利益を害するような取引を行うべきではない。

まず、最も問題とされるべきは、株式の持ち合いそのものではなく、持ち合いの結果としてお互いが議決権を適切に行使せず、長期的・持続的な企業価値の向上にマイナスの影響を与えることである。

例えば、竹電の事例で言えば、竹電はハードテレコムの株主総会で会社提案を漫然と賛成してしまっている状況にあった。その結果、ハードテレコムの事業が弱っていけば、竹電のハードテレコムに対する株式の価値も毀損していき、ひいては竹電自体の企業価値も低下していく。さらに言えば、竹電はハードテレコムの株式を保有することによって、資本コストを下回るリターンしか得られていないのであれば、実質的には竹電の企業価値にとってマイナスである。ハードテレコムの資本コストをわずかに上回るとしても、そこで寝ている資金を竹電自身のより有望な事業に投資した方が高い資本効率を得られる可能性もある。バランスシート上で価値が減額されていなくても、ビジネスチャンスを逃したという機会損失も発生しうるのだ。しかも、株価変動のリスクまで抱えるのである。

他方で、ハードテレコムも竹電に対して真面目に議決権を行使しておらず、ましてや取引関係や沿革的な「貸し借り」を前提として「建設的な対話」は難しいだろう。ガバナンスが効きにくい状況である。

裏返して言えば、株式の持ち合いや政策保有株があったとしても、それぞれ政策保有している側から見て、コスト（資本コストとガバナンス上希薄化）とベネフィット（投資リターンとビジネス上のメリット）との関係で合理性があれば、その政策保有を正当化できることもあるということだ。例えば、本気でやっている業務資本提携の場合などはそうだろうし、企業の再生に際して、メインバンクがその債権を株式化（DES）することで債務超過状態を解消するなどして、一時的に当該企業の株式を保有し、再生のイニシアティブを取るようなケースも類型的に合理性が認められる。

このような類型的に合理性を認められるパターン以外でよく「エクスプレイン」されるのは、「政策保有株は何らかの取引関係を背景にしており、企業としてのベネフィットは、相手企業の安定長期株主になることで、取引関係を強化、長期化、安定化できる」という説明だ。

この構造は、政策保有株式については「物言わぬ安定与党株主」になることを暗黙の前提としており、その対価として相手方の経営陣から何らかのビジネス上のベネフィットを得ることを企図している。しかし、これではやはりコーポレートガバナンスにおける重大な空洞を生ぜしめるリスクを伴うし、これがお互いに持ち合う構造になると「自信のない経営者同士の相互保身・安全保障条約」のように機能してしまう。ビジネス上のベネフィットについても非常に曖昧であり、逆にこれを過度に強調すると、今度は会社法で厳に禁じている「特定株主に対する利益供与」の疑義が生じる。

要は、どの方向から考えても、基本的に筋が悪いのである。

田中室長の言うとおり、上場企業は、広く一般の株主から資金調達を行い、その資金を事業という形で運用しているのであるから、機関投資家と同様に受託者責任を負っていると言える。したがって、他社の株式、特に上場株式を保有している場合、当該投資の中長期的な投資リターンの拡大を図るべく、スチュワードシップ・コードと同様の規律が潜在的に働いていると見るべきである。だとすれば、原則として議決権行使は、是々非々で厳しく行い、まずは株主の立場から相手方の経営に問題があると思うなら厳しく注文をつけるべきなのだ。取引関係云々の問題は、ひとまずそこから切り離していくべきだし、長期的に考えれば、ガバナンスを適正に行使することで取引先の業績が向上すれば、こちらのビジネスにもいい影響が生まれるはずである。

そこでコーポレートガバナンス・コードにおいては、企業は、こうした受託者責任を果たすため、当該持ち合い株や政策保有株が、企業価値の長期・持続的な向上にとって、ベネフィットがコストを上回ることを株主に対して明確かつ個別具体的に説明・開示する責任を負うと共に、政策保有株式の議決権行使と行使結果の公表に関する基本方針を決定し、開示することも求められている。

また、政策株保有株主が共益権たる議決権を行使する場面においては、株式保有先の少数株主の利益と自社の取引関係上の利益が相反することから生じるリスクについて、保有先企業の一般株主及び自社の一般株主に対して、当該共益権行使の合理性、正当性を説明すべきである。また、金融機関が株式を保有する場合には、また別の問題が生ずる。債権者としての立場と株主としての立場が混在するため、どちらの立場を優先するのかという問題である。前述したとおり、株主はアップサイドチャンスを狙ってリスク選好的になりやすいインセンティブを有する一方で、債権者は、元利金が返ってくればいいためリスクを負わずに安定的なビジネスを進めてもらえればいい。加えて、国際的に厳しさを増す自己資本規制（レバレッジ規制）において、金融機関はリスク資産について、保有比率の低減及びリスク管理強化を求められている。その中で自由な売却を事実上大きく制限される政策保有株、特に市場の価格変動にさらされる上場企業株の保有を減らすべき圧力が働いていることも明らかである。

今後、上場企業としては、以上のような観点から、もう一度、政策保有株の中身を精査し、コストとベネフィットにおいて合理性を自らの株主やステークホルダーに公明正大に説明できるかを判断し、その上で、「疑わしきは罰す」で、怪しいものは、相手先に誠実かつ論理的にその趣旨を伝えて解消を進めるべきである。また、保有を続ける場合も、言わば自らのスチュワードシップ責任の観点から、議決権行使は純粋にガバナンス権の行使の観点から是々非々で行うことを伝えるべきである。

ちなみに持合いが解消されていくと、経済界の一部からは「敵対的買収」それも「濫用的買収者」からどう身を守るか？　という懸念が提示されることが多い。しかし、そもそも卓越した経営をしている企業とその経営者が、（そのほとんどが経営の素人である）「濫用的買収者」から狙われるリスクは非常に小さいし、狙われても恐れる必要はない。今や様々な買収防衛策・対応策や防衛法理が、我が国でも認められているし、結局、一般株主も将来の企業価値上昇にとってどちらにつくのが合理的かで判断するので、経営がちゃんとしていれば、経営陣側の支持にまわることは、昨今の西武鉄道のケースを見ても明らかである。加えて、第一部で指摘した大株主の少数株主に対する忠実義務法理が法制度的に整備されれば、こうした懸念は、ほぼ完全に払しょくされるだろう。

竹電の田中室長の取り組みスタンスは、今までの「持合い慣行」の慣性がまだまだ強い中で、現実的に改革を進めていくという意味では評価できる。この事情は同じく上場企業であるハードテレコムの側も同じだろうから、それこそお互いに「建設的な対話」を重ねて、この持合い関係をどうするのか、より早く、よりスムーズにｗｉｎ－ｗｉｎな解決を実現してもらいたいところである。

第７章

グループ子会社のガバナンス

特に海外子会社の場合

世界に目を向ける田中室長
――グローバル企業のガバナンス

田中室長は、朝刊のこの記事を見て頭を抱えていた。

チャイナリスク！　現地子会社の不正で大損失

医療機器商社の内河商事は、中国ビジネスによるトラブルで経営状況が悪化し、民事再生法適用の申請に追い込まれた。名門企業である内河商事の倒産劇は、改めてチャイナリスクをクローズアップする形になった。

内河商事では、数年前から中国ビジネスを拡大させるために、現地子会社の経営トップを中国人に委ねていたが、この中国現地法人の売掛債権が焦げ付き、膨大な特別損失を計上せざるを得なくなった。この経営トップには、親族が経営する会社と取引をするなど不正の疑いもある。

今回の事件は、内河商事のみの問題ではない。中国ビジネスの拡大を狙う日本企業は、大きな落とし穴があるということに注意しなければならない。

竹電においても、国内外で数も規模も増え続けるグループ子会社に対する統制をどう強化するのかが従来から問題になっている一方で、グローバル化の進展に伴い、現地向けの製品を開発するために、海外子会社に対する権限移譲を進める必要にも迫られていたのである（問1）。つい先日、現地法人トップを任せる中国人経営者が内定したところだった。しかし、このニュースを受けて一旦権限移譲を取りやめることになるかもしれない。やはり不正を防止するためには会社にロイヤリティを持った日本人駐在員を送り込む必要があるのではないか。統制という集中の論理と権限委譲という分散の論理の相克の中で、喫緊の問題として**グループ子会社、特に海外子会社をどうやってガバナンスしたらいいのか、そのことを考えて田中室長は頭を抱えていたのである（問2）。**

国内のコーポレートガバナンスですらまだまだ課題を抱えているが、海外のガバナンスも課題が多そうである。しかしヒントは国内のガバナンス改革にあるはずだ。田中室長は新しい目標を見つけたことを喜んでいたし、竹電を生まれ変わらせる使命感に燃えていた。

問1　海外子会社への権限移譲は進めるべきか？

権限移譲の流れは必須——どう進めるかが本質的な課題

多くの企業が海外売上高比率の拡大を目標に掲げているなど、日本企業にとっての主戦場は日本国内から海外にシフトしていっている。

もともと製造業のようなグローバル型産業においては、生産地と消費地が必ずしも一致している必要はないため、日本や先進国で販売・消費するものを海外で生産することが行われていた。多くの製造業は労働コストの低い新興国へと生産拠点を移行してきたのである。それに加えて、今では新興国を生産拠点だけではなく、重要なマーケットとして狙いを定める企業もたくさん現れてきた。例えば、中国はかつて「世界の工場」と呼ばれ、生産拠点として位置付ける企業がほとんどであったが、国民が豊かになって消費が増えれば魅力的なマーケットになる。しかも、人口14億人の超巨大マーケットである。

さらに、生産地と消費地が一致するサービス産業、すなわちローカル型産業であっても、人口減少が進む日本での成長は厳しいため、さらなる飛躍を求めて海外に活路を見出している企業も多い（グローバル型産業とローカル型産業については、拙著『なぜローカル経済から日本経済は甦るのか』も参照されたい）。

しかし、そのグローバル競争の中で、今やガラパゴスと化した日本を基準に経営しても成果は上がらない。多くの日本企業がグローバル競争において、売上、シェア、利益、資本生産性などの様々な面において欧米企業から水をあけられ、新興国企業に追いつかれ・追い越されていったのは前述の通りである。権限移譲、あるいは権限と機能を世界的に分散、連動させる流れは、もはや必須である。真の論点は、それをどう進めるかに移っている。

そこで、グローバル競争で勝ち抜くために、日本本社がどのようにして海外現地法人をガバナンスするのかを真剣に検討しなければならない。以下では、巨大なマーケットであり、多くの日本企業が進出している中国を特に念頭におく。

統制の視点、事業経済性と現地化ニーズの視点、そしてタテ軸・ヨコ軸の連動の視点

まず、本社からの統制が間接的にしか効かない子会社、孫会社、さらには海外のそれに対して、コンプライアンス的な観点から統制を効かせるか、という課題である。当然ながらこうした問題は、単に株式を100%支配し、取締役会の過半数を本社側が握っていたからと言って統制できる問題ではない。そこでグループ共有の最低限の規範、すなわちグループ内規定、各国・各地域の法令についてグループ全体で統一的な統制基準を遵守する仕組みを、制度面、教育面で整備することになる。例えば、基準を破ったときの「ムチ」と基準を守ったときの「アメ」を用意することは、その一つである。ただ、こうした規範は、これまた個々の企業や地域によって「解釈」の幅が生まれるので、その実態について把握し、共有し、核の部分はしっかりと共通化する努力は世界レベルで継続しなければならない。しかも規範そのものが日々、動いていく、それも世界のどこかのムーブメントから色々な変化が別の地域にも及んでしまう。ゴルフに例えると、昨日までフェアウェイだった場所が、極端な話、今日はOBゾーンになってしまうこともある。最近では「パワハラ」や「セクハラ」などがその典型だろう。だから規範の解釈についての共通理解と規範そのものの練り直しを不断に続けなくてはならないのだ。

そのためにまず必要なのは、組織の色々なレイヤーで縦横の会社や組織の壁を越えたコミュニケーションを、ネガティブな情報も含めて活発化、継続化することである。ここで日本流の「あうんの呼吸」に期待することは禁物である。今後は国内においても、日本人同士であっても、「あうん」アプローチの有効性は小さくなっていくだろう。それが現代的な現実である。

また、決済ルールやITシステムを、できるだけフェールセーフにする、すなわち、人間の万国共通の特性である「性において弱い生き物である」ことを前提に、障害が発生したときの被害を最小化するようにつくり込んでおくことも重要だ。業務プロセスの中に組み込むことで、個々人の倫理観や緊張感といった俗人的で不安定な要素にリスク管理を依存する割合を減らすことができる。これは組織構成にとっても余計なストレスや業務負荷から解放され、「攻めの事業活動」により集中できるメリットがある。

次に海外現地法人のガバナンスの手法は、産業やそれを支配する事業特性・事業経済性によって変わってくる。事業経済性に応じて取るべき戦略が変わってくるため、それに応じて組織やガバナンスを選択していくことが基本である。

まず、資本集約型の産業であれば、コアの競争力は、設備と資本を的確に集約化し、そこで圧倒的なコスト優位や商品差別化を作り上げることが基本になる。グローバルな規模の経済性を追求しなくてはならないのだ。

具体的には製造業の生産機能や開発機能が該当する。この点では、現地経営トップや従業員の個性への依存が相対的に低いため、各国における個別性を重視するよりも、まずはグローバルに整合が取れた全体最適性や経営資源の集中管理の軸が強くなり、日本本社が主導権を握りながら世界展開していくことが基本となる。また、海外に権限や機能をうかつに移譲しないことで、世界的に通用する技術をブラックボックス化して日本に囲い込むことにも資する場合もある。

他方で、顧客が地域に限定され、地域に密着した事業活動を行う必要がある場合には、現地ニーズを取り込んでいくために、本社側からの強いコントロールを残すのでなく、現地へと権限を移行させていくこと、すなわち現地化が勝負になってくる場合が多い。ローカルな密度の経済性を追求することが重要となる。

例えば、サービス業については、まさに消費と生産が同時・同場で行われるため、地域密着度が勝敗を決する重要な要素になるのである。また、消費財や食料品などのＢ　to　Ｃの製造業については、地域のニーズを取り込まなければならない度合いが大きいし、Ｂ　to　Ｂの製造業でも営業やメンテナンスサービス、フィールドエンジニアリングサービスなどは、現地の状況に合わせ、現地顧客に密着していかなければならない。実際、バリューチェーン全体での付加価値構成を分析すると、こうした事業活動においては、ローカルな活動に規定され、しかも密度の経済性で効率が決まる付加価値・コスト要因の比率が大きい。

そこで、例えば、新興国を新たなマーケットとして捉える段階においては、現地マーケットを攻略していくために、現地のビジネスや文化を熟知している現地人に経営トップを委ねていくニーズが高まる。なぜならば、国家・経済の成熟度や文化的嗜好性、社会的慣行（青木昌彦教授が指摘する広義の社会経済「制度」）が異なることは新興国も同様で、ビジネスのルールが異なる以上、日本と同じ感覚で経営を行うことはできないからである。かつて欧米企業が、当時の新興国だった日本を「遅れた市場」認識して大苦戦したのと同じく、日本企業が現在の新興国を「遅れた市場」だと考えて取り組むと大変な痛手をこうむることになる。

また、最近では新興国での商品開発、研究開発機能を現地に委譲させていくことがイノベーションへとつながることもある。例えば、GEが低価格の商品（具体的には、1000ドルの携帯型心電計や1万5000ドルのコンパクト超音波診断装置）を新興国で開発し、それを米国などの先進国でも販売して成功を収めた。これは新興国で最初に生まれたイノベーションを先進国に逆流させると いう意味で「リバース・イノベーション」と呼ばれるが、この成功のカギとなったのは、現地化である。特に、現地への権限移譲だけでなく、その現地開発チームを経営トップ直属に置いて、経営トップ自らが、開発チームと他部門の対立を仲裁したり、開発チームが社内リソースを活用できるようにしたりしたことが成功の要因であった。かつて日本企業では、「開発は日本に残すが、生産は人件費の安い新興国で」といった役割分担を敷いてきた。しかし、そのような役割分担をすれば、開発と生産の距離が拡大してしまう。現地化の必要性は、こういった意味合いでも高まってきているのである。

開発機能やそれに連動する生産技術などの機能は、先述のとおり一方で集中のメリットも有しており、こうした領域では、単なる現地化ではなく、本社と現地という縦軸における権限移譲に加え、開発や技術といった横軸における世界的な連携を連動することが重要となる。具体的な権限と機能のデザインは、このタテ・ヨコの連動をにらみながら作りこんでいくことになる。これがうまく出来ていないと、ローカルイノベーションはグローバルには展開されず、リバース・イノベーションどころか、本社・本部で起きているイノベーションの世界展開さえおぼつかなくなる。

結局のところ人づくりが勝負

結局、現地化の問題は、永久に色々な矛盾や相克を抱え続けるアンビバレントな世界なのだ。権限規定や組織設計だけですんなり解決できるような代物ではなく、時代の変化、市場の変化、競争状況の変化に合わせながら、色々な矛盾に折り合いをつけながら進化を続けるしかない。

となると結局のところ、勝負は、「折り合い」をつけ、「進化」する経営を担う「人材」をどうするか、に帰着する。ローカルの側の経営人材、そして本社の側の人材、それぞれにレベルを引き上げていくことが、基本中の基本、王道なのだ。

「任せる」にあたり、まずは人材戦略において現地化が求められているのは当然だ。現状、新興国の場合、日本企業では、未だに日本からの現地子会社への管理が強すぎて、現地子会社では殆ど経営に対する意思決定ができない場合が多い。それが不満となっていき、特に能力が高く意思決定したいと考える現地のマネジメントや優秀な従業員はやめていき、競合他社へ転職していってしまう。これは1970年代から80年代くらいの頃に、日本における欧米外資系企業でよく見られた光景である。

また、年功制の日本企業では出世に時間がかかりすぎることから、ステップアップの機会が与えられる優秀な人材ほど転職していってしまうという事情もある。

グローバルの人材マーケットで競争力を得るためには、そうした人間に選ばれる企業にならなければならない。企業の競争力の源泉は人材にあることから、人材マーケットでの競争力は言うまでもなく非常に重要である。日本ベースの企業として、各地域のトップクラスの人材、さらにはグローバルにトップクラスの人材を、世界中から獲得し、リテインし、昇進させられるか。この問いに答えられない限り、現地化経営も、グローバル経営も、絵空事にすぎないのである。

筆者の知る限りでは、30年ほど前のGEの経営陣は、ほぼ米国の大卒、中高年生え抜きの男性で占められていた。それが今や、まったく様変わりし、じつに多様な世界中の人々が経営する会社に変身している。もちろんGEのモノづくり企業としてのアイデンティティは失われていないし、だからこそ持続的に高収益かつ高成長だし、最近はますます「モノづくり」回帰の戦略を取っていることはよく知られているとおりである。

これに対し、今の竹電のトップ経営陣の顔ぶれをみると、エレクトロニクス産業に関心を持つ世界のトップクラス人材にとって魅力的かどうか、かなり怪しいと言わざるを得ない。なんせ執行役以上に、一人の外国人も、一人の女性もいない。しかもほぼ年功制で全員50歳以上、常務、専務の役付き執行役は、ほぼ60歳前後である。

田中室長が読んだ記事のように海外現地法人への権限移譲を進めた結果、不正に巻き込まれる事例がないわけではないが、事業経済性や現地ニーズの視点、人事戦略の視点などからすれば多くの場合、現地化は不可逆的なトレンドといえる。ここで現地化をストップすることはグローバル化時代に逆行しているといっても過言ではない。否定的なニュースに惑わされず、真の意味でのグローバル化を推進していかなければならない。しかし、マネジメントクラスの人材の報酬一つをとっても、日本の標準と世界各地域、特に米国系のそれとの格差は激しく、一朝一夕で日本とローカルを共通ルール化することは難しい。やはりアンビバレントなものを抱えつつ、うまく擦り合わせながら進化を進めるという、「急がば回れ」で丁寧に急ぐという姿勢が肝要となる。そしてそう遠くない将来、トップ経営陣、執行役クラスにおいて、色々な国籍、人種、性別、そして年代の有為な人材が活躍している会社にしていかなければならないのである。

問2 子会社に対するガバナンスの手段は？

本社・本体側のガバナンス改革が全ての始まり

国内外を問わず、グループ子会社へのガバナンスは、本体側のガバナンスのあり方、会社のあり方、経営のあり方の反射である。したがって、まずは自ら襟を正して、世の中に正々堂々と説明できるガバナンス、長期的な企業価値向上に資するガバナンス、より具体的には意思決定の仕組みを名実ともに確立しない限り、子会社、まして海外子会社のローカル出身のマネジメントからすれば「あんたらに言われたくないよな」「お前がこっち来てやってみろ（ＯＫＹ）」でおしまいである。

実際、現地化を進めて行く中で、日本と現地の経営環境や、経営手法の違いをうまくコントロールできずに起きる失敗は、日本本社側の視点からすると、海外現地法人に問題があるように見えるが、根本的には、海外現地法人側の問題というよりも、日本本社側に問題があることも多いのである。

例えば、現地マーケットで勝ち抜くためには、当然、現地企業とも競争していかなければならない。現地企業、特に環境変化や競争相手の動きが早い市場や産業（新興国の多くがそうだし、ＩＴ産業もその典型）では、トップマネジメントが独断で意思決定することも稀ではない。それに対して、一般的な日本企業はご案内の通り意思決定が遅い。この意思決定のスピードの違いだけで勝てる戦も負けてしまうのである。さらに、いちいち本社にお伺いを立てているようでは、判断の誤りにつながるおそれがある。いくら本社がヒヤリングしたところで、物理的な距離や一次的な情報を取得できなければ判断を誤るリスクが高くなるからである。そして、そのリスクを低減しようとするために繰り返しヒヤリングを行うようになれば判断が遅れるという悪循環が起こる。

日本企業の意思決定が遅いのは、稟議制度などのボトムアップ型の組織体制にも原因があるが、そのほかにも、日本企業のビジネスリスクに対する考え方の違いにも起因している。多くの日本企業は、新規ビジネスを始めるときでも、しっかりとした事業計画を策定して、ＤＣＦで……、ＩＲＲは……と緻密な計画に基づいて投資を開始する。そのように緻密に作られた計画であってもリアリティを欠き、実行段階になると絵に描いた餅となっている場合もしばしば目撃される。これに対して、例えば、オーナー型経営で若い会社の多い新興の中国企業の意思決定は、とりあえずやってみよう、やってみてから考えようという傾向が強く、いくつかある事業のうちどれかが当たればいいという発想である。

こんな競争相手にどうやって勝っていくかが、日本企業がリアルに直面している課題である。もちろん中国的な意思決定を全面的に採用することはできないが、成長著しい新興国において時間をかけてじっくりと緻密に計画を作りこんでいくこともまた大きなリスクなのである。これを分かっている現地が本社側に抵抗すると、本社側は現地側に対するガバナンスがうまく働いていないと感じてしまう。

さらに、海外現地法人のトップを現地人にして意思決定の質や速さを高めようとしても、本社側の意思決定が遅いままだと、現地側ではストレスを抱えることとなる。現地発で新しいことを始めようとしても、本社の検討にやたらと時間がかかる。しかも本社で何を検討しているのかが現地からはよく見えてこない。競合する現地企業は素早い意思決定でどんどんビジネスを展開していくから、更にストレスがたまっていく。こんなことを何度も何度も繰り返しているうちに、優秀な現地人トップであっても、だんだん改革につかれてきて実力を発揮することができなくなってしまうのである。

まずは日本型の意思決定を再考する必要がある。すなわち、日本側の意思決定を改革して意思決定のスピードを速くすることが、日本企業がグローバル競争の中で勝っていくために必要なのである。

また、日本企業では、本体の日本人サラリーマンのための現地組織になっていることがある。例えば、現地化を進めようと現地法人の部長クラス、副総経理クラス、さらには総経理クラスを現地人へと転換していこうとすると、裏を返せば、日本人のポストが減ることになる。そうすると、日本本社側の事業部が、自分の部下が突然中国人になることを受け入れられずに、現地化にブレーキをかけに来る。

多くの日本企業が海外売上シェアを拡大させようとして、現地化の目標を掲げる中にあっても、結局、改革がスピーディに進まないし、改革が進んでも中途半端な形になってしまったりして、それで業績が上がらない。業績が上がらないと、やっぱり現地化を進めても意味がないではないかと主張し始める人が出てくる。特に、主戦場であればあるほど、海外現地法人の売上が増えて存在感が増せば増すほど、本社の現地に対する注目度が高まり、横槍を入れたくなってくるものである。

このような日本側の事情を海外現地法人に押し付けることがあれば、いつまで経っても現地化は推進されない。現地化がうまくいかない原因の一つは、日本本社側にもあるのである。この問題をどんどん突き詰めていくと、既に指摘した本体側の経営トップ層の人事のあり方をどうするのか、様々な「ローカル」において、真に高い資質を持った人材を獲得、リテイン、育成昇格させる仕組みをどうやって作っていくのか、の問題に行きつく。だからこそ現地化への第一歩は、日本の本体・本社側のガバナンス改革にあるのである。

複雑なグループ会社構造の簡素化……継続的な努力が鍵、子会社での社外取締役活用も

次にガバナンスを効かせる上で、法的な意味での持ち株構造をどうするかは、やはり重要な問題にならざるを得ない。前にもふれたとおり、これで不祥事を防げるわけではないし、経営上のトラブルも必ず起きる。しかし持ち株と取締役会の構造をどう設計するかは、そうした問題が起きる確率と起きた後の収束のしやすさとスピードに影響を与える。

そこで何よりも大事なことは、持ち株構造はできるだけシンプル、要は親会社単独保有の100%子会社化することと、子会社、孫会社、ひ孫会社の階層構造も減らす努力をすべきである。そしてグループ会社の数はできるだけ減らす努力をした方がいい。

当然ながら、法制や税制上の要請やビジネス上のリアリティから、普通は放っておくと、グループ子会社の数は増える。合弁事業などでは当然、100％子会社という訳にはいかないし、中途半端な持分適用程度の比率、あるいはもっと小さい比率での出資案件も出てくる。グローバル展開や、事業ドメインや事業モデルの転換を進めると、むしろこの傾向には拍車がかかる。だからこそ、経営的な努力としては、スクラップ・アンド・ビルドの精神で、グループ関係会社を減らす努力を継続しなくてはならない。かなり努力したつもりで現状維持程度に収まれば上出来というのがリアルな相場観だ。文字通り、清水の舞台から飛び降りるくらいの気持ちで、思い切って整理を進めるくらいでちょうどいい。ここは本体の経営者も、取締役会も、「あれかこれか」の鮮烈な取捨選択を進めるために、それぞれの立場で頑張り続ける必要がある。

それともう一点、重要になってくるのは、子会社側の規模や社会的な重要性に鑑みて、たとえ100％子会社でも、社外取締役の活用を考えるべきという点である。ステークホルダー主義に立つ場合、子会社においても、ガバナンスは単に親会社のためだけに行うわけではないことになる。また、子会社が社会的な大問題を引き起こせば、それは本体、親会社側の持続可能性にも大打撃を与える。これはもちろん本体の株主価値を毀損することにつながる。結局、これもまた、親会社である本体側のガバナンスのあり方の反射なのである。

例えば金融持ち株会社の子会社たる銀行などのように、銀行自身が多くの預金者からお金を預かり、決済機能などの公共財的な性格の強い事業を営んでいる場合、預金債権者や社会全般に対して重大な責任を担っている。この点について独立社外取締役が、そうした子会社のモニタリングに加わることは自然な話である。これは海外子会社についても同様だし、同じような問題は製造業など他の業種でも起きうる。

最近のフォルクスワーゲンの不祥事も、問題発覚の発端は、本国から見れば海外市場である米国市場において環境規制違反が発覚したところから始まっている。この問題を日本的ガバナンスに敷衍すると、いわゆる社外監査役制度では、顕在化した違法行為は対処可能だが、フォルクスワーゲンでそもそも問題となっている、過剰な拡張主義や数値目標主義に対して経営的な観点から牽制を効かすには、やはり一定の限界がある。親会社、子会社のそれぞれのレイヤーにおいて、社会的責任という観点からも監督が効くようにすることは、今後、ますます重要になっていくだろう。

グローバルの全社員に根付かせる「理念」——最強のガバナンス経営ツール

現地側の企業にもクリアすべき課題はたくさんある。日本本社側のガバナンス改革に並行して、何を行えばいいのか？　例えば、焦って現地化を進めることは、田中室長が読んだ記事のように現地の統制を効かせることができないまま権限ばかりが委譲されてしまい、不正が起こってしまうリスクがないわけではない。

その際には、一人一人の社員レベルに至るまで、どうやってガバナンスを有効に機能させるか。

そこで何よりまず一番重要なことは、企業理念や信条をグローバル全体の隅々まで行き渡らせることである。なぜならば、現地法人へと経営権を移譲することは、リスクを共有することである。リスクを共有することができる相手かどうかは、こういった根本的な企業の価値観を共有しているか否かによって決定されるからである。

また、ガバナンスとは、最終的には人に対する影響力の問題であり、それは心の作用でもある。ガバナンスは、物理的なルールや金銭的な直接強制力と、正統性、権威、人望、心酔、恐怖、共感といった心理的影響力の統合作用である。人間の心に対していかに働きかけうるかが、ガバナンス論の最終的なテーマなのだ。だからこそ、企業理念や信条といった問題は、実際の統治の適格性や効率性に大きな影響を与える。そして、企業規模が大きくなり、グローバル化が進むと、ガバナンスを、生々しい実力的契機だけで企業の隅々、関係会社、海外子会社にまで及ばせることは極めて困難になる。

そうした規範意識、価値観が、単なる建前ではなく、本音の問題として共有されていないと、どんなご立派な理念を作り、どんな緻密な統制システムを構築しても、実は末端や遠隔地において無統治、無政府状態が現出しかねないのだ。

いくらコンプライアンスルールなどの規範を文書上で整備しても、それを誰も読まなければ、あるいは読んでも面従腹背なら同じことである。それを補う上で、極めて重要な意味を持ってくるのが、企業構成員が本気で共有している価値観、理念、信条なのだ。これはガバナンスという統治機構のそのまた上位概念、すなわちトップから現場までのその企業に集うすべての人々が、実現しようとしている目的価値であり、行動規範である。それが本当に共有されていれば、企業統治における各組織単位の自律力は著しく高まることになる。

近代の国家統治においては、三権分立や民主主義が統治機構、ガバナンス機構（手段原理）なのに対し、人権保障規定（目的原理）が企業理念や信条に該当するが、そもそも国民の間に人権保障規定への強烈な共感がなければ、立憲民主制を持続的に機能させることは出来ない。第一次大戦後に成立したドイツ、ワイマール共和国の崩壊とナチス登場の歴史からの教訓は、企業統治においてもあてはまるのだ。

また、日本企業は、海外従業員の流動性が高い現実に直面している。しかも、今後、国内においても流動性の高い状況に遭遇するだろう。もともと国内での流動性は世界的に見ても低いので、この間のギャップはますます大きくなる。その一方で、世界中の多様な価値観、宗教観を持った人々を雇用し、幹部に登用していくことはますます求められていく。そこでガバナンスを実効あるものとするためには、この企業理念、信条を、企業組織の隅々まで染み込ませる努力が極めて大きな意味を持ってくる。前にも指摘したが、共通の企業理念をベースにコミュニケーションが行われることは、異質性・多様性の中で落ちる経営効率を高めることにつながる。共通言語があるということは意思の疎通が行われやすくなるし、すれ違いを防ぐことにも資する。

今やグローバル企業として成長している企業においては、こういった企業理念の浸透に本当の意味で力を入れている企業が殆どである。我が国の企業で言えば、トヨタ自動車のトヨタウエイ、コマツのコマツウェイ、米国で言えばジョンソン・エンド・ジョンソンのOur Credo（我が信条）などである。同社はタイレノール毒物混入事件に直面したときに、短期的な利益を犠牲にしても全米でタイレノールを回収し、異物混入できない構造へと改良した。このOur Credoを文字通り貫徹した対応が同社に対する社会的信用を高め、長期的な企業価値の向上に大きく資することとなったことは有名だ。近年では、ＪＡＬを再建させるときに稲盛和夫さんが最初に取り組んだことはＪＡＬフィロソフィの策定だったことが知られている。そして見事に復活を果たした今なお、企業理念の全従業員への定着・浸透のためにフィロソフィ教育に大きな労力を費やしているとのことである。

経営理念のグループ全体への浸透のために

単なるお題目、建て前の文章ではなく、ガバナンスを担う側、トップ経営者、そして現場従業員、場合によっては取引先まで、企業としての価値観、行動規範が本当に浸透し共有されているか。今後、多くの企業が厳しく問われるだろう。

前にもふれたが、日本国内においては、同質的で、大抵のことがあうんの呼吸ですんでしまうことが多い。ましてや終身雇用、年功制のサラリーマン共同体的な日本企業においてはなおさらである。しかしこれからの時代は、日本的な以心伝心に甘えることはできない。日本の国外ではもちろん、国内でも、買収先の企業では、こちらの常識、内輪のあうんの呼吸は通用しない。そこで、企業理念をグループ会社の隅々にまで行き渡らせるためには、繰り返し、繰り返し、自分たちの価値観、信条とするところを伝え、議論し、確認しあうことを世界中でやっていく必要がある。

また、価値観の浸透を促進する一番の方法は、経営トップ自らがそれを語り、かつ意思決定のときにそれを体現することである。例えば、AとBの2つの戦略があった場合に、短期的な経済合理性を求めればAを選択することが正解であるにもかかわらず、企業理念に従ってあえてBという意思決定を行う。これを何度も何度も繰り返し見せつけられることによって、企業理念が組織の隅々まで行き渡っていくのである。経営トップや取締役陣が、企業理念や信条を本気で信じ、コミットしていなければならないのである。

　また、同じ価値観を共有するためには、執行役員に現地法人トップを入れる、逆に、本社の経営トップが毎月毎月、現地に出張することなどが必要となる。海外市場を戦略的なマーケットと位置付けるのであれば、経営トップは、それくらいの覚悟をもって飛び回らないとならない。

　さらに企業理念が海外のグループ子会社に浸透されていくまでの間にあっては、現場の実務については現地人トップに任せる一方で、企業理念の浸透を図るために日本からもトップを送り込んでツートップ体制をとることも有効である。また、ツートップのバランスについても、最初の段階では日本側が主導していき、企業理念が浸透していった時期を見計らって徐々に現地側の実権を委ねていく。そして最終的には、現地側で企業理念がしみ込んだ後継者を培養していくことが可能となる体制を作り上げる。

　裏を返して言えば、形から入ってとりあえず現地トップを現地人に変えるということでは現地化はうまくいかないのである。なぜならば、組織を変えても価値観が変わっていなければガバナンスは変わらないからである。だから、形だけ組織を変えても本質が変わらなければ崩壊するのが関の山である。

こうした課題と、そこで必要となる努力や工夫は、今後、日本企業がオープンイノベーションを指向して国内の企業を買収した場合も同様である。同じ日本企業でも、成り立ちや歴史が違えば、ましてやベンチャー企業のように今どきの若者が作った若い会社であれば、これはもう海外の会社と思った方がいい。

真の意味でグローバル企業のグループ・ガバナンスを作り上げていくには、国内のガバナンス改革同様に長い年月を必要とするのである。

最終章

終わりのない改革に向けて

コーポレートガバナンス・コードは始まりにすぎない

田中室長一年の総括
――他律から自律へ、形式から実質へ、本当の改革はこれからだ！

田中室長が取締役会室長へ異動となって約一年が経過した。

竹電の不適切会計事件は、規模も大きくなかったこともあって大した事件にはならなかったが、小西会長は社長時代の会計不祥事の責任をとって会長を辞任し、相談役に就任した。しかし、毎日出社して復権のチャンスを窺っている。森島社外取締役と月イチでゴルフに行っていることは、今でも変わらないらしい。長谷部社長は相変わらず小西新相談役に呼び出され、次期幹部人事などについてあれこれ言われているようだ。

前社長の鈴木氏は顧問に就任したが、こちらは会社にさっぱり来なくなった上に、小西相談役の目を気にしてか誰もコンタクトしなくなり、まったく発言力がなくなってしまった。

田中室長は取締役会室長を続投することとなったが、一年前とはすっかり考えが変わり、やはりコーポレートガバナンスをしっかりしないと竹電の未来はないと思うようになった。

田中室長は、この機会に1年間を振り返り、竹電のガバナンスと取締役会について評価しなければならないと思いを巡らせていた（問1）。取締役会評価については、今のところ、あまりはっきりしたベストプラクティスがないけれども、評価がなければ取締役会のパフォーマンスを測ることもできない。これから取締役会評価そのものについて、より良い方法を模索して自律的、創造的に試行錯誤をしてかなくてはならない……。

とりあえず竹電の取締役会はというと、形上は社外取締役が2名となり、指名諮問委員会、報酬諮問委員会の設置も決まり、形式的にはコーポレートガバナンス・コード上もかなりいい線まできた（問2）が、取締役会の雰囲気ががらりと変わったわけではない。社長を含む経営陣の指名や報酬の決定についても、小西相談役はもちろん、取締役会議長を兼任する長谷部社長も、本気で社外中心の委員会に関与させる雰囲気ではない。結局、ガバナンスの上部構造の課題の多くは残されたままだ。

液晶テレビ事業の撤退問題も、あれこれと言い訳を見つけては、なかなか議論が加速しない。その間に中国の景気が怪しくなり、再び採算が悪化しつつある。米国の画像認識ベンチャー買収の件も、ぐずぐずしている間に、今や巨大ＩＴプラットフォーム企業に進化し、自動運転自動車の開発を公言しているオレンジ社にさらわれてしまった。合意価格は、以前、竹電に提示されていた価格の約5倍だったそうだ。最近のAIブームもあって跳ね上がったらしい。逃した魚は大きかったのかもしれない。

田中室長は、苦労の末にせっかく大きな改革のモメンタムが生まれたのを機に、竹電のガバナンス経営を一気に前進させたいと考えている。そして改革派の秋月社外取締役に相談し、彼女の経営再生機構時代の元上司、肥塚麻耶人氏のアドバイスをもらいに行くことにした。

肥塚氏は、京都テクノロジー社の社外取締役を7年にわたり務めている。京都テクノロジー社は、業績面で優良企業であるとともに企業統治の優等生企業としても知られ、今回のコーポレートガバナンス・コード策定に際しても、当局からベストプラクティス企業の一つと評価されていたという話もある。

以下、田中室長と肥塚氏の会話である。

＊　＊　＊

田中室長　肥塚さんは、企業再生の専門家として、巨大会計不祥事を起こしたスズボウの再生や我が国のトップエアラインだった新日本エアーの再生に関わられましたが、そうした経験からコーポレートガバナンスの本質とはなんだとお考えですか？

肥塚氏　いわゆる不祥事のほとんどが、背景に本業の不振や社内の権力闘争のような事情があります。そしてこうした問題は、結局は経営陣の資質や経営体質の問題に由来しています。ガバナンスの根本は、経営陣となっていく人たちが、どのように選ばれ、鍛えられ、そしてどんな経営メカニズムで組織を運営するか、という問題に帰着します。そこに病理があるために、症状として不祥事や倒産危機といった現象が起きるのです。

田中室長　一般にガバナンスというと、経営の監督とか監視とか、どちらかというと企業が不祥事を起こさないようにモニタリングする点が強調されますが、そこは本質的ではないと。

肥塚氏　もちろんそれも大事ですが、いわゆるコンプライアンスや内部統制の議論は、ガバナンスシステムの一部、ある意味「守り」の部分を構成しているに過ぎません。人間の体で言えば、どうすれば深刻な病気にならないかという話です。でもそれは人間が健康に成長する条件の一つですが、それだけではありません。そもそも健康で体力が十分にあれば免疫力が強くなるので、病気になりにくくなります。これこそが最強の予防です。このことは企業でも同じ。「攻撃は最大の防御」なのです。

田中室長　ということはコーポレートガバナンスの整備とは、経営の仕組みが健全に機能し続けるための環境整備だということですか？

肥塚氏　そのとおりです。経営の根本的なあり方を問うています。その企業の特性、業態などを踏まえたときに、その長所を最大化し、短所をできるだけ消せるような経営スタイル、経営組織がどうあるべきかを、株主総会、取締役会を含めデザインする、まさに経営的な環境整備です。だから企業も色々、あるべきガバナンスも色々となるはずです。

田中室長　だとすると、今回のコーポレートガバナンス・コードのような一つの標準を当局側が作ることには反対ですか？

肥塚氏　残念ながら、現在、日本企業の多くにおいて、経営としてのガバナンスがうまく機能しているとは言い難い。この20年間、成長力、収益力、雇用創出力において、新興国企業、欧米企業の両方に押されっぱなしです。その上に大きな会計不祥事なども後を絶たない。だから金融庁や東証が警鐘を鳴らす意味で、ある標準を提示することでガバナンスの変革を求めることはいいことです。

田中室長　でも、私自身もそうでしたが、経営のコアの問題であるだけに、外から一定の枠をはめられることに対する反発があると思います。

肥塚氏　だから今回はコンプライ・オア・エクスプレインといういわゆるソフトロー・アプローチになっています。個々の企業において、コードと違うモデルでやった方が、長期的な企業の発展にプラスになる確信があれば、そのようにエクスプレインすればいい。それにあのコードに書いてあることは、ほとんど当たり前のことばかりで、「枠」というほど窮屈なものには思えません。

田中室長　たしかにちょっと本気で取り組むと、形式論的にはほとんどの項目にコンプライできる内容ではありました。

肥塚氏　今、大事なことをおっしゃいました。実は形式論的には大したルールではない。むしろ実質論としてどんなガバナンスを作り上げていくかが本当の課題です。

田中室長　肥塚さんは、ガバナンス優等生企業と言われる京都テクノロジー社の社外取締役を7年にわたり務められていますが、あそこの会社ではどのようにガバナンスの充実を図ってきたのですか？

肥塚氏　一言で言えば、時間をかけて、丁寧に、着実に、自ら手作りでガバナンスを作り上げてきたということです。私が就任する10年近く前から、色々な形で工夫を始めていました。当時はまだ創業オーナー家の方が社長を務めておられましたが、それこそ創業者自身が「企業は社会の公器である」という社憲を作った人でしたから、コーポレートガバナンスをしっかりしたものにするというのは、まさに企業理念から派生している運動だったと思います。

田中室長　だから世の中の流行りすたりや、誰かに言われたからというのではなく、企業自ら、歴代経営者自らの意志で整備を進めてきたと。

肥塚氏　そのとおりです。そして既存の型から入るのではなく、自分たちの企業、組織、人材の実態を踏まえつつ、形式と実質が並走的に変わっていくスタイルを選択しています。だから、未だにいわゆる委員会等設置会社方式は取っておらず、監査役会設置会社ですが、指名、報酬に加えて、社長指名、ガバナンスのそれぞれについて社外役員が主導権を持つ任意の委員会を設置するハイブリッド方式を採用しています。

田中室長　でも、その形式だと、委員会の決定が当然には取締役会を拘束しないですよね。

肥塚氏　だから時間をかけ、実質的にこれらの委員会の決定を取締役会や執行部が尊重するような風土を作っていくことが重要になります。委員会等設置会社では、法形式論的には、委員会の決定はそのまま株主総会議案になるので、一見、ものすごく強いように見えますが、実際そうでもないことは、最近の一連の不祥事でも明らかでしょう。

田中室長　成文法よりも慣習法の方が強力な場合があるということですね。

肥塚氏　そのとおりです。例えば英米法の世界は、慣習法、判例法が基本で、成文法がその後追い的な位置づけです。経営システム、特に権力メカニズムに深くかかわる部分は、その権力作用の影響を受ける人たちによる納得感が、その実効性を大きく左右します。だから、制度設計をするときには、常に慣習法的なセンスと成文法的なセンスの両方が必要です。

田中室長　そういう意味では、指名委員会、特にトップの指名については、社外取締役が大きな役割を果たすことへの抵抗感が一番強いように思いますが……。

肥塚氏　そのとおりですが、前にも言ったとおり、トップの任免こそがガバナンスのコア中のコアです。日本企業の多くがここで失敗している。経営再生機構時代、新日本エアー再生タスクフォースなどを通じて、私は40以上の企業トップの選任に関わってきました。そこで思うのは、トップ人事は本当に大事でかつ難しいということと、それほどの社運をかけた大難事業なのに、それを命がけでやっている会社は非常に少ない。

田中室長　確かに。前任者に気に入られたとか、過去の論功行賞とか、年次・学歴・閨閥・出身部門などの人事慣行とか、あるいは派閥間のバランスとか、社内の論理で人事を考えるとそういう要素に引っ張られますね。うちも例外ではないなあ。

肥塚氏　やはり日本企業は年功終身型の同質的なムラ社会ですから、どうしてもそういう内向きの論理に傾斜します。だから「経営」や「経営人材」に関する見識や経験を持った社外取締役にも大いに頑張ってもらって、将来の経営トップの候補の選抜、育成、絞り込みに協力してもらうべきなのです。逆に通常の事業運営上の意思決定は、現場主導で執行部の判断に任せるのが基本であるべきだと思います。そこでの社外取締役の役割はほとんどがアドバイス程度で十分。ただ、そこで議案を上程したり、重要事項を報告する人たちの中に将来の社長候補がいますから、そういう観点では、非常に気合を入れて質疑応答をしなくてはならない。真剣勝負の口頭試問みたいなものです。もちろん現社長についても、そういう視点でいつも「監視」しています。

田中室長　じゃあ京都テクノロジーの場合は、社長指名諮問委員会で社長を実質的に決めるのですか？

肥塚氏　今の川畑社長からは、そうなりました。私自身が委員長をやっている社長指名委員会と前任の社長とで約3年かけて候補を3人に絞り込み、そこから数か月間かけての最後の一人の選抜は委員会に一任されました。もちろん選抜基準は、前任社長と私たちですり合わせていましたし、委員会にはいずれも経営経験が豊富な社外取締役二人と創業家出身の取締役二人が入っていましたから、バランスのとれた体制だったと思います。

田中室長　執行部側も、社外取締役側も大変なエネルギーですね。

肥塚氏　それだけのエネルギー、時間を使っているから、社員の皆さんも受け入れる気分になるのではないでしょうか。実はこの経緯は、ほぼありのままＩＲ誌でも開示しています。結果的に前任者から15歳以上若返った40代の社長誕生となりました。日本のサラリーマンメンタリティー的には結構、びっくりだったかもしれません。でもこれだけの多くの人たちが、あれだけの工数をかけて、真剣勝負で選んだ社長ということを、その選抜理由も含めて、皆、よく知っていますから、その若さや非主流部門出身といった不安要素を吹き飛ばして、川畑社長への権力移行は予想以上にスムーズに進みました。

田中室長　以前は京都テクノロジーというと同族企業のイメージもあったのですが、結果的に大変な進化を遂げたということですね。

肥塚氏　創業家自身と会社の両方が確固たる意志を持って、長い時間、努力を継続した成果だと思います。この会社はＲＯＩＣ（Return On Invested Capital：投下資本利益率）経営でも有名になっていますが、これもしっかりした経営的な信念と理論、そして実践的な確信を積み上げながら熟成してきています。だから浅薄な株主迎合型の資本効率論からは明確に一線を画しています。金融の論理ではなく、あくまでも事業経営の論理でＲＯＩＣ経営を展開しています。これも皆で力を合わせ、時間をかけて、形と実を進化させてきました。最近ではグローバルガバナンスの強化という観点から企業理念の見直しと海外を含むグループ全体への浸透に本気で取り組んでいます。もともと理念系の強い会社ですが、それをさらに徹底、強化することが、企業の長期的な持続性に関わると考えているからです。

田中室長　やはりガバナンス経営を実質として確立するには、改革・改善を継続する強い持続的な意志が必要だということですね。

肥塚氏　そのとおりです。でもそれって経営においては、当然の精神、スピリッツだと思いますよ。企業が持続的に存在するものであり、常により良きものを目指すものである以上、経営に関わる人々、ガバナンスというその最も根幹的な権力メカニズムに関わる人々は、そういう強い意志を持つべきだし、それは社会的責任でもあります。秋月さんから少し話は聞いていますが、御社のガバナンス改革は、これからが本番だと思います。そして改革努力は永遠に続けなくてはなりません。京都テクノロジーのガバナンスにしたって、今は優等生扱いされていますが、進化への真摯な努力を止めた瞬間から退化が始まります。田中室長、御社でそういう進化への慣性が生まれるか否か、ここ数年が正念場だと思います。是非とも頑張ってください。

＊　＊　＊

田中室長は、京都テクノロジー社が、ガバナンス改革に対し本気かつ着実な努力を継続してきた長い歴史を肥塚氏から聞き、「ガバナンス経営は一日にしてならず」の感を強くした。金融庁や東証に言われたからやるのではなく、自分たちの会社のより良い未来が続くよう、自らの意志で、しっかりしたガバナンスの仕組みを、実質的な経営システムとして作り上げる努力を続けなくてはならないのだ。

形だけがあまりに先行してもだめ。かといって今の実態を与件にしてしまうと何も変わらない。竹電という「大きくて古い」会社のガバナンス改革には、「急がば回れ」な部分も必要そうだが、前に進むことを少しでもサボればアッという間に揺り戻しが来るのも間違いない。

自分のサラリーマン人生があと何年続くか分からないが、田中室長は自分たちの後輩たちのためにも、腹を据えて、一歩ずつ前に進む決意をした。

まずは来年度から始まる指名諮問委員会の運用を、できるだけ中身のあるものにすることだ。何年後かにやってくる次期社長の指名までには、今までのような前任者と社長OBたちが密室で談合して次期社長を決めるような慣習からは、何とかして脱却したい。

そのための第一ステップとして、田中室長は、指名諮問委員長に秋月社外取締役を就任させようと考えている。もちろん小西相談役あたりは「森島社外取締役を委員長にしろ」というだろうが、何せ彼は高齢で社外取締役になってから既に9年目に入っている。独立性要件の問題なども出てくるので、そろそろ円満に変わってもらえるタイミングだ。社長交代期がまだかなり先なことを理由に、その時点でも社外取締役でいる可能性が高い秋月社外取締役を指名委員長にして、報酬委員長の方を森島社外取締役で調整を図ろうと思う。幸い、長谷部社長は秋月社外取締役のことを気に入っているし、内心、小西相談役を煙たいと思い始めている。田中室長は、二年目の初仕事として、まずは長谷部社長から口説こうと考え、来週、アポを入れたところだ。

ついでに秋月社外取締役に近い考えの人物を、数年後に森島社外取締役の後任に据えるべく、彼女とも相談して早めに人選を始めよう。できればそのときにもう一人、独立社外取締役を増やしたいし……。

ガバナンス改革というと、なんだか大立ち回りの格好の良い響きもあるが、それを現実に「経営」するということは、こういう地味な作業の積み重ねが大事だということを噛みしめる田中室長であった。

問1　取締役会評価はどうあるべきか?

取締役会評価は何を評価するべきか?——取締役会評価の指針としての本書の位置づけ

今後のコーポレートガバナンス構築において主なテーマの一つになることが予想されているものは「取締役会評価」である。PDCA（Plan→Do→Check→Action）サイクルを回して、よりよい取締役会、ひいてはガバナンス体制を築いていくためには、何らかの取締役会評価を実施していかなければならない。

コーポレートガバナンス・コードにおいても、取締役会の分析・評価を行うことを求めている。

【原則4―11．取締役会・監査役会の実効性確保のための前提条件】

（略）取締役会は、取締役会全体としての実効性に関する分析・評価を行うことなどにより、その機能の向上を図るべきである。

しかし、田中室長が指摘するとおり、取締役会評価についてはまだ試行錯誤段階を抜けていない。明確なベストプラクティスがないため、自律的、創造的にベストプラクティスを模索していかなければならないのである。

更に言えば、取締役会評価は各社の事業や状況によって異なる視点で評価されるべきであり、「ひな形」的な取締役会評価には意味がない。これは、コーポレートガバナンス・コードが各社の事業や状況などに応じて、コンプライ・オア・エクスプレインを求めるのと同じである。どのような評価項目を設定するのか、評価時の各取締役に対するアンケートやインタビューでは何を確認するのかなどについては、各社が自律的に創造していくことが求められている。

他方で、本書においては、取締役会評価について参考となるような視点や考え方を各所に散りばめてきたつもりである。それが「各社」の取締役会評価のベストプラクティス構築の一助となれば幸いである。

例えば、イギリスのコーポレートガバナンス・コードでは、「取締役会の評価に当たっては、取締役会のスキル、経験、独立性と会社に関する知識のバランス、性別を含む多様性、取締役会がどのように一体的に機能したかや、有効性に関連するその他の要素を考慮すべき」とされているが、これらの視点については、全て本書の中で論じてきている。

また、取締役会評価時には、取締役会の内部だけではなく、株主という外部との接合点において（独立社外）取締役がどのような役割を果たすべきであるのか、自社の子会社のガバナンスをどのように実現していくのかなども合わせて評価していくべきであるが、その点にも言及してきた。裏返して言えば、取締役会評価を通じて、自社のガバナンスの全体像を明らかにしていくことが求められるのであるが、本書で論じてきた「ステークホルダー主義」や「攻めのガバナンス」といった全体を包括する理念抜きには取締役会評価を行うことなどできない。その意味で、本書で論じてきたことは取締役会評価の礎に据えられるべきことともいえる。

取締役会評価の手段——自律的なガバナンス体制を構築せよ

誰が取締役会評価を実施すべきかについて、欧米においては、取締役会評価のための外部コンサルタントを使って行うことが定着し始めている。例えば、イギリスのコーポレートガバナンス・コードでは、3年に一度は外部者による取締役会評価を求めている。もちろん、このような欧米モデルをただただ輸入すれば済むというわけではないが、ここでも和魂洋才の精神をもって、日本流の取締役会評価へ昇華していくべきである。

この点に関して、外部コンサルタントを使うことは否定しないが、取締役会評価の主体が当然のことながら内部の取締役会自身で行わなければならない。他律的なガバナンスではなく自律的なガバナンスへと移行していかなくてはその企業に根付いた実質的なガバナンス体制を構築することはできない。裏返して言えば、外部コンサルタントは使い方によっては客観性を持たせることも期待できるが、あくまでも外部コンサルタントは、内部の取締役会評価をサポートする手段にすぎないのである。

ここで取締役会評価においても、客観的で厳しい評価を実施するためには、やはり独立社外取締役の活躍が期待される。ただし一方で、独立社外取締役が自分自身を評価することには利益相反が生じて、つい評価が甘くなってしまう可能性があるから、独立社外取締役による相互監視・評価の手段も確保しなければならない。つまり、自己評価になってしまってはならないようにするためには、独立社外取締役が1名では全く足りず、少なくとも2名は必要であり、3名以上の方が望ましい。現段階では、独立社外取締役を2名選任すれば足りると感じている企業も多いようであるが、取締役会評価を真剣に実施しようとしていけば、とても2名では足りないのである。

他方で、外部コンサルタントを利用するときには、長期的な成長にコミットする会社を選ぶよう留意しなければならない。言い換えれば、短期目線で耳触りのいいことを言うだけのコンサルタントに価値はなく、厳しいことを言うけれども長期的に着実に企業価値の成長を考えているコンサルタントにこそガバナンス上の価値があるのである。

例えば、会計監査でしばしば指摘される問題は、監査法人はお金を支払ってくれる人たち（つまり会社）を監査するため構造上利益相反が生じており、ついつい監査が甘くなってしまうという点である。カネボウにしてもエンロンにしても、巨大不正会計事件の裏には監査法人が登場するのが定番である。これは取締役会評価を行うときにも同じように当てはまる。また、一般的な経営コンサルティング会社でも同じような問題がある。例えば、ある事業の成長に向けた戦略策定を依頼されたコンサルティングファームが、その事業の捨象を進める提案をすることは普通に考えづらいだろう。しかし、あらゆる選択肢を合理的に考え尽くしても捨象しかないのであれば、言い換えれば、捨象を提言することがその企業の長期的な価値にとってプラスなのであれば、それを提案することが真に会社の利益を考えるコンサルティング会社のするべきことである。取締役会評価の場面でも、外部コンサルタントに求められる本質的な役割は、客観的な視点からガバナンス上の問題点を厳しく指摘し、長期的な企業価値の向上をサポートすることにある。このような長期的な経営にコミットして厳しいことを進言するようなコンサルティング会社は多くないが、これを見極めることが出来るか否かが取締役会評価時の外部コンサルタント選定のポイントといえる。

取締役会評価の活用——ガバナンスの質的向上に向けてＰＤＣＡサイクルを回せ

取締役会評価は、少なくとも年に1回は取締役会において、喧々諤々と議論する場を設けるべきである。1～2時間という短時間ではなく、必要があれば1日がかりで議論をするくらいの労力がかけられて然るべきである。逆に言えば、取締役会評価は、ガバナンスの質的向上を実現するためには、それくらいの労力をかけるべき重要な作業であるということである。

また、この年に1回の取締役会評価を、その後のＰＤＣＡサイクルの中でどのように活用されていくべきかについても十分に議論されるべきである。

例えば、取締役会評価実施の際には、単なる評価だけではなく、個々の取締役や取締役会が目指すべき目標と次にとられるべきアクション、前年度の目標の達成状況や前年度とのガバナンス状況などとの比較を合わせて実施するべきである。このような具体的なアクションと目標や過去との比較があるからこそＰＤＣＡサイクルが回るのであり、ガバナンスの質的向上へとつながるのである。加えて、評価時には定性面な指標になりがちであるが、目指すべきガバナンス像に向けた個社の状況に応じたＫＰＩ（Key Performance Indicators：重要業績評価指標）を設定し、定量的な視点も持つべきである。

また、コーポレートガバナンス・コードにおいては、取締役会評価の結果の概要を外部に開示することが求められている。

補充原則４―11③　取締役会は、毎年、各取締役の自己評価なども参考にしつつ、取締役会全体の実効性について分析・評価を行い、その結果の概要を開示すべきである。

つまり、取締役会評価の結果は、企業価値の向上に向けた株主との対話に活用されることが予定されているのである。例えば、取締役会評価の結果を取締役の選解任に参考にすることである。つまり、取締役会の機能として足りない部分があれば、新たな取締役の任命を行うべきであるし、パフォーマンスの低い取締役については再任をしないことや退任を求めることまでも検討するべきである。また、このような直接的な株主権行使の場面でなくても、株主との対話を実施する際のテーマとして、取締役会評価の結果を用いることも考えらえる。そのためには、上述した前年度の目標の達成状況など、できる限り開示していくべきである。

このように、取締役会評価を実施することが目的なのではなく、その結果を利用してPDCAサイクルを回し、ガバナンスの質的な向上を実現することが目的であることを念頭に、各社における自律的、創造的な取締役会評価が実施されることを期待している。

問2　コードに形式的にコンプライすれば、コーポレートガバナンス改革は終わりか？

形だけで終わらせない粘り強さが必要

竹電の上部構造は形式的には独立社外取締役が入り、指名と報酬に関する諮問委員会設置も決まったため、かなり前進したように思える。しかし、今のところガバナンスの当事者である社長以下の考え方はあまり変わっていないようである（田中室長を除いて）。しかし、仏を作っても魂を入れなければ、全く意味がない。いくら独立社外取締役を形上導入していったとしても、いくら指名・報酬諮問委員会を導入しても、それを活用しようとする当事者の自律的な意思がなければ、何も変わらないのである。

まずは、経営者自身がコーポレートガバナンス・コードという厳しい規律を真摯に受け入れることが大切である。しかし、それだけではもちろん足りない。法律やコードで設定されるのは最低限の規律であるため、それ以上に厳しい基準を自らに課すべきである。

過去20年以上にわたって日本企業を苦しめてきた、グローバル化とデジタル革命という二大要因による競争環境の変化と激化は、今後ますます厳しいものとなる。日本企業が会社のかたち、基本的なあり方を、抜本的に見直し、新たなる和魂洋才、いや地球レベルでの和魂球才経営を創造するために残されている時間は多くない。

ＩＴ革命、デジタル革命などによってゲームのルールが根底から大きく覆されることが現実に起こっている今、非連続なイノベーションが市場競争の勝ち負けを規定する時代へと突入している。今後間違いなく訪れるＡＩ（Artificial Intelligence）革命の影響は今まで以上に大きく、場合によっては自動車や産業機器、さらにはサービス産業や農林水産業まで、幅広く世界のあらゆる産業を覆い尽くすことが予想されている。その中で、日本企業はイノベーションを生み出すための新陳代謝力をもっともっと高める必要があるのだ。

竹電のような会社は、今後ますますグローバル化とデジタル革命の大波にもみくちゃにされるに決まっている。その大波の中で、ここから先、いかなる姿を目指して、どのように変革を行って、企業を長期持続的な成長軌道に乗せるか、その基盤となるガバナンス体制はどうあるべきか。その答え、あらたなるThe Japan Wayの創造に向かって直ちに行動を起こさなくてはならない。

何度も繰り返すが、ガバナンスとはリアルな権力作用であるため、その変革には長い年月を要するのが通常である。根本的な価値観を植え替えなければ本当の意味でのガバナンス改革は実現しない。

この先、田中室長はいくつもの課題を抱えているが、その課題を着手しようとするたびに様々な抵抗勢力にあうことになるだろう。しかも、何かを変える改革派が、何かを変えないでおこうとする保守派を打ち負かそうとすると、保守派よりも何倍ものエネルギーが必要になる。しかも、勝負どころで瞬発的に一気に大きく改革を進めて行こうとする速筋も必要となるし、持続的に粛々と小さな変化を生み出すために我慢強く改革を進めて行く遅筋も必要となる。瞬発力と持久力、両立しがたい両方の力が求められるのであるから、これからも田中室長が苦戦していくことは目に見えている。

しかし今、日本の経済社会においては、田中室長に追い風が吹いている。この風にうまく乗って、「ガバナンス経営は一日にしてならず」の精神で地道に、粘り強く、がんばれ田中室長。

おわりに

「ステークホルダー主義に立脚したエクイティーガバナンス」の時代を担う世代として

2015年はコーポレートガバナンス元年。「ステークホルダー主義に立脚したエクイティーガバナンス」の時代の始まりであり、まさにガバナンス経営の幕開けである。これからの経営はコーポレートガバナンス抜きでは語ることができないことになるだろう。今後の経営人材にとってコーポレートガバナンスに対する理解は必須事項になる。

そして、今の経営者の先輩方がせっかく作り上げた礎の上に、どのようなコーポレートガバナンス社会を作っていくのかは次世代の経営を担う我々の世代にかかっている。私は、それが今後の日本経済・日本企業の行く末を決めるといっても過言ではないと思っている。しかも「コーポレートガバナンスは一日にしてならず」である。だから、今の経営者だけではなく、次世代を含めたコーポレートガバナンス改革の継続が必要なのである。私の世代では、ガバナンスというともっぱら経営の上部構造をイメージすることや、ガバナンスを受ける側であることをイメージすることがあるかもしれないが、自らが当事者であることを自覚しなければならないだろう。他律よりも自律というのは、何も独立社外取締役と経営トップだけの関係だけの話ではないのである。

また、コーポレートガバナンスに対する理解は、上場大企業だけではなく中小企業（その多くがオーナー企業）にとっても、もちろん当てはまるものである。株主が自分だけだから好き勝手な経営が許されるものではない。本文中に記述した株式会社の歴史が示す通り、会社の更なる成長を果たすことは、会社制度を利用しあらゆるステークホルダーから負託を受けた経営者の責務なのである。しかも、コーポレートガバナンスの強化は企業を成長させる上で有効な手段であることもまた、企業の規模で異なるところはない。コーポレートガバナンスの結果として企業価値が高まったか否かについては様々な研究が行われ。統計上はプラスの効果が出たり出なかったりもするが、統計上に表れないとしてもミクロの成功事例は山ほど存在する。問題は、その企業その企業に応じたリアルな固有解を導き出せるかどうかである。この意味で、安倍政権下で凄まじい勢いで進められたコーポレートガバナンス改革については、あらゆる人々に関心を持ってもらいたい。

私は現在、中国（上海）に駐在しているが、日々コーポレートガバナンスの課題に向き合っている。その中で常々感じていることは、ガバナンスする側、ガバナンスされる側の両方が同じ価値観をもって改革していかなければならないことである。これがうまくいかない企業においては、本社と現地法人の不毛な戦いに消耗して、本業にも影響する。また、中国企業との合弁会社では、日方（日本側）と中方（中国側）の価値観が合わないためにさらにガバナンスを効かせることが難しくなる。逆に、ガバナンスする側とガバナンスされる側の両方が一致団結した時には大きな成果に結びつくものである。現在グローバルレベルで活躍している企業もそうであるし、M&Aの後の統合をうまく成し遂げる企業もまたそうである。

こうやってうまくいっている企業とうまくいっていない企業を見ていると、コーポレートガバナンスというものが、経済学や法律学などの机上の学問ではなく、生身の人間同士が戦う権力メカニズムであることをつくづく思い知らされる。法律事務所で働いていただけでは経験することができなかっただろう。このリアルな経験こそが、法律家としてキャリアをスタートした私が経営コンサルタントとしてキャリアチェンジをした理由である。自分で執筆しておいて後から気がつくのも不思議であるが、田中室長がコーポレートガバナンス改革へと目覚めていく姿は自分を見ているようだった。

最後に、青木昌彦先生、伊藤邦雄先生、落合誠一先生、岩原紳作先生、大塚久雄先生、加護野忠男先生、砂川伸幸先生、吉村典久先生、岩井克人先生、星 岳雄先生、若杉敬明先生など学識者の皆様、政府の研究会や有識者会議の議論を通じて示唆やインスピレーションを与えてくれた金融庁、東証、経産省そして法務省の関係者、コーポレートガバナンス・コード策定に関する有識者会議やスチュワードシップ・コード及びコーポレートガバナンス・コードのフォローアップ会議など関連委員会・研究会の委員の皆様、さらには日本取締役協会や経済同友会でガバナンス改革に関連してともに汗を流してきた関係者の皆様に対し、共著者である冨山と共に心よりの感謝を申し上げたい。そして同僚である経営共創基盤のディレクターであり、上場企業の若手女性社外取締役をつとめる望月愛子氏から、実践経験に基づく非常に有用なアドバイスをもらったことについても、謝意と共に付記させて頂きたい。

澤陽男

2012年）
• 冨山和彦『カイシャ維新――変革期の資本主義の教科書』（朝日新聞出版、2010年）
• 冨山和彦『会社は頭から腐る』（ダイヤモンド社、2007年）
• 冨山和彦『なぜローカル経済から日本は甦るのか――GとLの経済成長戦略』（PHP新書、2014年）
• 冨山和彦『選択と捨象――「会社の寿命10年」時代の企業進化論』（朝日新聞出版、2015年）
• 冨山和彦編著『稼ぐ力を取り戻せ！――日本のモノづくり復活の処方箋』（日本経済新聞出版社、2013年）
• 日経産業新聞編『ニッポンの「世界No.1」企業』（日本経済新聞出版社、2012年）
• 日本取締役協会編『独立取締役の教科書』（中央経済社、2015年）
• 野口悠紀雄『ゴールドラッシュの「超」ビジネスモデル』（新潮社、2005年）
• ビジャイ・ゴビンダラジャン、クリス・トリンブル著、渡部典子訳『リバース・イノベーション』（ダイヤモンド社、2012年）
• P・F・ドラッカー著、上田惇生訳『企業とは何か』（ダイヤモンド社、2005年）
• 藤本隆宏『現場主義の競争戦略』（新潮社、2013年）
• 藤本隆宏『日本のもの造り哲学』（日本経済新聞社、2004年）
• 星岳雄『日本型コーポレート・ガバナンス』（「経済研究」岩波書店、2002年）
• Hoshi, Takeo, Kashyap, Anil, Corporate Financing and Governance in Japan：The Road to the Future, Cambridge, MA, MIT Press, 2001
• 三品和広『戦略不全の論理―慢性的な低収益の病からどう抜け出すか』（2004年、東洋経済新報社）
• 吉越亘『吉越亘、経営戦略を語る』（阪急コミュニケーションズ、1991年）
• ラム・チャラン、デニス・ケアリー、マイケル・ユシーム著、川添節子訳『取締役会の仕事』（2014年、日経BP社）
• 渡部俊也編、新宅純二郎、妹尾堅一郎、小川紘一、立本博文、高梨千賀子著『ビジネスモデルイノベーション』（白桃書房、2011年）
• 若杉敬明『企業財務』（東京大学出版会、1988年）

◉参考文献（五十音順）

- A.A.バーリ、G.C.ミーンズ著、森杲訳『現代株式会社と私有財産』（北海道大学出版会、2014年）
- 青木昌彦『コーポレーションの進化多様性――集合認知・ガバナンス・制度（叢書制度を考える）』（エヌティティ出版、2011年）
- 青木昌彦『比較制度分析序説――経済システムの進化と多元性』（講談社学術文庫、2008年）
- 伊藤邦雄『危機を超える経営』（日本経済新聞出版社、2011年）
- 井上久男『メイドインジャパン驕りの代償』（NHK出版、2013年）
- 岩井克人『会社はこれからどうなるのか』（平凡社、2003年）
- 岩井克人、佐藤孝弘　『M&A国富論――「良い会社買収」とはどういうことか』（プレジデント社、2008年）
- 大鹿隆『グローバル製品・市場戦略論：日本自動車産業のケース研究――（4）自動車産業の生産性国際比較――』（東京大学ものづくり経営研究センター、2015年）
- 大塚久雄『大塚久雄著作集〈第1巻〉株式会社発生史論』（岩波書店、1969年）
- 加護野忠男、砂川伸幸、吉村典久『コーポレート・ガバナンスの経営学――会社統治の新しいパラダイム』（有斐閣、2010年）
- 経済産業省『持続的成長への競争力とインセンティブ～企業と投資家の望ましい関係構築～』プロジェクト（伊藤レポート、2014年）
- 坂根正弘『ダントツ経営』（日本経済新聞出版社、2011年）
- ジェームス・C・アベグレン著、山岡洋一訳『日本の経営』（新訳版）（日本経済新聞社、2004年）
- ジェームス・C・アベグレン著、山岡洋一訳『新・日本の経営』（日本経済新聞社、2004年）
- 新貝康司『JTのM&A――日本企業が世界企業に飛躍する教科書』（日経BP社、2015年）
- 冨山和彦、澤陽男『廃業支援の現状と課題』（季刊「事業再生と債権管理」27（2）、2013夏号、101―110）
- 冨山和彦、経営共創基盤『IGPI流経営分析のリアル・ノウハウ』（PHP研究所、

【著者紹介】
冨山和彦（とやま　かずひこ）
経営共創基盤（IGPI）代表取締役 CEO
ボストン コンサルティング グループ、コーポレイトディレクション代表取締役を経て、2003 年に産業再生機構設立時に参画し COO に就任。解散後、IGPI を設立。オムロン社外取締役、ぴあ社外取締役、経済同友会副代表幹事。財務省財政制度等審議会委員、内閣府税制調査会特別委員、内閣官房まち・ひと・しごと創生会議有識者、内閣府総合科学技術・イノベーション会議基本計画専門調査会委員、金融庁スチュワードシップ・コード及びコーポレートガバナンス・コードのフォローアップ会議委員、経済産業省産業構造審議会新産業構造部会委員他。
近著に、『なぜローカル経済から日本は甦るのか　GとLの経済成長戦略』（PHP 新書）、『ビッグチャンス』（PHP 研究所）、『IGPI 流　ビジネスプランニングのリアル・ノウハウ』（PHP ビジネス新書）、『選択と捨象』（朝日新聞出版）、『地方消滅　創生戦略篇』（共著、中公新書）がある。

澤　陽男（さわ　あきお）
経営共創基盤（IGPI）ディレクター
西村あさひ法律事務所にて、事業再生を専門とし、多岐にわたる業種について、法的・私的整理手続を支援する他、一般企業法務、M&A 等に従事。IGPI 参画後は、通信業を中心に新規事業開発のハンズオン支援等やファイナンシャルアドバイザリー業務等に携わる他、経済同友会に出向、コーポレートガバナンスや成長戦略等に関する政策提言やその実現に向けた活動に従事。 特定適格消費者団体の認定・監督に関する指針等検討会 委員。青山学院大学法学部卒業。弁護士。

決定版　これがガバナンス経営だ！
ストーリーで学ぶ企業統治のリアル

2015 年 12 月 24 日　第 1 刷発行
2018 年 9 月 10 日　第 3 刷発行

著　者――冨山和彦・澤　陽男
発行者――駒橋憲一
発行所――東洋経済新報社
〒103-8345　東京都中央区日本橋本石町 1-2-1
電話＝東洋経済コールセンター　03(5605)7021
https://toyokeizai.net/

装　丁……………重原　隆
表紙写真…………尾形文繁
本文デザイン……村上顕一
印刷・製本………丸井工文社
編集担当…………齋藤宏軌

ISBN 978-4-492-53373-4